몽골의 무덤

Монгол дахь булшны судалгаа

The Tombs of Mongolia

진인진

몽골의 무덤 Монгол дахь булшны судалгаа   The Tombs of Mongolia

초판 1쇄 발행 | 2020년 1월 31일

지　　　음 | 중앙문화재연구원, 동서문물연구원, 몽골 과학아카데미 고고학연구소
발 행 인 | 김태진
발 행 처 | 진인진
등　　　록 | 제25100-2005-000003호
본문편집 | 배원일
주　　　소 | 경기도 과천시 별양상가 1로 18　614호(별양동 과천오피스텔)
전　　　화 | 02-507-3077~8
팩　　　스 | 02-507-3079
홈페이지 | http://www.zininzin.co.kr
이 메 일 | pub@zininzin.co.kr

ⓒ 진인진 2020
ISBN 978-89-6347-436-6　93900

I

조사개요

이 책은 2016년도부터 2018년까지 3년 동안 몽골 투브 아이막 바얀 차간 솜 쇼허잉 암과 치헤르틴 저 지역에서 발굴조사한 청동기시대 무덤과 흉노 무덤에 대한 결과물이다.

2015년에 아제르바이잔 발굴조사에 참여했던 기관들이 한자리 에 모여 유라시아 지역에 대한 발굴조사의 필요성을 공감하고, 몽골 과 중앙아시아 지역에 대한 조사 계획을 세우고 있었다. 이때 충북대 학교 양시은 교수가 몽골 과학아카데미 역사학고고학연구소 G.에렉 젠의 몽골 조사 제안을 중앙문화재연구원에 소개하였다. 그 당시 중 앙문화재연구원은 해외 공동 발굴조사를 계획하고 있었고, 유라시아 모임에서도 카자흐스탄 국립이식역사박물관과 공동으로 사크시대 무덤을 발굴(대한문화재연구원과 마한문화연구원 주관으로 중앙문화재연구 원·동서문물연구원·서울대학교·충북대학교 등이 참여하여 2016년부터 2018년 까지 조사함)할 준비를 하고 있었다. 몽골 측의 제안을 유라시아 모임 과 협의하여 공동 발굴조사에 참여하기로 결정하고, 양시은 교수를 통해 몽골 측 G.에렉젠에게 전달하였다.

한국 측에서는 중앙문화재연구원과 동서문물연구원을 주관기관 으로 하고, 몽골 발굴조사에 필요한 경비를 부담하기로 하였다. 2016 년 5월에 협력 사업을 확정하고, 중앙문화재연구원(조상기·오재진), 동 서문물연구원(김형곤·임동재), 대한문화재연구원(이영철), 마한문화연 구원(조근우·백웅기), 충북대학교(성정용·양시은) 등 5개 기관은 발굴조 사 대상 선정을 위한 유적지 답사와 협약 체결을 위하여 몽골 과학아 카데미 역사학고고학연구소를 방문하였다. 2016년부터 몽골 과학아 카데미 역사학고고학연구소(현 몽골 과학아카데미 고고학연구소)와 공동 으로 "한-몽 문화재 연구 및 조사 협력 프로젝트"를 실행하기로 협약

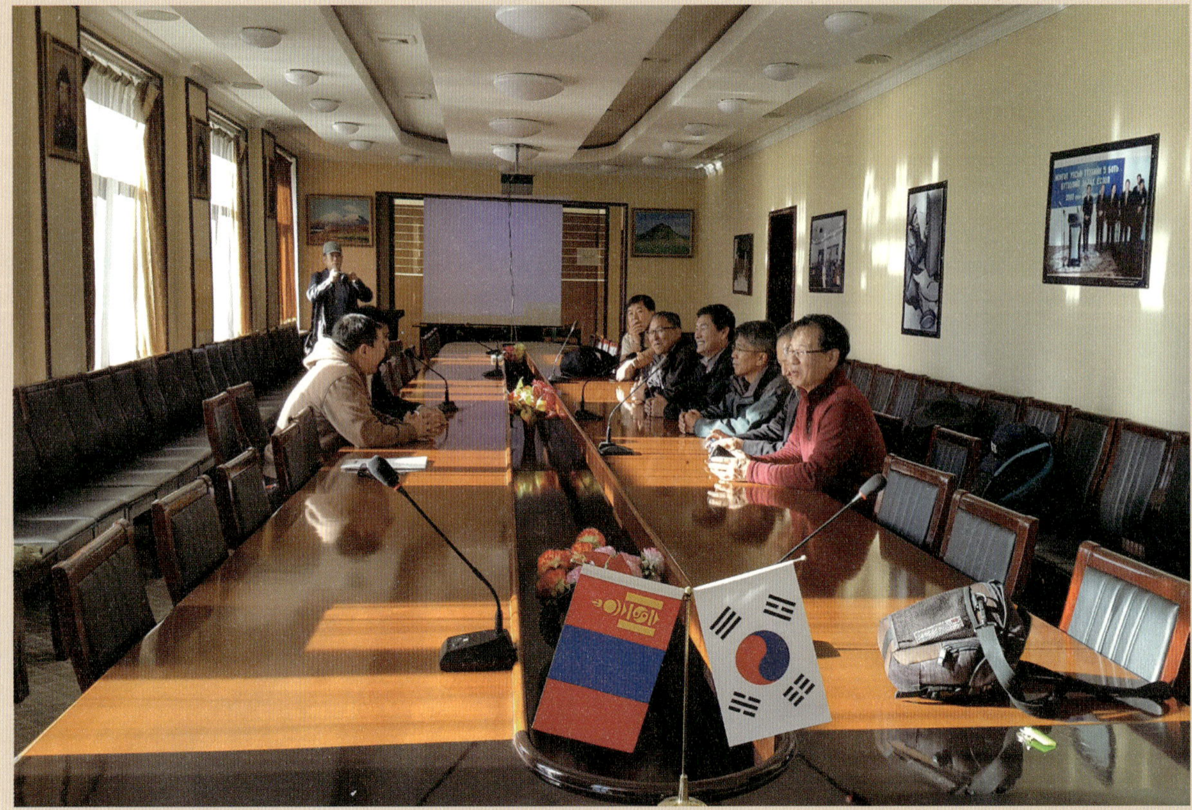

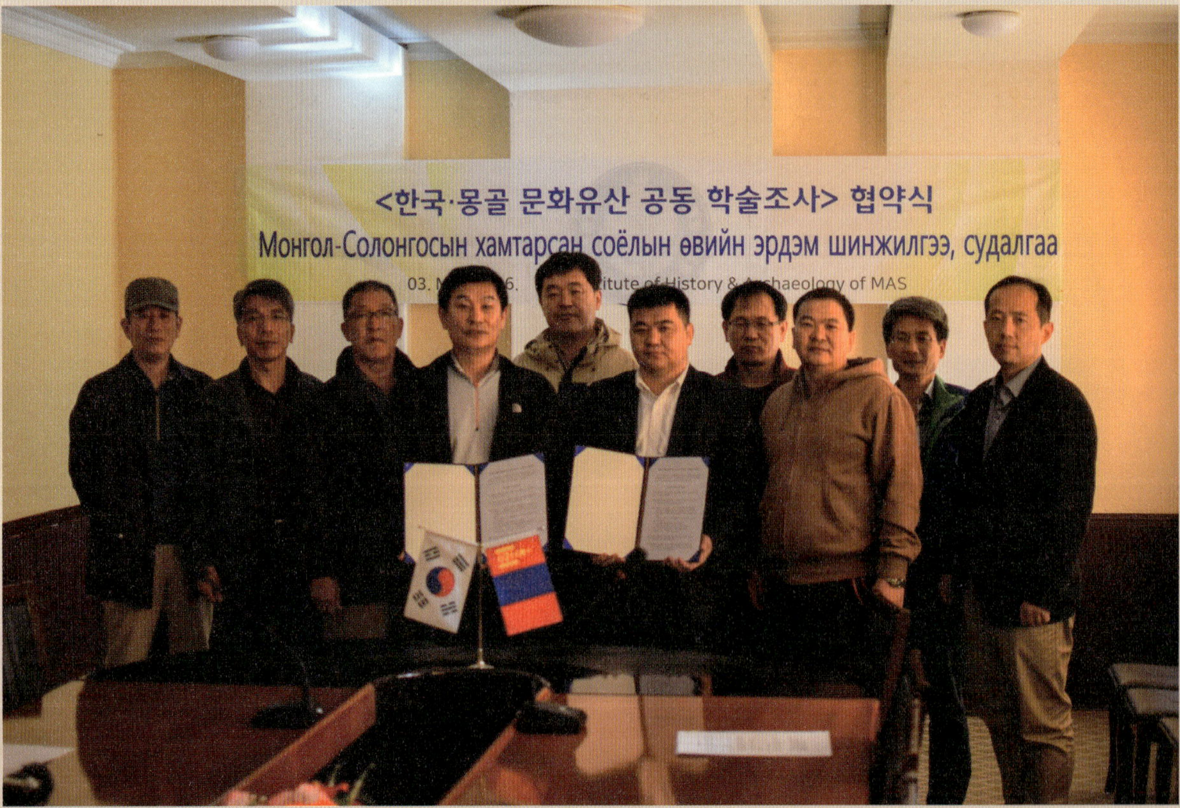

<한국·몽골 문화유산 공동 학술조사> 협약식
Монгол-Солонгосын хамтарсан соёлын өвийн эрдэм шинжилгээ, судалгаа

• 협약식

• 조사 대상 지역 답사

• 솜기관장 면담 및 기념촬영

을 체결하였다.

한국 측 참여자들이 몽골에 체류하는 기간 동안 몽골 과학아카데미 역사학고고학연구소장 S.촐론이 많은 배려를 해주었고, 특히 치헤르틴 저에 위치한 여러 흉노 무덤을 안내하여 대상지 선정을 도와주었다. 또한 바얀차간 솜의 기관장들을 소개해주었고, 발굴조사 기간 동안 행정적인 처리에 협조해주도록 부탁까지 해주었다. 공동 발굴조사팀이 조사를 계획한 유적지는 치헤르틴 저 지역의 흉노 무덤군으로 울란바타르에서 남쪽으로 200km 떨어진 투브 아이막 바얀차간 솜에 위치한다. 유적은 몽골 과학아카데미 역사학고고학연구소 연구자들이 광물 허가 구역을 조사하던 중 2013년에 발견되었다.

1차 조사(2016년 6월 20일~7월 17일)의 한국 측 조사단은 조상기 · 오재진 · 최경용 · 김우현(중앙), 김형곤 · 임동재(동서), 조근우 · 백웅기(마한), 이영철 · 박성탄(대한), 성정용 · 양시은(충북대), 류석현(서울대), 몽골 측 조사단은 S.촐론 · G.에렉젠 · S.엔흐벌드 · P.알드르뭉흐(몽골 과학아카데미 역사학고고학연구소), Ts. 암갈랑툭스 · M.냠후(몽골 과학아카데미 지리지질학연구소), 몽골국립대학교 고고학과 대학생 10명, 요리사, 운전기사 등 30여 명의 인원이 참여했다.

공동 발굴조사를 실시한 투브 아이막 바얀차간 솜은 수도 울란바타르에서 200km도 되지않는 가까운 거리에 있지만, 고고학 조사가 거의 진행되지 않은 지역이었다. 이런 점을 고려하여 공동 조사팀은 바얀차간 솜에 있는 문화재를 등록하고, 일부 유적에 대한 발굴조사를 실시하여 지역의 문화적 특징을 밝힐 필요가 있다고 판단하였다. 이에 공동 프로젝트 기간동안 발굴조사와 함께 솜의 전체 지역을 대상으로 지표조사를 실시하였다.

발굴조사는 생각보다 쉽지 않았다. 조사대상지의 무덤은 규모가 크고, 땅이 매우 단단해서 작업도구로 굴착이 되지 않아 발굴에 참여했던 조사단원과 학생들이 매우 고생하였다. 한국 조사단은 몽골 조사가 처음이어서 적응하는 데 매우 힘들었으나, 공동 조사는 성공적으로 끝나, 깊이 9m와 6.2m의 흉노 무덤 두 기를 발굴했다. 발굴한

• 1차 조사(2016년 6월 20일~7월 17일)

무덤은 이미 고대에 도굴당했지만, 묘광의 바닥에 목곽의 흔적이 남
아 있었고, 9호 무덤에서는 표범 문양의 청동제 마구 장식 등 중요한
금속유물이 출토되었다. 그 밖에도 무덤 내부 구조가 흉노 이전 시기
의 파지릭 무덤과 비슷한 형태를 띠고 있다는 점에서 더욱 흥미를 끌
었다. 이런 점에서 치헤르틴 저 흉노 무덤에 대한 추가 발굴조사의
필요성을 인식하여 공동 조사단이 의논한 결과 2017년 발굴조사도
같은 곳에서 진행하기로 하였으며, 높은 고도에 위치한 비교적 규모
가 큰 무덤을 조사하기로 결정하였다.

　2차 조사(2017년 6월 18일~7월 21일)의 한국 측 조사단은 조상기·오
재진·김우현·안재필(중앙), 김형곤·임동재·손병국(동서), 조근우·허
재원(마한), 이영철·신희창(대한), 성정용·양시은·박찬호(충북대), 권오
영·고태진(서울대), 몽골 측 조사단은 S.촐론·G.에렉젠·S.엔흐벌드·P.
알드르뭉흐(몽골 과학아카데미 역사학고고학연구소), 몽골국립대학교 고고
학과 대학생 15명, 요리사, 운전기사 등 40여 명의 인원이 참여했다.

　발굴 대상 무덤은 직경 20m의 고리형 적석의 비교적 큰 흉노 유
적이었다. 이런 대형의 고리형 흉노 무덤의 발굴조사는 이전까지 몽
골에서 조사된 사례가 없어서 발굴조사에 신중을 기하였다. 1차 조사
당시 미진했던 점을 보완하고자 2차 조사는 발굴 초반부터 묘광 윤
곽선을 정확히 파악하는데 집중했다. 또한 묘광이 너무 깊기 때문에
기중기를 사용하기로 결정하여 계획된 일정 안에 마무리되었다. 기
중기를 사용하지 않았으면 매우 힘든 작업이 되었을 것으로 생각되
었으나, 에렉젠과 협의하여 빠른 결정으로 순조롭게 조사를 했던 것
같다.

　발굴조사한 201호 무덤은 묘광의 깊이가 11.7m에 달했다. 이런
깊은 무덤은 노용 올, 돌릭 나르스, 골 모드 등 묘도가 달린 방형 흉
노 귀족 무덤에서만 발견되었지만, 이런 고리형 무덤에서는 발견된
적이 없었다. 조사한 무덤의 또 다른 흥미로운 점은 고리형 무덤에서
는 확인되지 않던 배장묘가 있었다는 점이다. 그래서 공동 조사팀은
배장묘를 같이 발굴하기로 계획하였다.

• 2차 조사(2017년 6월 18일~7월 21일)

2차 발굴조사는 1차 조사보다 무덤은 두 배나 컸고, 추가적으로 배장묘 3기를 조사했기 때문에 1차 조사보다 훨씬 힘든 작업이었다. 하지만 공동 조사팀은 그동안 쌓인 경험을 토대로 포기하지 않고 한 달여의 기간 동안 무사히 발굴조사를 마쳤다. 201호 무덤은 고대에 도굴당했으며, 더욱이 목곽의 바닥까지 부서진 것으로 보아 목곽이 완벽할 때 도굴되었던 것으로 판단된다. 비록 도굴당했어도 이 무덤에서 4륜 마차 흔적이 두 개, 칠기 유물과 청동 장식, 금제 장식 등 흥미로운 유물이 출토되었으며, 배장묘에서는 3익형 청동 화살촉, 활 부속구, 토기 등이 발견되었다. 배장묘에서 발견된 청동 화살촉의 형태로 미루어 보아 이 무덤들은 비교적 이른 시기에 해당되는 것으로 추정할 수 있었다. 그 때문에 201호 무덤의 목곽에서 많은 샘플을 채취해 한국과 미국에 방사성탄소연대측정을 의뢰하였으며, 분석 결과는 기원전 2세기 말에서 기원전 1세기 초반에 해당하는 것으로 측정되어 조사단의 예측이 맞았다는 것을 증명해 주었다.

몽골에서는 흉노시대 370여 개 유적에서 1만2천 기의 무덤이 발견되었으며, 지난 100여 년 동안 1천 기의 무덤을 발굴조사하였다. 조사된 무덤의 연대는 대부분 기원전 1세기 후반부터 기원후 1세기에 해당된다. 때문에 일부 연구자들은 당시 몽골 지역이 흉노 제국의 영역이 아니고, 한나라에서 추방당해 고비 이북에 간 후부터 몽골에 정착했을 것이라 설명하기도 한다. 그러나 치헤르틴 저 유적에서 발굴된 무덤에서는 일부 연구자들의 주장을 반론할 수 있는 결정적인 자료들이 출토되었고, 연대측정 결과도 시기를 앞당길 수 있는 증거가 되었다.

치헤르틴 저 유적 발굴조사를 통하여 유적의 시기뿐만 아니라 처음으로 고리형 흉노 무덤에 배장묘가 존재한다는 사실을 증명하였다. 고리형 무덤 중 깊이가 매우 깊고, 크기가 제일 큰 바, 무덤 내 구조의 특징들이 이전 시기로부터 비롯되었으며, 처음으로 흉노 무덤에서 4륜 마차가 발견되는 등 많은 연구자의 관심을 끌었다. 이 2차 발굴조사의 결과로 2017년에 몽골 전체 고고학자들이 조사 결과를 보고하는 "몽골 고고학-2017" 학술회의에서 선정하는 연구상 부문에

• 3차 조사(2018년 6월 3일~7월 6일)

서 치헤르틴 저의 발굴조사성과가 최고의 상인 대상을 수상하였다.

공동 조사단은 치헤르틴 저에서 대, 중, 소형 여러 크기의 6기의 무덤을 발굴하고, 이 유적의 무덤 분포도를 작성하여 유적의 구조와 특징, 조성시기, 매장 유형에 대한 지식을 얻었다. 따라서 3차 년도에는 다른 시기의 유적을 선정하여 조사하기로 합의하였고, 1차 조사 때 지표조사를 통하여 확인된 쇼허잉 암 유적을 3차 조사 대상지로 선정하였다.

3차 조사(2018년 6월 3일~7월 6일)의 한국 측 조사단은 조상기·오재진·김우현·안재필(중앙) 김형곤·김동연(동서), 조근우·허재원(마한), 이영철·김낙현(대한), 성정용·양시은·이윤용·임기수(충북대), 서희도(서울대), 몽골 측 조사단은 S.촐론·G.에렉젠·S.엔흐벌드·P.알드르뭉흐(몽골 과학아카데미 역사학고고학연구소), 몽골국립대학교 고고학과 대학생 15명, 요리사, 운전기사 등 30여 명의 인원이 참여했다.

조사는 솜 중심지 근처에서 진행되었고, 발굴조사 대상 무덤도 청동기시대에 해당되었기 때문에 묘광이 깊지 않아 비교적 쉬울 것이라 예상했다. 그러나 2018년 6월 여름 몽골에는 전혀 비가 내리지 않았고, 현장조사 기간 20여 일 동안은 먼지 폭풍이 자주 발생하여 3차례의 발굴조사 중에서 가장 힘들고 어려운 조사였다.

3년 차의 발굴조사는 바얀차간 솜의 중심지 뒷산인 쇼허잉 암이라는 지역에서 청동기시대 말기에 해당하는 히르기수르, 청동기시대 중기에 해당하는 개미형 무덤(셔르걸징 볼쉬), 청동기시대 말기부터 초기철기시대에 해당하는 판석묘 등 5기의 무덤을 대상으로 하였다. 발굴조사 결과 히르기수르의 내부구조에 대한 추가 정보를 얻어 매장 유구인 것을 밝혔고, 개미형 무덤(셔르걸징 볼쉬)의 분포 범위를 확장시켰으며, 판석묘에서는 말 순장 흔적을 발견하는 등 중요한 연구 성과를 얻었다. 또한 바얀차간 솜의 전체 지역에 대한 지표조사를 실시한 결과 300여 개 유적을 등록했으며, 이 중 90% 이상이 이번 조사를 통하여 새롭게 발견한 매장문화재였다.

공동 조사단이 조사를 할 때 현지 주민과 솜의 행정기관에서 많

• 후레트 도브 유적 조사(2019년~)

은 도움을 준 것을 언급하지 않을 수 없다. 또한 솜장인 N.간볼드와 J.강바트, 지역의 출신 몽골 과학아카데미 역사학고고학연구소장 겸 아카데미 회원인 S.촐론은 지표조사 중에도 직접적으로 도움을 주어 우리가 방문하지 못한 지역까지 안내하여 많은 유적을 발견할 수 있게 만들어주었다.

공동 조사단은 3년에 걸쳐 많은 성과를 이루었으며, 몽골의 문화재 조사에 공헌을 했고, 한-몽 고고학자들의 공동 조사의 성공적인 표본이 될 연구를 진행했다고 자부한다.

이번에 간행하는 조사 성과물에 대한 최종 정리를 위하여 원고·도면 작성, 편집, 유물보존처리와 연대 측정 등은 한국 측에서는 중앙문화재연구원, 몽골 측에서는 몽골 과학아카데미 고고학연구소에서 담당하였다.

공동 발굴조사의 첫 단계(3개년도 사업)는 바얀차간의 유적 조사였고, 다음 단계는 바가노르구역에 위치한 후레트 도브라는 흉노시대 도시 유적을 대상으로 한다. 2019년부터 공동 프로젝트 팀은 후레트 도브 유적에서 발굴조사를 시작하여 진행하고 있다. 앞선 3년 동안의 조사성과처럼 후레트 도브 유적에서도 많은 성과를 거두리라 기대한다.

마지막으로 공동 발굴조사팀에 참여한 한국과 몽골의 고고학자 여러분, 인류학자와 동물뼈 연구자, 지리학자, 대학생, 요리사와 운전사, 그리고 도움을 준 현지 주민들, 솜장을 비롯한 행정기관 직원들, 현지 조사 중 방문을 하여 조언을 주신 교수님들과 연구자들에게 큰 감사의 말을 전하며, 앞으로 보다 더 나은 연구성과를 기대해 본다.

2020. 1.

대한민국 중앙문화재연구원장   조 상 기
몽골 과학아카데미 고고학연구소장   G. 에렉젠

II

바얀차간 솜의 위치와 고고환경

1. 바얀차간 솜의 위치

쇼허잉 암(Shookhoin am) 유적과 치헤르틴 저(Chikhertyn zoo) 유적
은 울란바타르에서 남쪽으로 약 200km정도 떨어진 투브 아이막
바얀차간 솜에 위치하고 있다. 투브 아이막(Tuv aimag)은 몽골 중
앙에서 약간 동쪽으로 치우쳐 있으며, 주도는 존모드이다. 면적은
82,287.15km²이고, 인구는 54,363명(2011년 현재)이다. '투브'는 몽골

• 조사지역 위치도(출처: Google 지도)

어로 중앙을 의미하고, 몽골의 수도인 울란바타르를 둘러싸고 있다.

바얀차간 솜(Bayantsagaan sum)은 투브 아이막 남쪽의 해발 1,000m 이상의 초원성 고원에 위치하고 있으며, 이 지역은 화본과식물을 주로 하는 초본식물로 덮인 곳으로 강수량이 부족하고 저온으로 인해 수목이 자라기 어려운 지역이다(오재진 외 2017: 55).

2. 바얀차간 솜의 고고환경

한·몽 공동 학술조사단은 "문화유산의 조사 및 연구" 프로젝트를 통해 2년(2016년, 2018년) 동안 투브 아이막 바얀차간 솜 지역에 위치하는 문화유산과 고고유적에 대한 지표조사를 실시하였다.

솜 지역에서 신석기시대부터 몽골제국까지 총 50개 유적지에서 370기의 많은 유구를 등록하였으며, 그 중에 300기의 유구를 새로 발견하였다. 예를 들어 "엘렉니 볼락"이라는 유적에 위치하는 돌궐시대 제사유구, "델링 허얼러이"라는 작은 언덕에 위치하는 청동기시대 무덤들, "터성 베르흐" 또는 "이흐 나랑"이라는 곳에 위치하는 몽골제국과 관련된 석인상 등 앞으로 세밀한 연구가 필요한 유적들이 있다. 또한 바얀차간 솜 지역에 위치하는 고고유적 분포도에는 2016년부터 2018년까지 발굴조사가 이루어진 치헤르틴 저와 쇼허잉 암 유적도 포함하였다(고고유적 분포도).

지표조사를 통해 발견된 유적지 중에 10기 이상의 유구가 확인된 유적지에 대한 분포도를 작성하였고, 모든 유구를 분류하여 표에 제시하였다. 먼저 유구들을 시대순으로 살펴보면 신석기시대의 야외유적, 청동기시대의 개미형 무덤·선돌·히르기수르·판석묘·작은 원형 무덤·돌 시설, 흉노시대의 고리형 무덤, 돌궐시대의 묘석(bal-bal)·제사유구·비석, 몽골제국의 석인상·동그란 무덤·제사시설, 사원지 등 모두 15가지로 분류할 수 있다(유적지 전체 목록). 또한 유구의 종류별 현황은 전체적으로 야외유적, 무덤, 석인상, 선돌, 제사유구, 사원지 등 6가지로 나누어볼 수 있고, 무덤이 가장 많은 96.2%를 차지하며, 다음으로 제사유구가 1.6%를 차지한다. 모두 50개 지역에서 10기 이상의 유구가 발견된 유적은 13개 지역이다(유적지 세부 목록).

위에서 언급한 앞으로 연구가 필요한 유적은 델링 허얼러이·엘렉니 볼락·발타스타이 유적이다. 첫 번째, 델링 허얼러이 유적에서 발견된 청동기시대의 판석묘는 동남쪽 모서리에 세운 돌에 두 마리의 사슴 모양이 새겨져 있는데, 사슴 머리와 뿔을 앞으로 올리면서 앞뒤 다리를 정교하게 예술적으로 새겨졌다. 이것은 몽골 지역에서 발견된 판석묘의 모서리에 세운 돌에서 사슴 모양을 뚜렷하게 새겨진 경우가 처음이고, 이런 사슴 모양을 시베리아 투바공화국의 아르잔 문화에서 보이는 것이 더 흥미롭다. 두 번째, 엘렉니 볼락 유적의 돌궐시대 제사유구는 판석에 하늘에서 마주보는 두 마리의 봉황새가 매우 예술적으로 새겨져 있다. 세 번째, 돌궐시대의 발타스타이 유적에 있는 4개의 선돌과 위치적인 특징으로 몽골 지역 수흐바타르 아이막에서 새로 발견된 "덩거이 시레"라는 돌궐시대 제사유구와 비슷하다.

또한 바얀차간 솜 지역의 문화적 한 종류로써 고대부터 현재까지 제사하는 산과 산 위에 만들어진 어워(쌓아놓은 돌)가 많이 존재한다는 것을 원주민의 도움으로 알게 되었다. 제사하는 산 중에 대표적인 12개의 산과 어워를 등록하여 사진과 좌표를 제시하였다.

마지막으로 지표조사에서 직접 참여하여 고고유적의 위치와 유적명을 자세히 알려준 바얀차간 솜장 N.간볼드와 J.강바트, 원주민 Sh.어트경수렝, S.촐론(현재 몽골 과학아카데미 역사학민족학연구소) 소장의 노고에 진심으로 감사드린다.

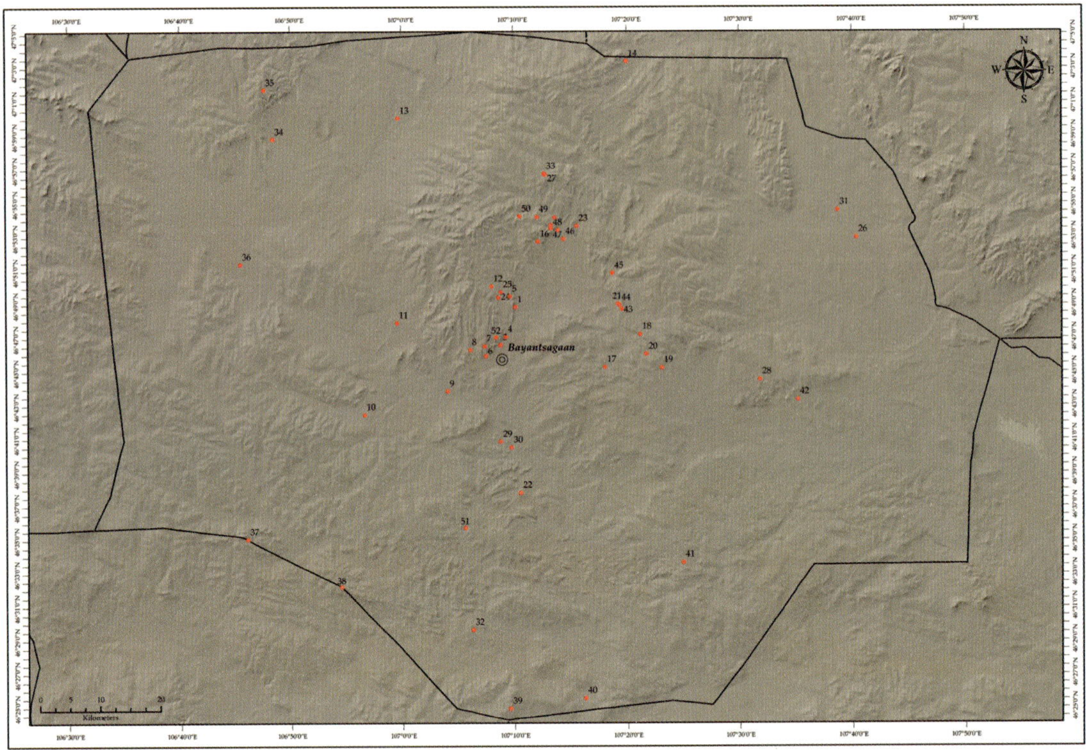

• 고고유적 분포도

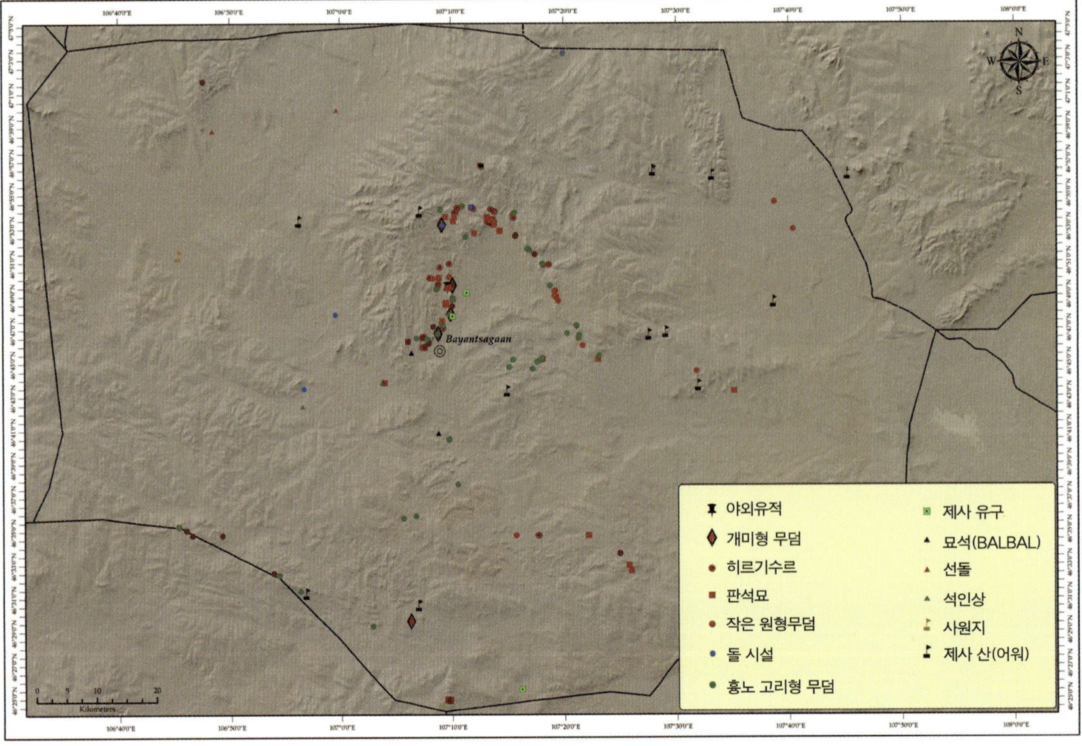

• 유구 종류별 분포도

• 유적지 전체 목록

연번	유적명 / 시대	신석기시대	청동기시대	흉노시대	돌궐시대	몽골제국	-	총
1	엘렉니 볼락		46	3	2			51
2	주웅 사이르		4	1				5
3	차강 어버		4	2				6
4	시웨트 털거이	1	6			2		9
5	타르와가트 털거이		15		1			16
6	타힐트 털거이		15	6				21
7	툭스 털거이		2					2
8	터성 노오르		3			1		4
9	이흐 나랑				1	1		2
10	가송		1					1
11	야마트 호닥		1					1
12	발타스타이				1			1
13	후우헹 헝거르					3		3
14	합찰			1				1
15	샤르망		2					2
16	하롤 털거이		3	7				10
17	후흐 누뎅		1	2				3
18	청지트		2	1				3
19	델게링 보오츠		4	2				6
20	걀바트		1	2				3
21	허더딩 엥게르			1				1
22	하르 누뎅		4	10				14
23	홍 어버트		5	5				10
24	바르징		4					4
25	이흐와 바그 히르기스		2					2
26	차강 볼락		1					1
27	헤레트 후르둑		1					1
28	바가노오르				1			1
29	허더딩 하르			4				4
30	얼처워이 우웰쩌					1		1
31	망달링 하우트가이		1					1
32	델링 허얼러이		12					12
33	조르해이츠딩 홍티		1					1
34	더윙 헐러어이		1					1
35	자승 시레(암갈랑)						1	1
36	엉겅		3	18				21

연번	유적명 \ 시대	신석기시대	청동기시대	흉노시대	돌궐시대	몽골제국	–	총
37	발리르		3	3				6
38	루웅		39					39
39	상깅 달라잉 오하니 헐러이				1			1
40	볼시트 털거드		4					4
41	엘렉니 엥게르		1					1
42	후흐 누뎅		1					1
43	얄반트 덴치		1			4		5
44	날가이 아르		2					2
45	심트 털거이		2			1		3
46	바그 나리니 암		29					29
47	바그 합찰링 실		11			2		13
48	웅두르 털거이		10	5		1		16
49	참팅 후툴		15	4				19
50	이흐 합찰링 암		5					5
총계		1	268	77	7	16	1	370

• 유적지 세부 목록

연번	유적명 \ 종류	신석기	청동기						흉노	돌궐			몽골제국			사원지	총
		야외유적	개미형무덤	선돌	히르기수르	판석묘	작은원형무덤	돌시설	고리형무덤	묘석(balbal)	제사유구	선돌	석인상	동그란무덤	제사시설		
1	엘렉니 볼락		4			35	6	1	3		2						51
2	주웅 사이르		1		1	1	1		1								5
3	차강 어버				2	2			2								6
4	시웨트 털거이	1			3	3									2		9
5	타르와가트 털거이				3	8	4			1							16
6	타힐트 털거이			1	2	11	1		6								21
7	툭스 털거이					1	1										2
8	터성 노오르					3							1				4
9	이흐 나랑										1		1				2
10	가숑							1									1
11	야마트 호닥				1												1
12	발타스타이											1					1
13	후우헹 헝거르												1		2		3
14	합찰								1								1
15	샤르망				1	1											2
16	하롤 털거이						3		7								10
17	후흐 누뎅						1		2								3
18	청지트					1	1		1								3
19	델게링 보오츠						4		2								6
20	갈바트						1		2								3
21	허더딩 엥게르								1								1
22	하르 누뎅				1		3		10								14
23	홍 어버트					2	3		5								10
24	바르징				2	1	1										4
25	이흐와바그히르기스						2										2
26	차강 볼락						1										1
27	헤레트 후르둑						1										1
28	바가노오르										1						1
29	허더딩 하르								4								4
30	얼처워이 우웰쩌													1			1
31	망달링 하우트가이		1														1
32	델링 허얼러이					9	3										12

연번	유적명 \ 종류	신석기 야외유적	청동기 개미형무덤	청동기 선돌	청동기 히르기수르	청동기 판석묘	청동기 작은원형무덤	청동기 돌시설	흉노 고리형무덤	돌궐 묘석(balbal)	돌궐 제사유구	돌궐 선돌	몽골제국 석인상	몽골제국 동그란무덤	몽골제국 제사시설	사원지	총
33	조르해이츠딩 훙티			1													1
34	더윙 헐러어이						1										1
35	자승 시레(암갈랑)															1	1
36	엉경						3		18								21
37	발리르						3		3								6
38	루웅					28	11										39
39	상깅 달라잉 오하니 헐러이										1						1
40	볼시트 털거드				1	2	1										4
41	엘렉니 엥게르					1											1
42	후흐 누뎅						1										1
43	얄반트 덴치					1								4			5
44	날가이 아르				1		1										2
45	심트 털거이					1	1							1			3
46	바그 나리니 암				2	24	3										29
47	바그 합찰링 실					5	3	3						2			13
48	웅두르 털거이				2	4		4	5					1			16
49	참팅 후툴			1	3	6	3	2	4								19
50	이흐 합찰링 암				2		3										5
총계		1	7	2	27	150	71	11	77	2	4	1	3	11	2	1	370

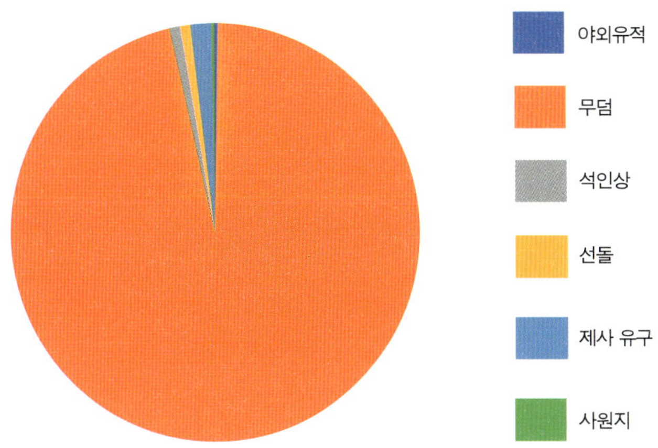

• 유구 종류별 분포 현황표

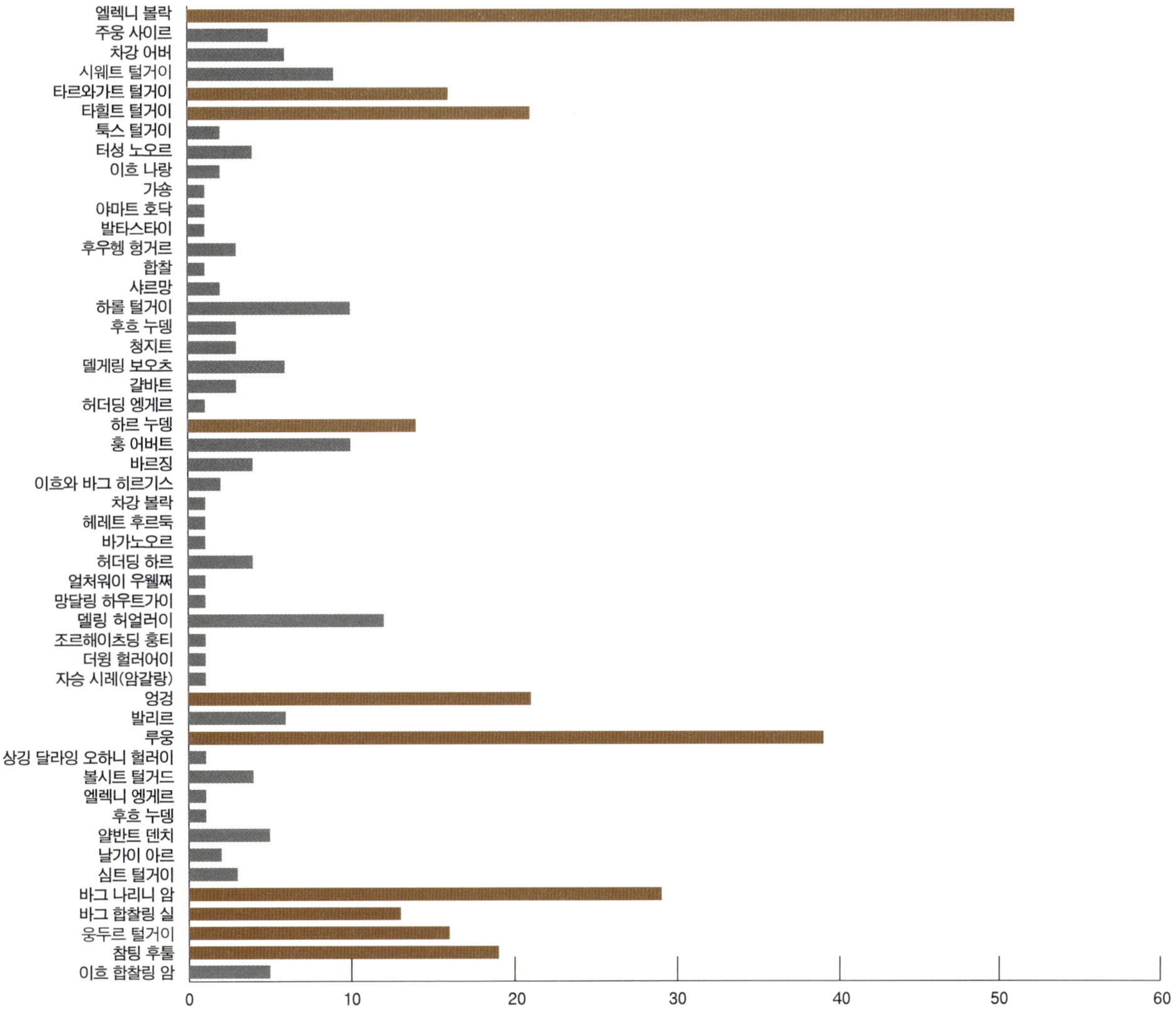

• 유적지별 유구 수량

투브 아이막 바얀차간 솜에서 동북쪽 4km 떨어진 곳에 "엘렉니 볼락"이라는 몸(간)에 좋은 약수터가 있다. 약수터에서 남쪽으로 이어진 산 양쪽에서 청동기와 흉노시대 관련 무덤 및 돌궐시대의 제사유구, 돌 시설 등 많은 유구가 발견되었다. 본 지역은 처음 1988년에 "몽-소문화" 몽-러 공동 조사단을 통해 러시아 연구자 보이토프(Voitov.V.E. 1996: 54)가 돌궐시대의 제사유구를 확인해 분포도를 대강 작성하였다. 또한 몽골 국립문화재센터의 조사단이 돌궐시대 제사유구, 청동기시대 판석묘, 개미형 무덤, 돌 시설 등을 전체적으로 기록한 바 있다.

우리의 지표조사 결과 청동기시대의 판석묘 35기·작은 원형 무덤 6기·개미형 무덤 4기·돌 시설 1기, 흉노 고리형 무덤 3기, 돌궐시대 제사유구 2기 등 모두 51기가 확인되었다.

엘렉니 볼락 유적에서 대표적인 돌궐시대 제사유구는 약수터에서 남쪽으로 비포장도로 건너서 편평한 지대에 위치한다. 판석 4개가 세워진 것으로 인근에 3기의 작은 무덤을 확인하였지만, 제사유구를 포함하는 것인지는 확인할 수 없다.

제사유구가 교란되어 판석 2개가 넘어져 있고, 하나는 바깥으로 기울어져 있고, 다른 하나는 북쪽으로 3m정도 옮겨진 상태이다. 기울어진 판석 위에는 하늘에서 마주 보는 봉황새를 묘사하였는데, 하늘과 봉황새의 머리, 날개 등 하나 하나가 예술적으로 새겨져 있다. 다른 판석들 위에도 그림을 새겨져 있지만 대부분 마모되어 지워졌다. 제사유구의 판석 크기는 다음과 같다.

1번째 판석: 높이 1.16m, 길이 2.15m, 두께 0.2m

2번째 판석: 높이 1.3m, 길이 2.3m, 두께 0.2m

3번째 판석: 높이 1.3m, 길이 2.1m, 두께 0.2m

4번째 판석(옮겨짐): 높이 1.4m, 길이 2.4m 두께 0.2m

• 엘렉니 볼락 유적 현황표

연번	시대	종류	크기(m)	좌표	해발(m)
1	청동기	판석묘	4.0×2.0	N 46.81382, E 107.1687	1375
2	청동기	판석묘	7.0×3.0	N 46.81389, E 107.16867	1375
3	청동기	판석묘	3.0×4.5	N 46.82732, E 107.16836	1384
4	청동기	판석묘	2.5×4.5	N 46.82843, E 107.16747	1387
5	청동기	판석묘	4.0×6.0	N 46.8274, E 107.16833	1384
6	청동기	판석묘	4.0×5.5	N 46.82718, E 107.16843	1385
7	청동기	판석묘	4.0×5.5	N 46.82718, E 107.16852	1384
8	청동기	판석묘	3.5×4.5	N 46.82713, E 107.16847	1384
9	청동기	판석묘	4.0×5.0	N 46.82701, E 107.16852	1385
10	청동기	개미형 무덤	12.0×6.0	N 46.82754, E 107.16855	1382
11	청동기	개미형 무덤	9.0×4.0	N 46.8274, E 107.16854	1385
12	청동기	개미형 무덤	9.0×4.5	N 46.82707, E 107.16846	1386
13	청동기	개미형 무덤	4.0×7.0	N 46.79889, E 107.16547	1369
14	청동기	돌 시설	80.0×100.0	N 46.79818, E 107.16539	1368
15	청동기	작은 원형 무덤	4.0	N 46.80706, E 107.1679	1360
16	청동기	작은 원형 무덤	2.0	N 46.81378, E 107.16874	1374
17	청동기	작은 원형 무덤	6.0	N 46.81388, E 107.16855	1379
18	청동기	작은 원형 무덤	8.0	N 46.81399, E 107.16856	1377
19	청동기	작은 원형 무덤	5.0	N 46.81408, E 107.16874	1376
20	청동기	작은 원형 무덤	3.0	N 46.82747, E 107.16834	1385
21	흉노	고리형 무덤	6.0	N 46.79862, E 107.16406	1375
22	흉노	고리형 무덤	4.0	N 46.7986, E 107.16393	1374
23	흉노	고리형 무덤	6.5	N 46.81387, E 107.16918	1373
24	돌궐	제사유구	2.15×1.16×0.2 2.3×1.3×0.2 2.1×1.3×0.2 2.4×1.4×0.2	N 46.79675, E 107.16827	1362
25	돌궐	제사유구	판석 5개	N 46.81984, E 107.19011	1361
26	청동기	판석묘	3.5×1.5	N 46.80842, E 107.15939	1381
27	청동기	판석묘	3.0×1.5	N 46.80848, E 107.15934	1382
28	청동기	판석묘	5.0×2.0	N 46.80852, E 107.1593	1382
29	청동기	판석묘	4.0×1.8	N 46.80861, E 107.15933	1380
30	청동기	판석묘	3.0×2.0	N 46.80866, E 107.15928	1382
31	청동기	판석묘	5.5×2.0	N 46.80851, E 107.15924	1382
32	청동기	판석묘	3.5×1.5	N 46.80854, E 107.15918	1382
33	청동기	판석묘	3.0×1.3	N 46.80849, E 107.15907	1383
34	청동기	판석묘	2.5×5.5	N 46.80852, E 107.15911	1383

연번	시대	종류	크기(m)	좌표	해발(m)
35	청동기	판석묘	1.5×4.0	N 46.80856, E 107.1591	1382
36	청동기	판석묘	2.5×6.0	N 46.80859, E 107.1591	1381
37	청동기	판석묘	1.5×5.0	N 46.80869, E 107.15911	1382
38	청동기	판석묘	2.0×4.0	N 46.80875, E 107.15909	1382
39	청동기	판석묘	3.0×5.0	N 46.80873, E 107.15921	1382
40	청동기	판석묘	1.5×3.0	N 46.80878, E 107.159	1382
41	청동기	판석묘	1.0×3.0	N 46.80884, E 107.15893	1384
42	청동기	판석묘	1.5×2.5	N 46.80889, E 107.15887	1385
43	청동기	판석묘	2.0×4.5	N 46.80885, E 107.15885	1385
44	청동기	판석묘	3.0×6.0	N 46.80891, E 107.15879	1384
45	청동기	판석묘	1.5×2.5	N 46.80886, E 107.15878	1385
46	청동기	판석묘	2.0×4.5	N 46.80882, E 107.15872	1383
47	청동기	판석묘	2.5×5.0	N 46.80874, E 107.15862	1383
48	청동기	판석묘	1.5×3.0	N 46.80878, E 107.15861	1383
49	청동기	판석묘	2.5×4.0	N 46.80939, E 107.15817	1384
50	청동기	판석묘	2.5×4.5	N 46.80955, E 107.15794	1386
51	청동기	판석묘	3.0×4.5	N 46.80981, E 107.15796	1386

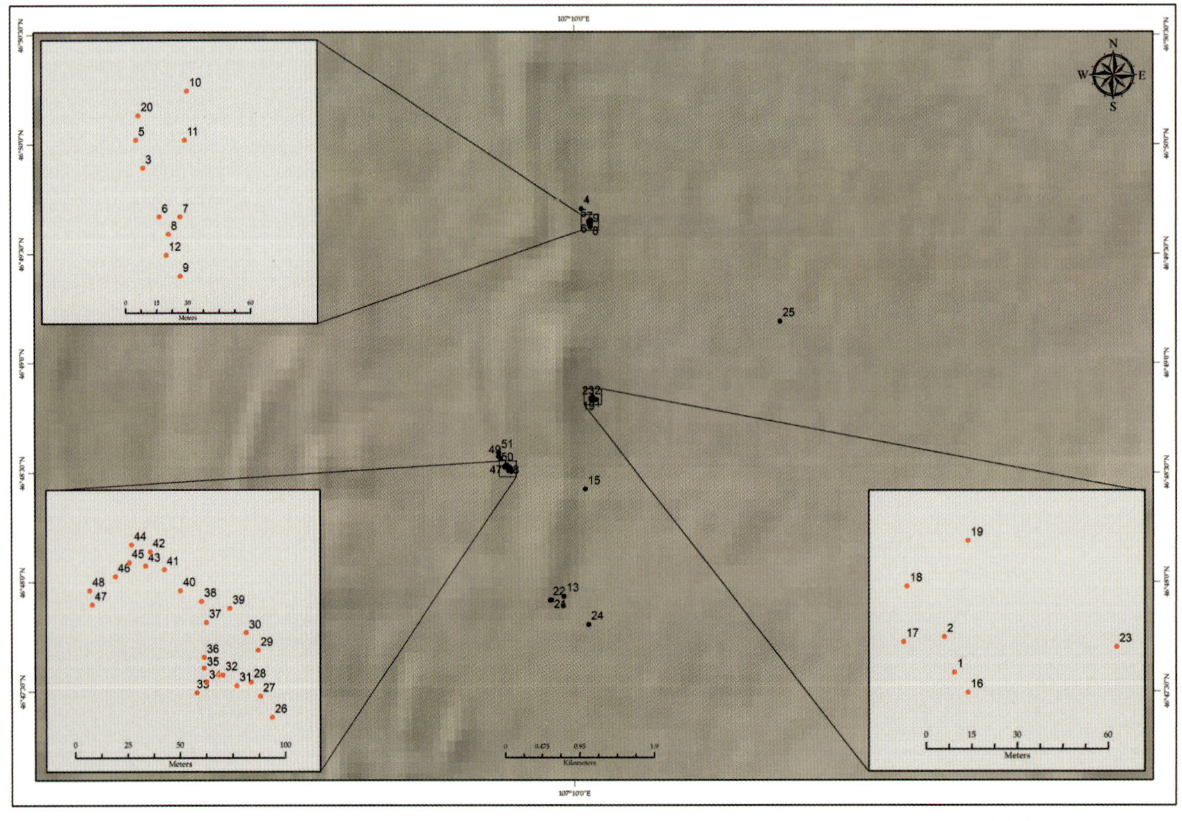

• 엘렉니 볼락 유적 분포도

• 전경

· 세부

• 제사유구 봉황새 그림

바얀차간 솜에서 동북쪽으로 1km 떨어진 곳에 위치하는 작은 언덕을 주웅 사이르라고 한다. 여기에서는 청동기시대의 히르기수르 1기·판석묘 1기·작은 원형 무덤 1기·개미형 무덤 1기, 흉노의 고리형 무덤 1기 등 모두 5기가 확인되었다. 이 중에 히르기수르 위치는 솜 지역에 포함된다. 히르기수르 외부 구조는 경계석열이 없고 형태는 원형이다.

주웅 사이르 유적

• 주웅 사이르 유적 현황표

연번	시대	종류	크기(m)	좌표	해발(m)
1	청동기	히르기수르	15.0	N 46.77641, E 107.14689	1357
2	청동기	판석묘	2.0×1.5	N 46.77987, E 107.147	1358
3	청동기	개미형 무덤	4.0×9.0	N 46.77943, E 107.1466	1359
4	청동기	작은 원형 무덤	6.5	N 46.77972, E 107.14663	1362
5	흉노	고리형 무덤	4.0	N 46.77919, E 107.14581	1358

• 전경

차강 어버 유적

차강 어버 유적은 엘렉니 볼락과 주웅 사이르 유적 사이에 위치하는 작은 언덕을 지칭한다. 작은 언덕 주위에서 청동기시대의 히르기수르 2기·판석묘 2기, 흉노의 고리형 무덤 2기 등 모두 6기가 확인되었다.

• 차강 어버 유적 현황표

연번	시대	종류	크기(m)	좌표	해발(m)
1	청동기	히르기수르	14.0	N 46.78452, E 107.15449	1356
2	청동기	히르기수르	석열 25.5, 중앙 10.0	N 46.79017, E 107.1521	1372
3	청동기	판석묘	3.0×4.0	N 46.79211, E 107.15289	1365
4	청동기	판석묘	2.0×3.0	N 46.79178, E 107.15253	1369
5	흉노	고리형 무덤	4.0	N 46.78735, E 107.15353	1370
6	흉노	고리형 무덤	6.5	N 46.87534, E 107.18838	1459

• 세부

엘렉니 볼락 유적지에서 북쪽 1.5km 떨어진 곳에 위치하는 작은 언덕을 시웨트 털거이라고 한다. 언덕의 남쪽 비탈에서 신석기시대 야외유적 1기, 청동기시대 히르기수르 3기·판석묘 3기, 몽골제국 작은 동그란 무덤 2기 등 모두 9기가 확인되었다. 또한 인근에 약 50m 영역에서 석기와 토기편들이 확인되었다.

• 시웨트 털거이 유적 현황표

연번	시대	종류	크기(m)	좌표	해발(m)
1	신석기	야외유적	50×50	N46.8247, E107.16084	1395
2	청동기	히르기수르	11.0	N 46.5792, E 107.2956	1466
3	청동기	히르기수르	8.6	N 46.5792, E 107.29446	1460
4	청동기	히르기수르	석열 18.0, 중앙 10.5	N 46.84839, E 107.16367	1412
5	청동기	판석묘	4.5	N 46.5792, E 107.36898	1447
6	청동기	판석묘	4.0	N 46.5792, E 107.36966	1446
7	청동기	판석묘	4.0×5.0	N 46.82477, E 107.16107	1399
8	몽골제국	작은 동그란 무덤	1.5	N 46.82565, E 107.16383	1397
9	몽골제국	작은 동그란 무덤	3.0	N 46.83547, E 107.16326	1414

• 전경

• 세부

바얀차간 솜 지역에서 북쪽으로 경도에 따라 이어지는 언덕을 타르 와가트 털거이라 한다. 언덕 남쪽에서 청동기시대 히르기수르 3기·작은 원형 무덤 4기·판석묘 8기, 돌궐시대 관련 묘석(balbal) 1기 등 모두 16기가 확인되었다.

타르와가트 털거이 유적

• 타르와가트 털거이 유적 현황표

연번	시대	종류	크기(m)	좌표	해발(m)
1	청동기	히르기수르	석열 16.0×16.0, 중앙 9.0	N 46.76571, E 107.12534	1361
2	청동기	히르기수르	석열 22.0, 중앙 14.0	N 46.7651, E 107.12603	1357
3	청동기	히르기수르	석열 20.0, 중앙 16.0	N 46.76584, E 107.12333	1369
4	청동기	판석묘	3.0×6.0	N 46.7662, E 107.1262	1361
5	청동기	판석묘	2.0×4.5	N 46.76618, E 107.12605	1361
6	청동기	판석묘	1.5×3.5	N 46.76622, E 107.1259	1362
7	청동기	판석묘	4.0×6.5	N 46.76577, E 107.12528	1363
8	청동기	판석묘	3.0×7.0	N 46.7656, E 107.12518	1361
9	청동기	판석묘	4.0×6.5	N 46.76532, E 107.12609	1355
10	청동기	판석묘	3.0×5.5	N 46.76511, E 107.12632	1360
11	청동기	판석묘	3.0×4.5	N 46.76628, E 107.12656	1360
12	청동기	작은 원형 무덤	5.5	N 46.77098, E 107.13312	1359
13	청동기	작은 원형 무덤	5.0	N 46.76921, E 107.13261	1356
14	청동기	작은 원형 무덤	5.0	N 46.76616, E 107.12668	1358
15	청동기	작은 원형 무덤	6.0	N 46.7663, E 107.12648	1363
16	돌궐	묘석(balbal)	–	N 46.76049, E 107.10677	1356

• 세부

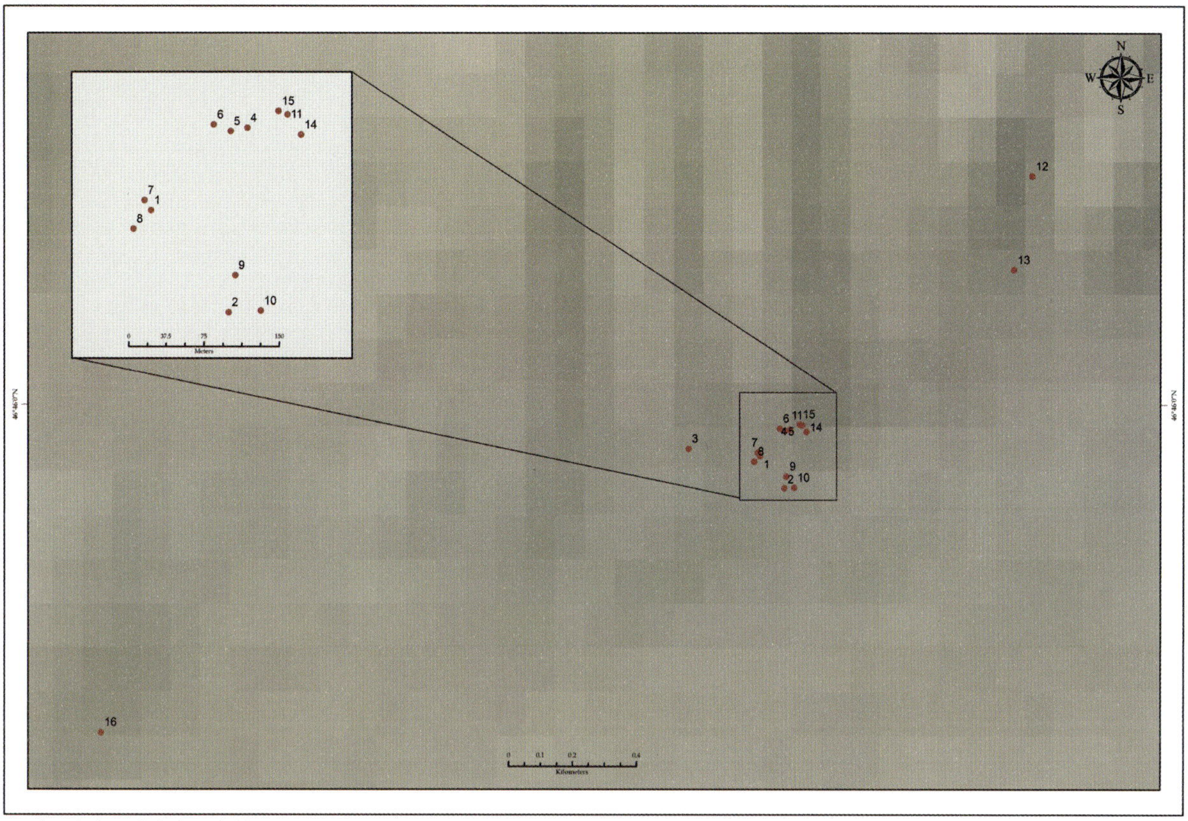

• 타르와가트 털거이 유적 분포도

• 세부

타르와가트 털거이 언덕에서 북쪽으로 이어지는 언덕을 타힐트 털거 타힐트 털거이 유적

이라 한다. 두 언덕 사이에서 청동기시대의 판석묘 11기·작은 원형

무덤 1기·네 모서리에 선돌을 세운 무덤 1기·히르기수르 2기, 흉노

고리형 무덤 6기 등 모두 21기가 확인되었다.

• 타힐트 털거이 유적 현황표

연번	시대	종류	크기(m)	좌표	해발(m)
1	청동기	히르기수르	석열 11.0, 중앙 9.0	N 46.77525, E 107.12367	1395
2	청동기	히르기수르	석열 18.0, 중앙 11.0	N 46.77581, E 107.12551	1402
3	청동기	판석묘	2.5×3.8	N 46.77493, E 107.12387	1393
4	청동기	판석묘	3.0×4.5	N 46.77497, E 107.12383	1393
5	청동기	판석묘	3.2×5.3	N 46.77505, E 107.12395	1392
6	청동기	판석묘	4.0×5.5	N 46.77517, E 107.12405	1395
7	청동기	판석묘	2.0×3.5	N 46.77529, E 107.124	1395
8	청동기	판석묘	2.1×3.6	N 46.7753, E 107.12404	1396
9	청동기	판석묘	6.0×4.0	N 46.77535, E 107.12423	1396
10	청동기	판석묘	4.0×7.0	N 46.77578, E 107.12562	1402
11	청동기	판석묘	2.5×4.5	N 46.77593, E 107.12559	1402
12	청동기	판석묘	2.5×3.5	N 46.77623, E 107.12556	1405
13	청동기	판석묘	3.0×6.0	N 46.77652, E 107.12559	1407
14	청동기	선돌	높이 0.8	N 46.77504, E 107.12402	1393
15	청동기	작은 원형 무덤	6.0	N 46.77552, E 107.12452	1397
16	흉노	고리형 무덤	7.0	N 46.77359, E 107.13057	1373
17	흉노	고리형 무덤	4.0	N 46.77383, E 107.13078	1371
18	흉노	고리형 무덤	1.7	N 46.77495, E 107.11418	1384
19	흉노	고리형 무덤	3.0	N 46.77492, E 107.11427	1383
20	흉노	고리형 무덤	3.4	N 46.77501, E 107.11429	1382
21	흉노	고리형 무덤	6.0	N 46.77501, E 107.11441	1382

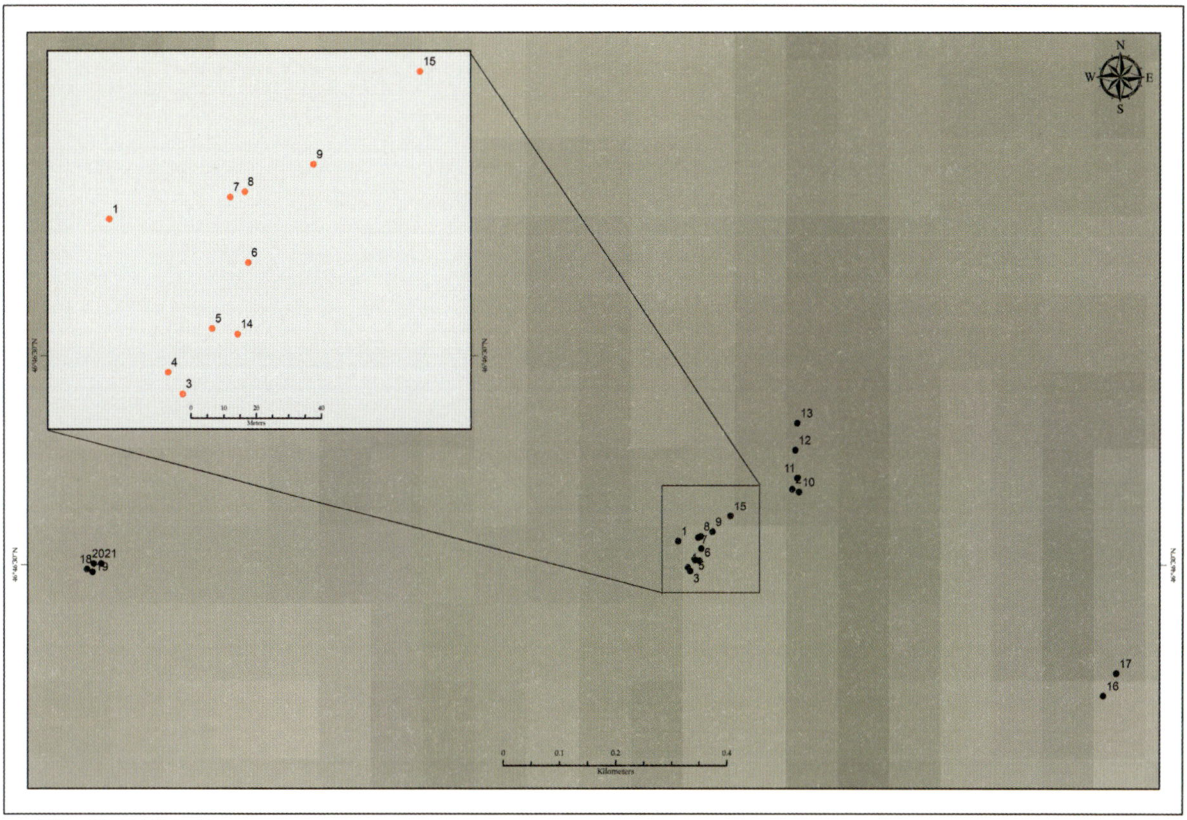

• 타힐트 털거이 유적 분포도

• 전경

• 세부

툭스 털거이 유적

타르와가트 털거이와 타힐트 털거이 언덕 서쪽에 위치하는 언덕을 툭스 털거이라 한다. 이 언덕 중심에서 청동기시대의 판석묘와 작은 원형 무덤이 각각 1기씩 확인되었다. 판석묘와 작은 원형 무덤의 서 북쪽에는 겨울집이 위치한다.

• 툭스 털거이 유적 현황표

연번	시대	종류	크기(m)	좌표	해발(m)
1	청동기	판석묘	1.8×3.6	N 46.77161, E 107.10164	1385
2	청동기	작은 원형 무덤	7.8	N 46.77148, E 107.10151	1385

• 전경

바얀차간 솜에서 15km 떨어진 곳에 터성이라는 호수가 있다. 호수 **터성 노오르 유적**
는 말라있으며, 마른 호수의 북쪽 끝에서 청동기시대 판석묘 3기, 몽
골제국 석인상 1기 등 모두 4기가 확인되었다.

몽골 국립문화재센터의 지표조사로 처음 알려진 몽골제국 관련
석인상은 동쪽으로 향하고 있고 머리가 없어진 상태이다. 몽골제국
의 특별한 등받이가 없는 의자에 앉아 있는 인물 형태를 세밀하게 만
들었으며, 인물에 몽골 전통적인 옷(데엘)과 벨트 장식 등을 절묘하게
묘사하였다. 또한 석인상 동남쪽에는 직경 8m의 타원형 돌 시설이
위치한다.

• 터성 노오르 유적 현황표

연번	시대	종류	크기(m)	좌표	해발(m)
1	청동기	판석묘	2.0×2.0	N 46.73092, E 107.0672	1303
2	청동기	판석묘	6.4×6.3	N 46.73087, E 107.06715	1303
3	청동기	판석묘	3.2 3.0	N 46.73093, E 107.0669	1303
4	몽골제국	석인상	높이 0.9, 너비 0.45, 두께 0.35	N 46.73096, E 107.06266	1308

• 전경

• 석인상

바얀차간 솜에서 서쪽으로 18km정도 떨어진 작은 언덕 위에 1기의 석인상이 위치하는데, 이 주변을 이흐 나랑 또는 에르추딩 아닥이라 한다. 여기에는 돌궐시대의 높지 않은 판석을 사각형으로 세워 만든 제사유구가 위치한다. 석인상은 몽골 국립문화재센터의 지표조사로 처음 알려졌으며, 솜의 원주민 Ts.바양뭉흐씨와 석인상 보호를 위해 협약을 체결하였다.

　　석인상의 머리가 떨어져 있고, 바람에 의해 많은 부분이 마모되어 지워졌다. 의자에 앉아 있는 인물은 오른팔을 가슴 위에, 왼팔을 아래로 무릎 위에 올려놓은 상태이다. 인물의 옷(데엘)자락 아래에는 몽골의 정통적인 신발이 살짝 보인다. 옷(데엘)의 왼쪽 벨트에는 물통이 매달려 있는 상태로 묘사하였다.

이흐 나랑 유적

• 이흐 나랑 유적 현황표

연번	시대	종류	크기(m)	좌표	해발(m)
1	몽골제국	석인상	–	N 46.70769, E 106.9433	1363
2	돌궐	제사유구	2.5	N 46.72474, E 106.94515	1331

• 석인상

가송 유적

바얀차간 솜에서 서북쪽으로 4km 떨어진 곳에 가송이라는 곳이 있다. 가송 유적에서는 청동기시대의 돌 시설 1기가 확인되었다.

• 가송 유적 현황표

연번	시대	종류	크기(m)	좌표	해발(m)
1	청동기	돌 시설	12.0×11.0	N 46.7982, E 106.99206	1328

• 전경

야마트 호닥 유적에서는 청동기시대 히르기수르 1기가 확인되었다.　　　야마트 호닥 유적

연번	시대	종류	크기(m)	좌표	해발(m)
1	청동기	히르기수르	석열 35.0, 중앙 13.4	N 46.8346, E 107.1341	1420

• 전경

발타스타이 유적

발타스타이 유적은 바얀차간 솜에서 서북쪽으로 45km 떨어진 곳에 위치한다. 여기에서는 돌궐시대와 관련된 6개의 선돌을 확인하였다. 선돌 3개는 넘어져 있고, 나머지 3개는 세워져 있는 상태이다. 세워져 있는 선돌은 다음과 같다.

1번째 선돌은 동남쪽에 위치한다. 높이 1.3m, 너비 0.7m, 두께 0.2m이다.

2번째 선돌은 서북쪽에 위치한다. 높이 2.2m, 너비 0.7m, 두께 0.3m이다.

3번째 선돌은 동남쪽에 위치한다. 높이 2.0m, 너비 0.7m, 두께 0.3m이다.

넘어져 있는 선돌은 다음과 같다.

4번째 선돌은 중심에 무너져 있다(연한 화강암). 높이 3.6m, 너비 0.6m이다.

5번째 선돌은 서북쪽에 위치한다. 높이 2.2m, 너비 0.7m이다.

6번째 선돌은 동남쪽에 3번째 선돌 옆에 위치하며 2개로 부러져 있다. 너비 0.6m, 두께 0.2m이다.

• 발타스타이 유적 현황표

연번	시대	종류	크기(m)	좌표	해발(m)
1	돌궐	선돌	총 6개	N 47.0005, E 106.99448	1349

• 전경

바얀차간 솜에서 동북쪽으로 40km정도 떨어진 곳에 위치한다. 후우
헹 헝거르 유적에서는 몽골제국 관련 석인상 1기와 제사유구 2기가
확인되었다.

• 후우헹 헝거르 유적 현황표

연번	시대	종류	크기(m)	좌표	해발(m)
1	몽골제국	제사유구	7.0	N 47.0564, E 107.33243	1424
2	몽골제국	제사유구	9.0	N 47.0564, E 107.33247	1424
3	몽골제국	석인상	-	N 47.05541, E 107.33217	1426

• 제사유구

• 제사유구

• 석인상

합찰 유적에서는 흉노의 고리형 무덤 1기가 확인되었다.

• 합찰 유적 현황표

연번	시대	종류	크기(m)	좌표	해발(m)
1	흉노	고리형 무덤	3.0	N 46.8899, E 107.23133	1404

• 전경

샤르망 유적

샤르망 유적에서는 청동기시대 히르기수르 1기와 판석묘 1기가 확인되었다.

• 샤르망 유적 현황표

연번	시대	종류	크기(m)	좌표	해발(m)
1	청동기	히르기수르	석열 12.5×11.3, 중앙 8.4	N 46.8787, E 107.20213	1445
2	청동기	판석묘	3.0×4.0	N 46.8789, E 107.20206	1447

• 세부

바얀차간 솜에서 동남쪽으로 15km 떨어진 곳에 하롤 털거이라는 언덕이 위치한다. 하롤 털거이 유적에서는 산을 돌아서 청동기시대 작은 원형 무덤 3기, 흉노 고리형 무덤 7기 등 모두 10기가 확인되었다.

하롤 털거이 유적

• 하롤 털거이 유적 현황표

연번	시대	종류	크기(m)	좌표	해발(m)
1	청동기	작은 원형 무덤	2.5	N 46.75452, E 107.30018	1345
2	청동기	작은 원형 무덤	2.5	N 46.7552, E 107.30161	1346
3	청동기	작은 원형 무덤	2.5	N 46.75349, E 107.30207	1346
4	흉노	고리형 무덤	4.5	N 46.75359, E 107.25829	1378
5	흉노	고리형 무덤	2.5	N 46.74619, E 107.25248	1384
6	흉노	고리형 무덤	3.6	N 46.74616, E 107.25239	1387
7	흉노	고리형 무덤	4.4	N 46.74469, E 107.28654	1361
8	흉노	고리형 무덤	3.6	N 46.75128, E 107.29334	1346
9	흉노	고리형 무덤	5.8	N 46.75191, E 107.29515	1344
10	흉노	고리형 무덤	11.0	N 46.75472, E 107.3008	1344

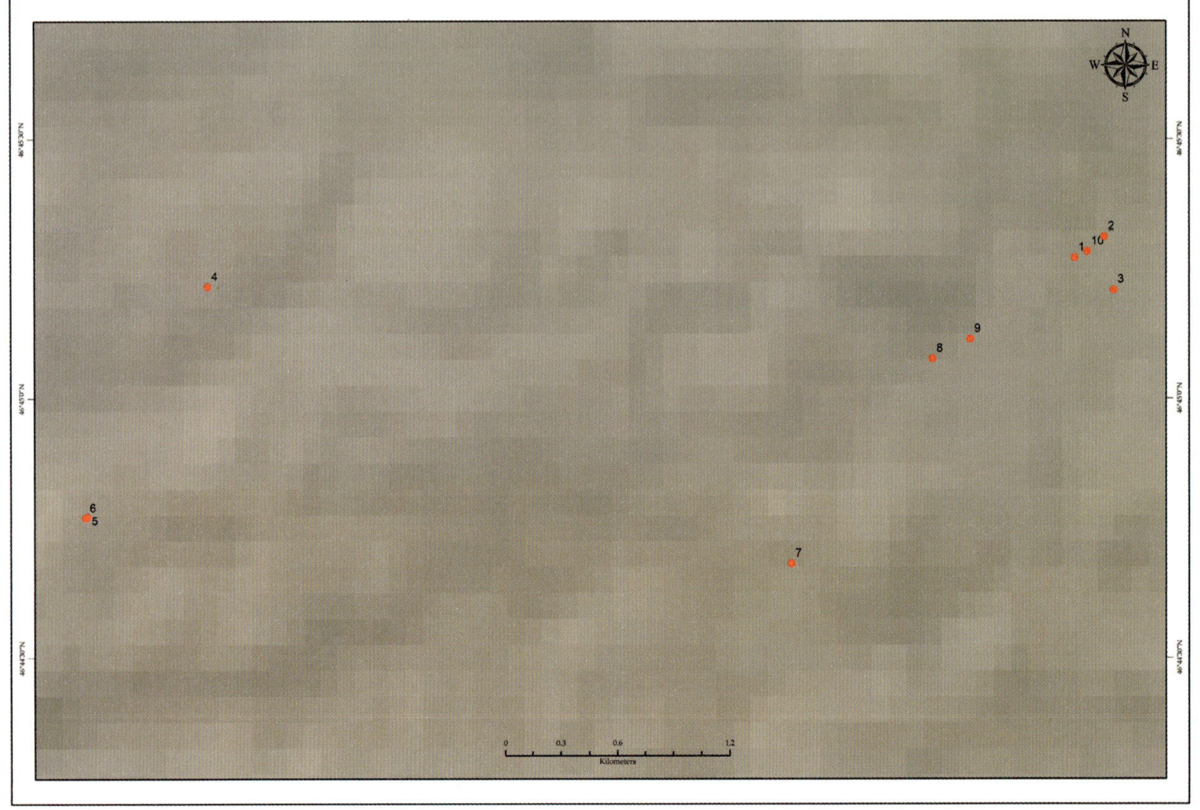

• 하롤 털거이 유적 분포도

• 세부

후흐 누뎅 유적은 바얀차간 솜에서 동쪽으로 약 25km 떨어진 곳에   **후흐 누뎅 유적**
위치한다. 여기에서는 청동기시대 작은 원형 무덤 1기와 흉노 고리형
무덤 2기가 확인되었다.

• 후흐 누뎅 유적 현황표

연번	시대	종류	크기(m)	좌표	해발(m)
1	청동기	작은 원형 무덤	2.6	N 46.78702, E 107.35207	1376
2	흉노	고리형 무덤	8.0	N 46.77966, E 107.33765	1361
3	흉노	고리형 무덤	4.0	N 46.78752, E 107.3515	1377

• 작은 원형 무덤

• 고리형 무덤

청지트 유적은 후흐 누뎅 유적에서 발견된 흉노 무덤에서 남쪽으로 약 청지트 유적

5km 떨어진 곳에 위치한다. 여기에서는 청동기시대의 판석묘 1기와 작

은 원형 무덤 1기, 흉노의 고리형 무덤 1기 등 모두 3기가 확인되었다.

• 청지트 유적 현황표

연번	시대	종류	크기(m)	좌표	해발(m)
1	청동기	작은 원형 무덤	11.6	N 46.75408, E 107.38408	1386
2	청동기	판석묘	3.0×2.2	N 46.75392, E 107.38371	1374
3	흉노	고리형 무덤	6.0	N 46.7575, E 107.38505	1388

• 작은 원형 무덤

• 판석묘

• 고리형 무덤

델게링 보오츠 유적은 후흐 누뎅 유적과 청지트 유적 사이에 위치한
다. 여기에서는 청동기에 관련될 수 있는 작은 원형 무덤 4기와 흉노
의 고리형 무덤 2기 등 모두 6기가 확인되었다.

델게링 보오츠 유적

• 델게링 보오츠 유적 현황표

연번	시대	종류	크기(m)	좌표	해발(m)
1	청동기	작은 원형 무덤	3.5	N 46.76748, E 107.36113	1367
2	청동기	작은 원형 무덤	3.5	N 46.77494, E 107.3547	1378
3	청동기	작은 원형 무덤	3.5	N 46.77544, E 107.35468	1385
4	청동기	작은 원형 무덤	4.0	N 46.77581, E 107.35485	1391
5	흉노	고리형 무덤	4.0	N 46.77575, E 107.35502	1385
6	흉노	고리형 무덤	18.0	N 46.77821, E 107.35598	1372

• 고리형 무덤

• 작은 원형 무덤

청지트 유적에서 북쪽으로 5km 떨어진 걀바트 유적에서는 청동기시 **걀바트 유적**
대의 작은 원형 무덤 1기와 흉노의 고리형 무덤 2기가 발견되었다.

• 걀바트 유적 현황표

연번	시대	종류	크기(m)	좌표	해발(m)
1	청동기	작은 원형 무덤	3.0	N 46.81715, E 107.31898	1368
2	흉노	고리형 무덤	7.0	N 46.82204, E 107.32075	1378
3	흉노	고리형 무덤	5.0	N 46.82701, E 107.31249	1393

• 작은 원형 무덤

• 고리형 무덤

치헤르틴 저 유적에서 바로 동쪽으로 10km 떨어진 곳에서 흉노의 고리형 무덤 1기가 발견되었다. 무덤의 직경은 14m이다.

허더딩 엥게르 유적

• 허더딩 엥게르 유적 현황표

연번	시대	종류	크기(m)	좌표	해발(m)
1	흉노	고리형 무덤	14.0	N 46.63008, E 107.17569	1319

• 전경

하르 누뎅 유적

바얀차간 솜에서 동북쪽으로 약 20km 떨어진 곳에서 청동기시대 히르기수르 1기와 작은 원형 무덤 3기, 흉노 고리형 무덤 10기 등 모두 14기가 확인되었다. 고분 동쪽에 위치하는 언덕을 하르 누뎅이라 한다.

• 하르 누뎅 유적 현황표

연번	시대	종류	크기(m)	좌표	해발(m)
1	청동기	히르기수르	석열 24.6, 중앙 9.3	N 46.8941, E 107.2591	1401
2	청동기	작은 원형 무덤	4.5	N 46.84711, E 107.30345	1367
3	청동기	작은 원형 무덤	2.8	N 46.89759, E 107.25876	1403
4	청동기	작은 원형 무덤	9.5	N 46.5792, E 107.26228	1364
5	흉노	고리형 무덤	7.0	N 46.84862, E 107.30119	1382
6	흉노	고리형 무덤	10.0	N 46.85793, E 107.29043	1361
7	흉노	고리형 무덤	15.5	N 46.86286, E 107.28118	1371
8	흉노	고리형 무덤	5.3	N 46.86304, E 107.27994	1371
9	흉노	고리형 무덤	3.3	N 46.86299, E 107.27959	1369
10	흉노	고리형 무덤	5.4	N 46.86213, E 107.28195	1372
11	흉노	고리형 무덤	4.0	N 46.86217, E 107.28204	1371
12	흉노	고리형 무덤	4.0	N 46.86218, E 107.28217	1372
13	흉노	고리형 무덤	4.2	N 46.86215, E 107.28218	1371
14	흉노	고리형 무덤	6.0	N 46.89896, E 107.26029	1406

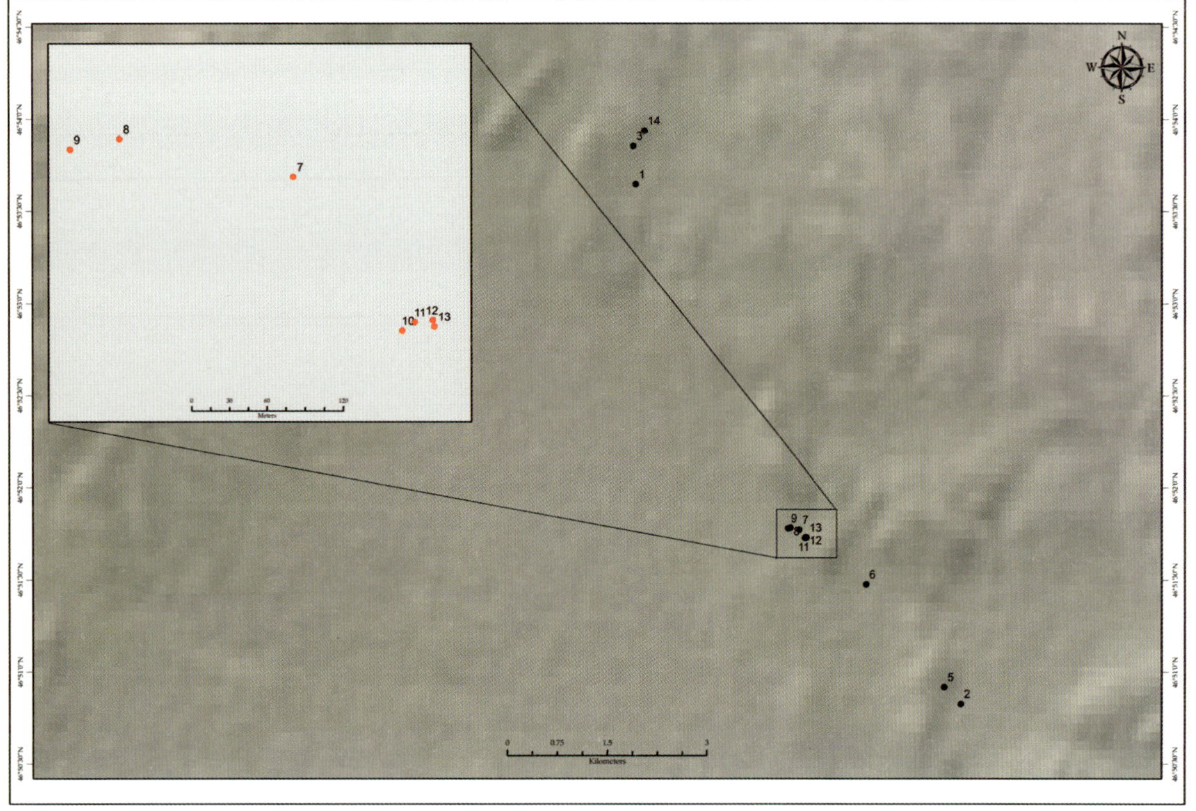

• 하르 누뎅 유적 분포도

• 세부

훙 어버트 유적

엘렉니 볼락 유적에서 서쪽에 보이는 산을 훙 어버트라 한다. 여기에서는 청동기시대의 판석묘 2기·작은 원형 무덤 3기, 흉노의 고리형 무덤 5기 등 모두 10기가 확인되었다. 흉노의 고리형 무덤 중에서 가장 큰 무덤의 직경은 9m정도이다.

• 훙 어버트 유적 현황표

연번	시대	종류	크기(m)	좌표	해발(m)
1	청동기	작은 원형 무덤	2.5	N 46.82367, E 107.14418	1402
2	청동기	작은 원형 무덤	2.5	N 46.82682, E 107.14645	1400
3	청동기	작은 원형 무덤	2.0	N 46.82684, E 107.14645	1401
4	청동기	판석묘	4.0×5.5	N 46.82731, E 107.14658	1402
5	청동기	판석묘	4.5×3.2	N 46.82735, E 107.14705	1404
6	흉노	고리형 무덤	5.0	N 46.82736, E 107.147	1404
7	흉노	고리형 무덤	5.0	N 46.82496, E 107.14467	1401
8	흉노	고리형 무덤	4.0	N 46.82687, E 107.14649	1402
9	흉노	고리형 무덤	5.0	N 46.82701, E 107.14689	1401
10	흉노	고리형 무덤	9.0	N 46.82718, E 107.14704	1403

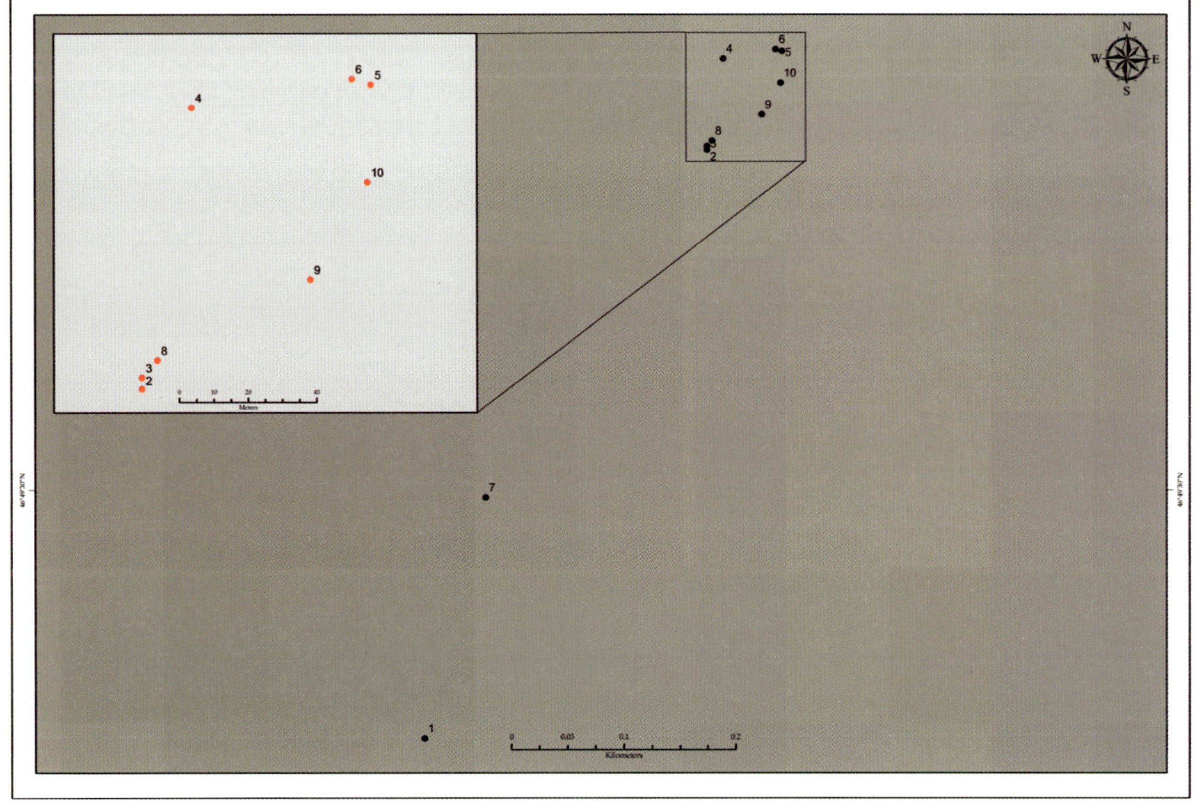

• 훙 어버트 유적 분포도

• 세부

바르징 유적

홍 어버트 유적에서 북쪽에 바르징이라는 작은 언덕이 위치한다. 언덕 서쪽에서는 청동기시대의 히르기수르 2기·판석묘 1기·작은 원형무덤 1기 등 모두 4기가 확인되었다. 히르기수르 중에서 1기는 원형이며, 바깥쪽 석열의 직경이 38m이고, 바깥쪽 석열을 따라 약 20기의 배장묘가 조성되어 있다.

• 바르징 유적 현황표

연번	시대	종류	크기(m)	좌표	해발(m)
1	청동기	히르기수르	석열 26.5, 중앙 12.8.	N 46.82898, E 107.14762	1401
2	청동기	히르기수르	석열 38.0, 중앙 16.0	N 46.84483, E 107.14953	1422
3	청동기	작은 원형 무덤	2.5	N 46.83416, E 107.13908	1409
4	청동기	판석묘	4.0×3.4	N 46.83488, E 107.14812	1411

• 전경

• 세부

이흐와 바그 히르기스 유적

이흐와 바그 히르기스 유적에서는 청동기시대 작은 원형 무덤 2기가 확인되었다.

• 이흐와 바그 히르기스 유적 현황표

연번	시대	종류	크기(m)	좌표	해발(m)
1	청동기	작은 원형 무덤	9.0	N 46.88267, E 107.67292	1370
2	청동기	작은 원형 무덤	12.0	N 46.88267, E 107.67292	1371

• 작은 원형 무덤

차강 볼락 유적에서는 청동기시대 작은 원형 무덤 1기가 확인되었다.   차강 볼락 유적

연번	시대	종류	크기(m)	좌표	해발(m)
1	청동기	작은 원형 무덤	5.0	N 46.94438, E 107.21263	1370

• 작은 원형 무덤

헤레트 우르둑 유적

헤레트 우르둑 유적에서는 청동기시대 작은 원형 무덤 1기가 확인되었다.

• 헤레트 우르둑 유적 현황표

연번	시대	종류	크기(m)	좌표	해발(m)
1	청동기	작은 원형 무덤	3.0	N 46.74246, E 107.52995	1358

• 작은 원형 무덤

바가노오르 유적에서는 돌궐시대 묘석(balbal) 1기가 확인되었다. 바가노오르 유적

• 바가노오르 유적 현황표

연번	시대	종류	크기(m)	좌표	해발(m)
1	돌궐	묘석(balbal)	75	N 46.68092, E 107.14663	1355

• 묘석

허더딩 하르 유적   허더딩 하르 유적에서는 흉노의 고리형 무덤 4기가 확인되었다.

• 허더딩 하르 유적 현황표

연번	시대	종류	크기(m)	좌표	해발(m)
1	흉노	고리형 무덤	5.0	N 46.675, E 107.16217	1364
2	흉노	고리형 무덤	6.0	N 46.675, E 107.16217	1364
3	흉노	고리형 무덤	6.0	N 46.675, E 107.16217	1363
4	흉노	고리형 무덤	4.0	N 46.675, E 107.16217	1366

• 전경

• 고리형 무덤

얼처워이 우웰쩌 유적

얼처워이 우웰쩌 유적에서는 몽골제국 작은 동그란 무덤 1기가 확인되었다.

• 얼처워이 우웰쩌 유적 현황표

연번	시대	종류	크기(m)	좌표	해발(m)
1	몽골제국	작은 동그란 무덤	3.5×3.6	N 46.90953, E 107.64493	1369

• 작은 동그란 무덤

망달링 하우트가이 유적에서는 청동기시대 개미형 무덤 1기가 확인
되었다.

• 망달링 하우트가이 유적 현황표

연번	시대	종류	크기(m)	좌표	해발(m)
1	청동기	개미형 무덤	4.5	N 46.49391, E 107.10529	1378

• 오목형 무덤

델링 허얼러이 유적

바얀차간 솜에서 동북쪽으로 약 23km 떨어진 곳에 델링 허얼러이 또는 아동 줄로라고 불리는 화강암이 나온 작은 언덕 있다. 여기에서는 청동기시대의 판석묘 9기와 작은 원형 무덤 3기 등 총 12기가 확인되었다. 동쪽에 위치하는 무덤 중에서 판석묘 1기는 동서쪽에 각각 4개의 판석이 세워져 있고, 남북쪽은 무너져 있는 상태이다. 동남쪽 모서리에 세운 돌에는 두 마리의 사슴 모양이 새겨져 있다. 사슴 머리와 뿔을 앞으로 올리면서 앞뒤 다리를 정교하게 예술적으로 새겨져 있다. 무덤 외부 구조는 3.4×3.8m정도이다. 사슴 모양을 새겨진 돌 크기는 1.3×0.8×0.02m정도이다.

• 델링 허얼러이 유적 현황표

연번	시대	종류	크기(m)	좌표	해발(m)
1	청동기	판석묘	3.4×3.8	N 46.94439, E 107.21263	1392
2	청동기	판석묘	2.2×2.5	N 46.94439, E 107.21263	1391
3	청동기	판석묘	2.6×1.5	N 46.94439, E 107.21263	1391
4	청동기	판석묘	1.6×2.4	N 46.94439, E 107.21263	1392
5	청동기	판석묘	2.5×2.0	N 46.94439, E 107.21263	1389
6	청동기	판석묘	2.6×2.0	N 46.94439, E 107.21263	1391
7	청동기	판석묘	3.0×1.8	N 46.94439, E 107.21263	1390
8	청동기	판석묘	4.5×4.0	N 46.94439, E 107.21263	1393
9	청동기	판석묘	2.5×3.0	N 46.94439, E 107.21263	1392
10	청동기	작은 원형 무덤	2.8	N 46.94439, E 107.21263	1390
11	청동기	작은 원형 무덤	2.5	N 46.94439, E 107.21263	1392
12	청동기	작은 원형 무덤	5.0	N 46.94439, E 107.21263	1390

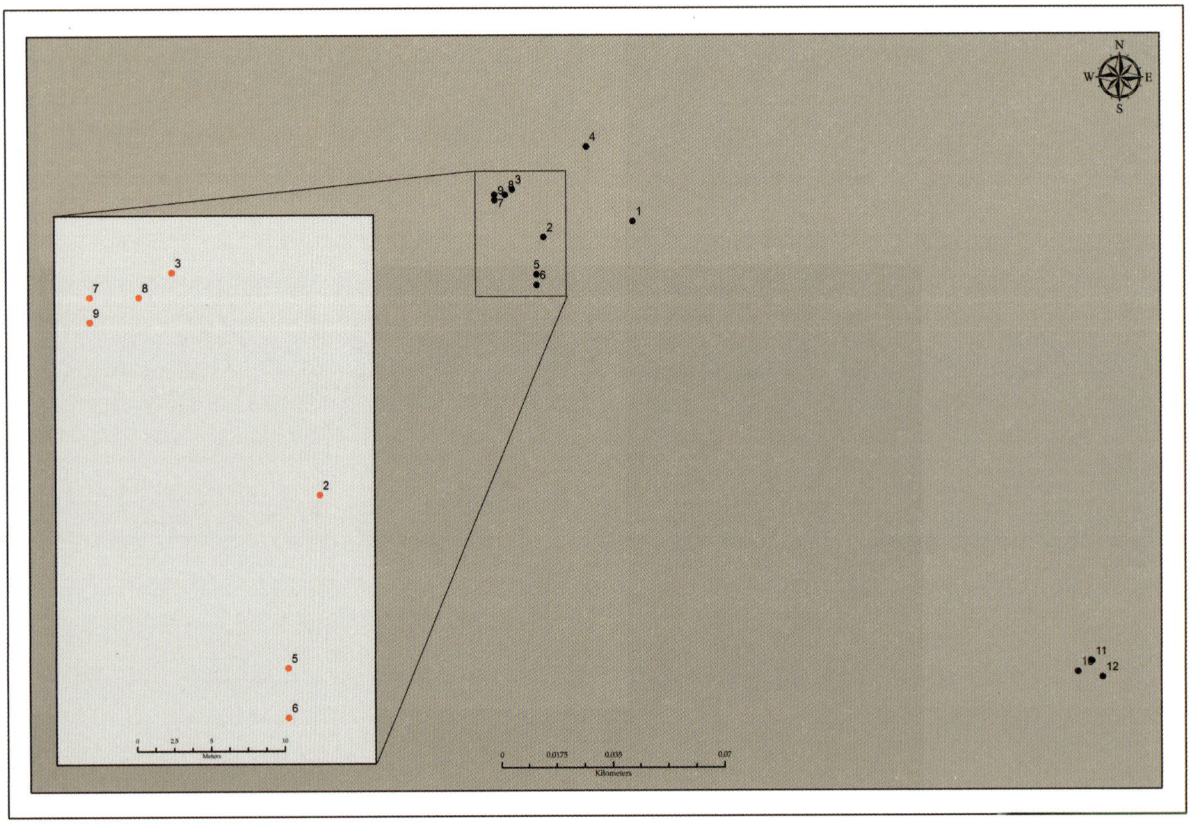

• 델링 허얼러이 유적 분포도

• 전경

• 판석묘

조르해이츠딩 홍티 유적에서는 청동기시대 선돌 1기가 확인되었다.　　

• 조르해이츠딩 홍티 유적 현황표

연번	시대	종류	크기(m)	좌표	해발(m)
1	청동기	선돌	1.60	N 46.98009, E 106.80691	1324

• 선돌

더윙 헐러어이 유적

더윙 헐러어이 유적에서는 청동기시대 작은 원형 무덤 1기가 확인되었다.

• 더윙 헐러어이 유적 현황표

연번	시대	종류	크기(m)	좌표	해발(m)
1	청동기	작은 원형 무덤	6.0	N 47.02848, E 106.79341	1455

• 작은 원형 무덤

자승 시레(암갈랑) 유적에서는 사원지 1기가 확인되었다.

• 자승 시레(암갈랑) 유적 현황표

연번	시대	종류	크기(m)	좌표	해발(m)
1	-	사원지	-	N 46.85652, E 106.75617	1411

• 전경

• 수습유물

엉경 유적   엉경 유적에서는 청동기시대 작은 원형 무덤 3기, 흉노 고리형 무덤 18기 등 모두 21기가 확인되었다.

• 엉경 유적 현황표

연번	시대	종류	크기(m)	좌표	해발(m)
1	청동기	작은 원형 무덤	3.5	N 46.58414, E 106.76672	1391
2	청동기	작은 원형 무덤	3.0	N 46.5792, E 106.77565	1382
3	청동기	작은 원형 무덤	3.6	N 46.5792, E 106.82042	1328
4	흉노	고리형 무덤	5.0	N 46.58445, E 106.75572	1411
5	흉노	고리형 무덤	4.6	N 46.58448, E 106.75567	1411
6	흉노	고리형 무덤	4.2	N 46.58444, E 106.75552	1409
7	흉노	고리형 무덤	5.4	N 46.58449, E 106.75546	1410
8	흉노	고리형 무덤	6.3	N 46.58438, E 106.75549	1410
9	흉노	고리형 무덤	5.5	N 46.58443, E 106.75542	1410
10	흉노	고리형 무덤	4.8	N 46.58444, E 106.75538	1413
11	흉노	고리형 무덤	5.0	N 46.58447, E 106.75537	1413
12	흉노	고리형 무덤	3.5	N 46.58431, E 106.7553	1413
13	흉노	고리형 무덤	6.5	N 46.58435, E 106.75529	1414
14	흉노	고리형 무덤	5.6	N 46.58444, E 106.75521	1414
15	흉노	고리형 무덤	4.2	N 46.58446, E 106.7552	1413
16	흉노	고리형 무덤	4.0	N 46.58442, E 106.75506	1411
17	흉노	고리형 무덤	5.0	N 46.58447, E 106.75505	1411
18	흉노	고리형 무덤	4.5	N 46.58404, E 106.75518	1417
19	흉노	고리형 무덤	3.6	N 46.58406, E 106.75517	1417
20	흉노	고리형 무덤	7.0	N 46.58407, E 106.75526	1413
21	흉노	고리형 무덤	4.5	N 46.58412, E 106.75524	1413

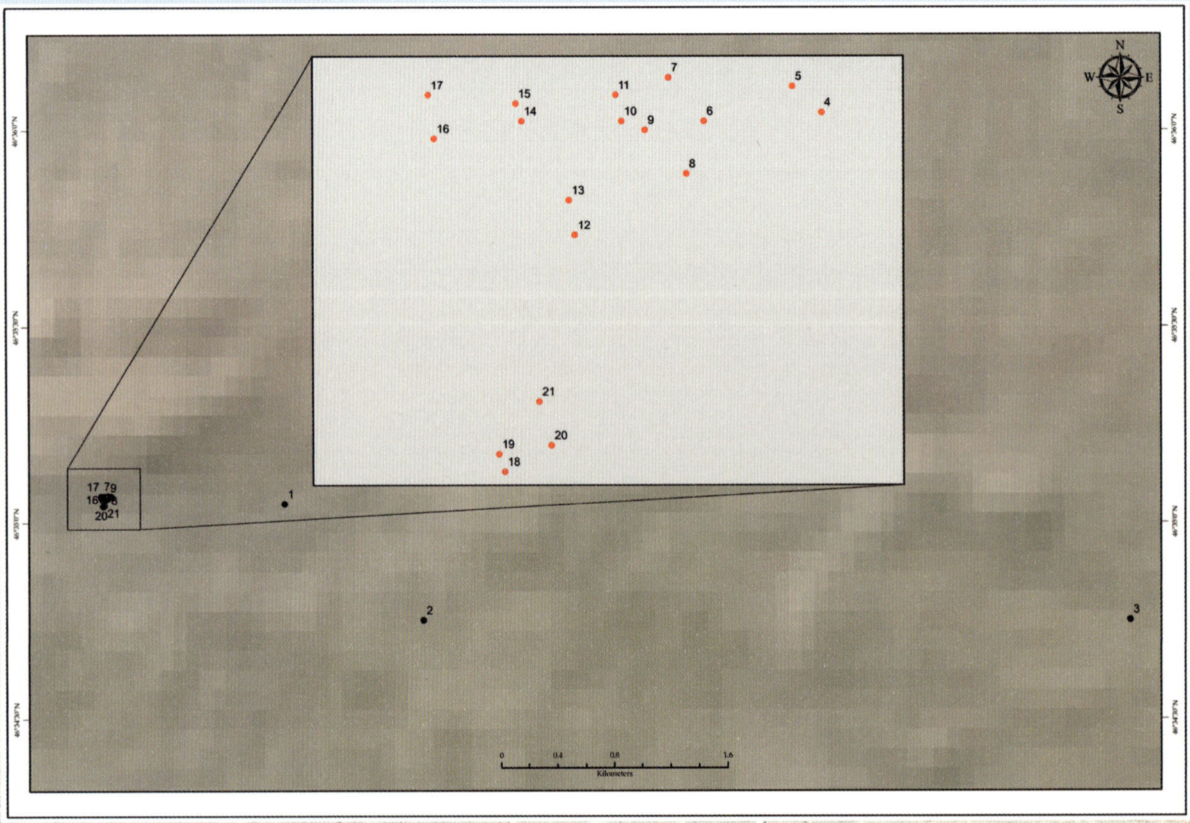

• 엉겅 유적 분포도

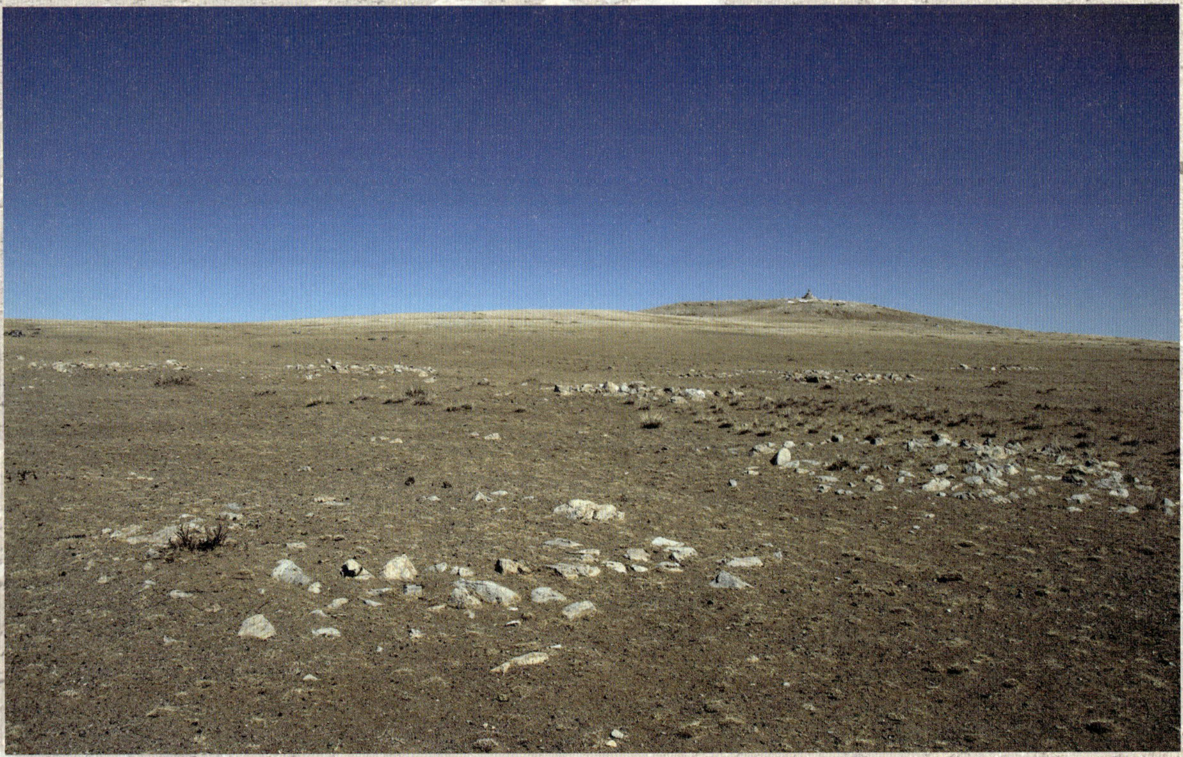

• 전경

• 고리형 무덤

발리르 유적에서는 청동기시대 작은 원형 무덤 3기와 흉노 고리형 **발리르 유적**
무덤 3기 등 모두 6기가 확인되었다.

• 발리르 유적 현황표

연번	시대	종류	크기(m)	좌표	해발(m)
1	청동기	작은 원형 무덤	3.5	N 46.5792, E 106.89745	1385
2	청동기	작은 원형 무덤	4.0	N 46.5792, E 106.89732	1385
3	청동기	작은 원형 무덤	4.3	N 46.5792, E 106.89711	1386
4	흉노	고리형 무덤	8.0	N 46.5792, E 106.90541	1387
5	흉노	고리형 무덤	20.0	N 46.5792, E 106.93931	1370
6	흉노	고리형 무덤	3.0	N 46.5792, E 107.04823	1299

• 고리형 무덤

루웅 유적

루웅 유적에서는 청동기시대 판석묘 28기와 작은 원형 무덤 11기 등 모두 39기가 확인되었다.

• 루웅 유적 현황표

연번	시대	종류	크기(m)	좌표	해발(m)
1	청동기	판석묘	2.5×3.0	N 46.5792, E 107.15983	1367
2	청동기	판석묘	1.50×2.0	N 46.5792, E 107.15976	1366
3	청동기	판석묘	2.0×3.0	N 46.5792, E 107.15989	1369
4	청동기	판석묘	4.0×4.4	N 46.5792, E 107.15986	1369
5	청동기	판석묘	0.45×0.25	N 46.5792, E 107.15972	1372
6	청동기	판석묘	4.0×5.0	N 46.5792, E 107.15988	1370
7	청동기	판석묘	2.5×2.4	N 46.5792, E 107.15985	1372
8	청동기	판석묘	5.0×4.0	N 46.5792, E 107.16148	1356
9	청동기	판석묘	5.0×5.6	N 46.5792, E 107.16168	1356
10	청동기	판석묘	3.5×4.2	N 46.5792, E 107.16176	1357
11	청동기	판석묘	4.5×5.0	N 46.5792, E 107.16177	1355
12	청동기	판석묘	6.0×6.5	N 46.5792, E 107.16191	1355
13	청동기	판석묘	1.5×2.5	N 46.5792, E 107.16189	1353
14	청동기	판석묘	4.5×5.2	N 46.5792, E 107.16206	1352
15	청동기	판석묘	4.0×4.0	N 46.5792, E 107.16178	1349
16	청동기	판석묘	5.4×6.0	N 46.5792, E 107.16224	1346
17	청동기	판석묘	1.5×1.5	N 46.5792, E 107.16236	1347
18	청동기	판석묘	2.0×3.0	N 46.5792, E 107.16267	1347
19	청동기	판석묘	4.6×5.0	N 46.5792, E 107.16308	1346
20	청동기	판석묘	2.0×2.0	N 46.5792, E 107.16364	1342
21	청동기	판석묘	4.5×4.5	N 46.5792, E 107.16289	1352
22	청동기	판석묘	2.4×3.0	N 46.5792, E 107.16286	1352
23	청동기	판석묘	2.5×4.0	N 46.5792, E 107.16311	1353
24	청동기	판석묘	3.0×4.0	N 46.5792, E 107.16308	1354
25	청동기	판석묘	1.0×1.5	N 46.5792, E 107.1633	1356
26	청동기	판석묘	9.5	N 46.5792, E 107.16315	1357
27	청동기	판석묘	6.8	N 46.5792, E 107.16323	1356
28	청동기	판석묘	4.0×6.5	N 46.5792, E 107.16391	1362
29	청동기	작은 원형 무덤	6.8	N 46.5792, E 107.16107	1361
30	청동기	작은 원형 무덤	5.2	N 46.5792, E 107.16104	1362
31	청동기	작은 원형 무덤	4.5	N 46.5792, E 107.16149	1362
32	청동기	작은 원형 무덤	3.0	N 46.5792, E 107.16152	1361
33	청동기	작은 원형 무덤	5.2	N 46.5792, E 107.16152	1351

연번	시대	종류	크기(m)	좌표	해발(m)
34	청동기	작은 원형 무덤	4.2	N 46.5792, E 107.16158	1353
35	청동기	작은 원형 무덤	4.0	N 46.5792, E 107.16163	1354
36	청동기	작은 원형 무덤	8.5	N 46.5792, E 107.1617	1356
37	청동기	작은 원형 무덤	2.4	N 46.5792, E 107.16177	1355
38	청동기	작은 원형 무덤	6.4	N 46.5792, E 107.16179	1349
39	청동기	작은 원형 무덤	8.2	N 46.5792, E 107.16298	1354

• 루웅 유적 분포도

• 전경

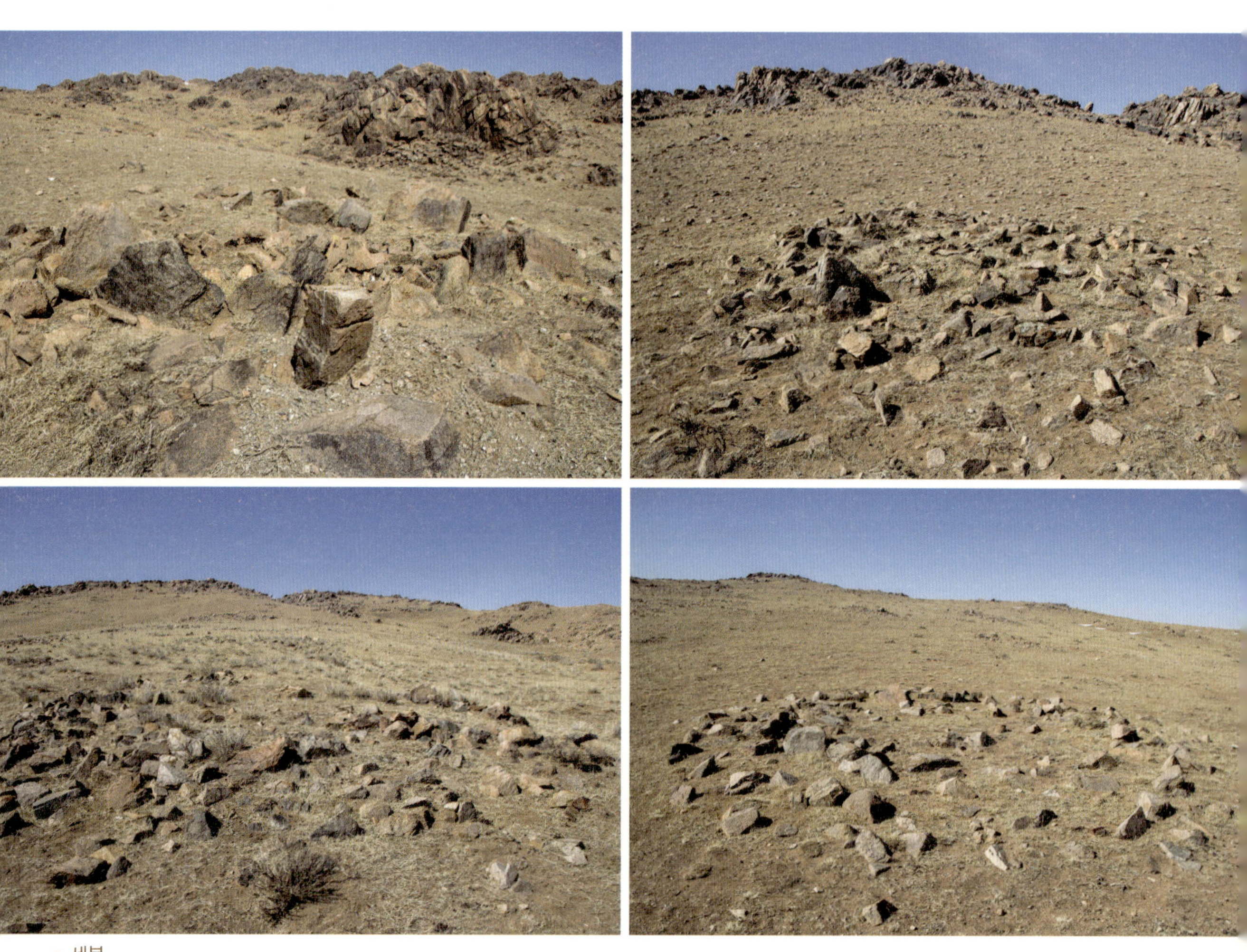

• 세부

상깅 달라잉 오하니 헐러이 유적

상깅 달라잉 오하니 헐러이 유적에서는 돌궐시대 제사유구 1기가 확인되었다.

• 상깅 달라잉 오하니 헐러이 유적 현황표

연번	시대	종류	크기(m)	좌표	해발(m)
1	돌궐	제사유구	–	N 46.5792, E 107.2704	1277

• 제사유구

볼시트 털거드 유적에서는 청동기시대 히르기수르 1기·판석묘 2기· **볼시트 털거드 유적**
작은 원형 무덤 1기 등 모두 4기가 확인되었다.

• 볼시트 털거드 유적 현황표

연번	시대	종류	크기(m)	좌표	해발(m)
1	청동기	히르기수르	14.0	N 46.5792, E 107.41548	1364
2	청동기	판석묘	2.0×3.0	N 46.5792, E 107.43275	1336
3	청동기	판석묘	3.0×3.0	N 46.5792, E 107.42917	1350
4	청동기	작은 원형 무덤	5.0	N 46.5792, E 107.41545	1366

• 전경

• 세부

엘렉니 엥게르 유적에서는 청동기시대 판석묘 1기가 확인되었다.

• 엘렉니 엥게르 유적 현황표

연번	시대	종류	크기(m)	좌표	해발(m)
1	청동기	판석묘	4.5×5.2	N 46.5792, E 107.58576	1297

• 판석묘

후흐 누뎅 유적   후흐 누뎅 유적에서는 청동기시대의 작은 원형 무덤 1기가 확인되었다.

• 후흐 누뎅 유적 현황표

연번	시대	종류	크기(m)	좌표	해발(m)
1	청동기	작은 원형 무덤	2.5	N 46.5792, E 107.32499	1381

• 작은 원형 무덤

얄반트 덴치 유적에서는 청동기시대 판석묘 1기와 몽골제국 작은 동 그란 무덤 4기 등 모두 5기가 확인되었다.

• 얄반트 덴치 유적 현황표

연번	시대	종류	크기(m)	좌표	해발(m)
1	청동기	판석묘	3.2×3.0	N 46.5792, E 107.32072	1377
2	몽골제국	작은 동그란 무덤	3.5	N 46.5792, E 107.32167	1387
3	몽골제국	작은 동그란 무덤	2.0	N 46.5792, E 107.32174	1388
4	몽골제국	작은 동그란 무덤	4.0	N 46.5792, E 107.32181	1389
5	몽골제국	작은 동그란 무덤	3.8	N 46.5792, E 107.31884	1385

• 전경

• 작은 동그란 무덤

날가이 아르 유적에서는 청동기시대 히르기수르 1기와 작은 원형 무
덤 1기 등 모두 2기가 확인되었다.

• 날가이 아르 유적 현황표

연번	시대	종류	크기(m)	좌표	해발(m)
1	청동기	히르기수르	7.4	N 46.5792, E 107.29046	1356
2	청동기	작은 원형 무덤	4.0	N 46.5792, E 107.31128	1366

• 세부

심트 털거이 유적

심트 털거이 유적에서는 청동기시대 판석묘 1기와 작은 원형 무덤 1기, 몽골제국 작은 동그란 무덤 1기 등 모두 3기가 확인되었다.

• 심트 털거이 유적 현황표

연번	시대	종류	크기(m)	좌표	해발(m)
1	청동기	판석묘	2.0×2.5	N 46.5792, E 107.23933	1382
2	청동기	작은 원형 무덤	4.0	N 46.5792, E 107.2313	1401
3	몽골제국	작은 동그란 무덤	4.3	N 46.5792, E 107.22862	1405

• 세부

• 세부

바그 나리니 암 유적

바그 나리니 암 유적에서는 청동기시대 히르기수르 2기·판석묘 24기·작은 원형 무덤 3기 등 모두 29기가 확인되었다.

• 바그 나리니 암 유적 현황표

연번	시대	종류	크기(m)	좌표	해발(m)
1	청동기	히르기수르	7.0	N 46.5792, E 107.22166	1423
2	청동기	히르기수르	6.5	N 46.5792, E 107.22284	1415
3	청동기	판석묘	4.5×4.5	N 46.5792, E 107.22072	1427
4	청동기	판석묘	5.0×5.0	N 46.5792, E 107.22095	1425
5	청동기	판석묘	3.6×3.6	N 46.5792, E 107.22087	1425
6	청동기	판석묘	4.0×4.0	N 46.5792, E 107.22116	1423
7	청동기	판석묘	5.2×5.5	N 46.5792, E 107.22119	1422
8	청동기	판석묘	4.6×4.6	N 46.5792, E 107.22121	1424
9	청동기	판석묘	3.0×3.0	N 46.5792, E 107.22135	1423
10	청동기	판석묘	3.2×3.2	N 46.5792, E 107.22146	1423
11	청동기	판석묘	2.8×3.0	N 46.5792, E 107.22141	1422
12	청동기	판석묘	3.4×3.4	N 46.5792, E 107.22165	1423
13	청동기	판석묘	5.5×5.5	N 46.5792, E 107.22165	1423
14	청동기	판석묘	4.0×4.0	N 46.5792, E 107.22217	1420
15	청동기	판석묘	2.5×2.5	N 46.5792, E 107.22221	1419
16	청동기	판석묘	3.0×3.0	N 46.5792, E 107.22235	1420
17	청동기	판석묘	2.6×3.0	N 46.5792, E 107.22237	1418
18	청동기	판석묘	4.6×4.0	N 46.5792, E 107.22247	1422
19	청동기	판석묘	3.0×3.4	N 46.5792, E 107.22253	1418
20	청동기	판석묘	2.8×3.0	N 46.5792, E 107.22265	1419
21	청동기	판석묘	6.0×5.0	N 46.5792, E 107.22271	1416
22	청동기	판석묘	5.2×5.4	N 46.5792, E 107.22277	1414
23	청동기	판석묘	3.8×4.0	N 46.5792, E 107.22281	1415
24	청동기	판석묘	4.0×3.5	N 46.5792, E 107.22328	1412
25	청동기	판석묘	3.0×2.5	N 46.5792, E 107.2246	1408
26	청동기	판석묘	5.2×5.0	N 46.5792, E 107.22466	1410
27	청동기	작은 원형 무덤	4.8	N 46.5792, E 107.22082	1424
28	청동기	작은 원형 무덤	3.0	N 46.5792, E 107.22093	1426
29	청동기	작은 원형 무덤	2.5	N 46.5792, E 107.22092	1426

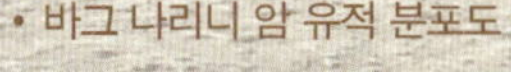

• 바그 나리니 암 유적 분포도

• 전경

· 세부

바그 합찰링 실 유적에서는 청동기시대 판석묘 5기·작은 원형 무덤 3기·돌 시설 3기, 몽골제국 작은 동그란 무덤 2기 등 모두 13기가 확인되었다.

바그 합찰링 실 유적

• 바그 합찰링 실 유적 현황표

연번	시대	종류	크기(m)	좌표	해발(m)
1	청동기	판석묘	3.0×4.0	N 46.5792, E 107.2291	1445
2	청동기	판석묘	1.5×2.0	N 46.5792, E 107.22905	1445
3	청동기	판석묘	2.0×2.0	N 46.5792, E 107.22905	1440
4	청동기	판석묘	2.4×2.8	N 46.5792, E 107.22814	1432
5	청동기	판석묘	2.4×3.2	N 46.5792, E 107.22806	1428
6	청동기	작은 원형 무덤	1.5	N 46.5792, E 107.22837	1439
7	청동기	작은 원형 무덤	1.8	N 46.5792, E 107.22842	1435
8	청동기	작은 원형 무덤	2.0	N 46.5792, E 107.22485	1476
9	청동기	돌 시설	2.3	N 46.5792, E 107.22828	1436
10	청동기	돌 시설	1.8	N 46.5792, E 107.22828	1435
11	청동기	돌 시설	2.4	N 46.5792, E 107.22808	1430
12	몽골제국	작은 동그란 무덤	2.6	N 46.5792, E 107.22816	1420
13	몽골제국	작은 동그란 무덤	2.2	N 46.5792, E 107.22108	1448

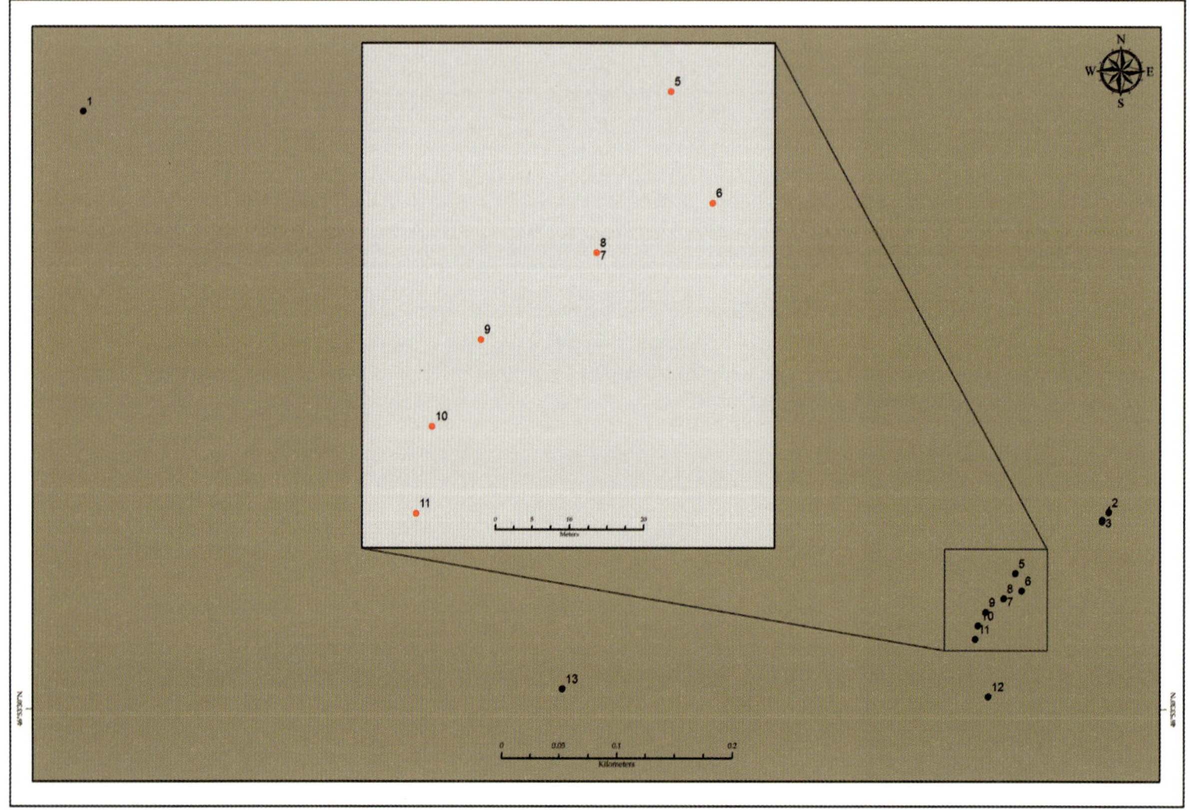

• 바그 합찰링 실 유적 분포도

• 세부

웅두르 털거이 유적에서는 청동기시대 히르기수르 2기·판석묘 4기· 웅두르 털거이 유적
돌 시설 4기, 흉노 고리형 무덤 5기, 몽골제국 작은 동그란 무덤 1기
등 모두 16기가 확인되었다.

• 웅두르 털거이 유적 현황표

연번	시대	종류	크기(m)	좌표	해발(m)
1	청동기	히르기수르	9.0	N 46.5792, E 107.18354	1469
2	청동기	히르기수르	10.0×10.0	N 46.5792, E 107.18013	1482
3	청동기	판석묘	3.5×3.5	N 46.5792, E 107.19695	1458
4	청동기	판석묘	2.8×3.0	N 46.5792, E 107.19693	1458
5	청동기	판석묘	3.2×3.5	N 46.5792, E 107.19689	1458
6	청동기	판석묘	3.0×4.0	N 46.5792, E 107.17824	1474
7	청동기	돌 시설	1.4	N 46.5792, E 107.18354	1467
8	청동기	돌 시설	1.5	N 46.5792, E 107.18354	1467
9	청동기	돌 시설	1.8	N 46.5792, E 107.18358	1468
10	청동기	돌 시설	1.2	N 46.5792, E 107.17765	1470
11	흉노	고리형 무덤	2.5	N 46.5792, E 107.19688	1461
12	흉노	고리형 무덤	3.4	N 46.5792, E 107.19683	1461
13	흉노	고리형 무덤	4.0	N 46.5792, E 107.19674	1461
14	흉노	고리형 무덤	6.0	N 46.5792, E 107.19648	1459
15	흉노	고리형 무덤	5.4	N 46.5792, E 107.1964	1459
16	몽골제국	작은 동그란 무덤	2.0	N 46.5792, E 107.20062	1476

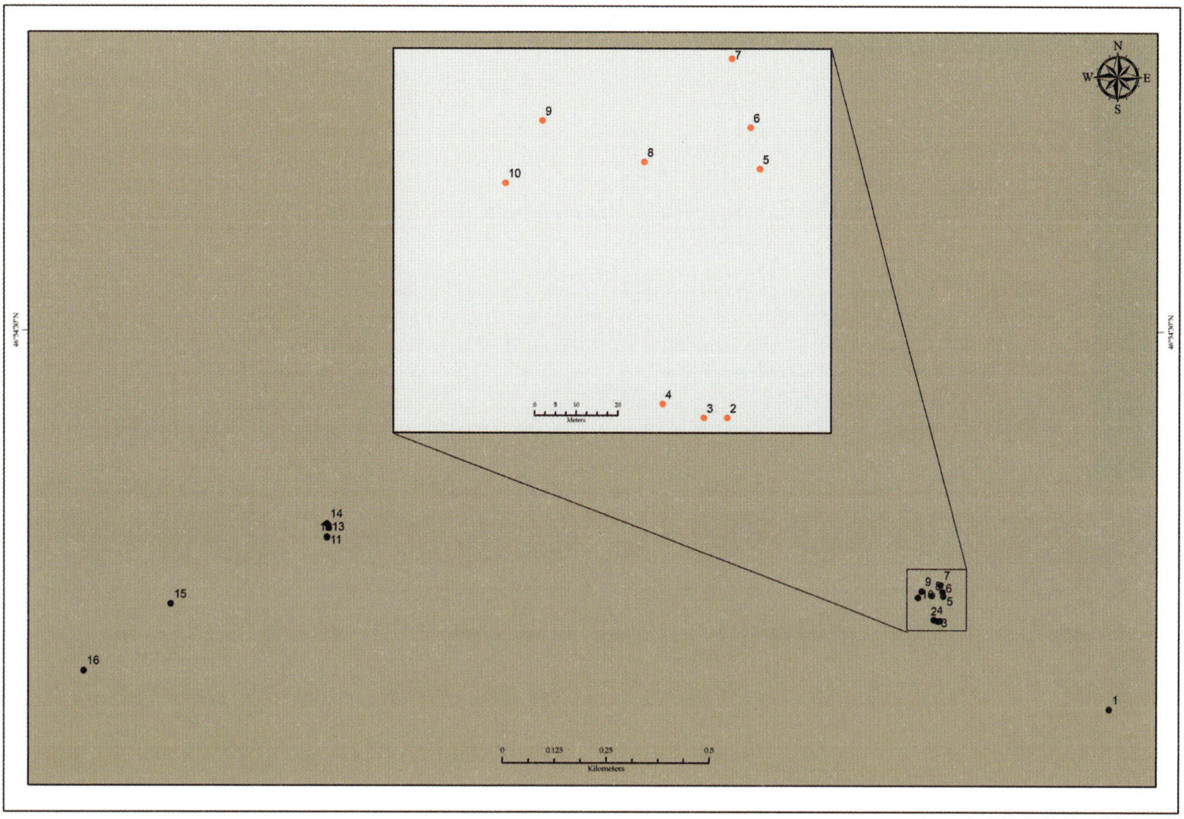

• 웅두르 털거이 유적 분포도

• 전경

• 세부

참팅 후툴 유적

참팅 후툴 유적에서는 청동기시대 히르기수르 3기·판석묘 6기·개미형 무덤 1기·작은 원형 무덤 3기·돌 시설 2기, 흉노 고리형 무덤 4기 등 모두 19기가 확인되었다.

• 참팅 후툴 유적 현황표

연번	시대	종류	크기(m)	좌표	해발(m)
1	청동기	히르기수르	11.0×12.0	N 46.5792, E 107.1752	1483
2	청동기	히르기수르	8.4×9.0	N 46.5792, E 107.1712	1496
3	청동기	히르기수르	10.0	N 46.5792, E 107.15796	1478
4	청동기	판석묘	4.0×5.0	N 46.5792, E 107.17386	1503
5	청동기	판석묘	2.0×3.0	N 46.5792, E 107.15411	1465
6	청동기	판석묘	2.5×3.5	N 46.5792, E 107.15419	1465
7	청동기	판석묘	3.0×3.4	N 46.5792, E 107.15419	1465
8	청동기	판석묘	4.0×4.5	N 46.5792, E 107.14978	1506
9	청동기	판석묘	6.3×6.0	N 46.5792, E 107.15027	1503
10	청동기	개미형 무덤	4.5×3.0	N 46.5792, E 107.15161	1465
11	청동기	돌 시설	7.3	N 46.5792, E 107.17131	1471
12	청동기	돌 시설	5.5	N 46.5792, E 107.16994	1456
13	청동기	작은 원형 무덤	2.3	N 46.5792, E 107.14994	1508
14	청동기	작은 원형 무덤	2.0	N 46.5792, E 107.14993	1508
15	청동기	작은 원형 무덤	1.5	N 46.5792, E 107.15004	1506
16	흉노	고리형 무덤	5.6	N 46.5792, E 107.15314	1464
17	흉노	고리형 무덤	5.0	N 46.5792, E 107.15295	1463
18	흉노	고리형 무덤	4.5	N 46.5792, E 107.15281	1463
19	흉노	고리형 무덤	5.4	N 46.5792, E 107.15244	1466

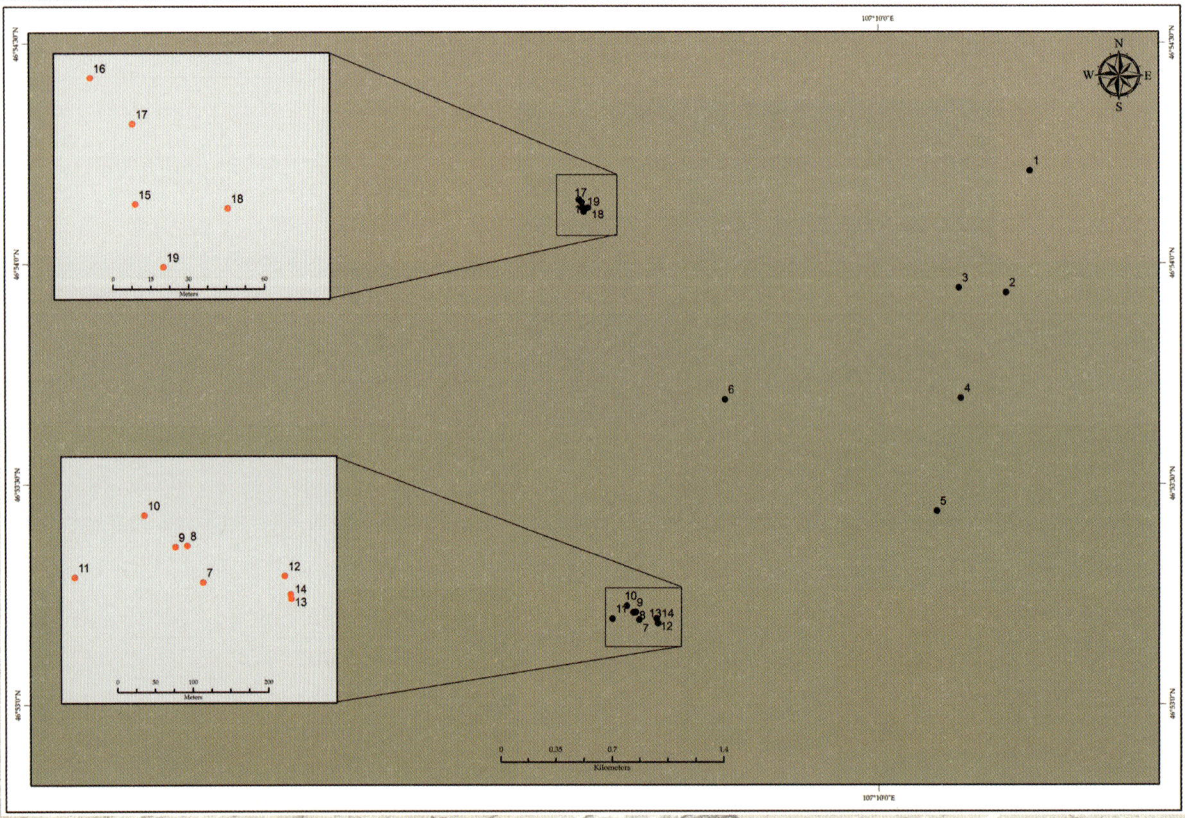

• 참팅 후툴 유적 분포도

• 세부

· 세부

이흐 합찰링 암 유적에서는 청동기시대 히르기수르 2기·작은 원형 무덤 3기 등 모두 5기가 확인되었다.

이흐 합찰링 암 유적

• 이흐 합찰링 암 유적 현황표

연번	시대	종류	크기(m)	좌표	해발(m)
1	청동기	히르기수르	22.0	N 46.5792, E 107.22612	1407
2	청동기	히르기수르	18.0	N 46.5792, E 107.2299	1409
3	청동기	작은 원형 무덤	9.4	N 46.5792, E 107.23153	1413
4	청동기	작은 원형 무덤	2.0	N 46.5792, E 107.23201	1407
5	청동기	작은 원형 무덤	4.2	N 46.5792, E 107.23208	1405

• 전경

• 세부

3. 바얀차간 솜 지역의 제사 산(어워)

바얀 산(좌표:N 46.937367, E 107.754282)

적서얼 산의 어워(좌표:N 46.90038, E 107.11962)

바얀 아이락 산의 어워(좌표:N 46.936626, E 107.553543)

어워경 자강 산의 어워(좌표:N 46.941065, E 107.465737)

바트잉 어워(좌표:N 46.811209, E 107.64429)

이흐느 하르 어워(좌표:N 46.781114, E 107.484282)

엘겐 산의 어워(좌표:N 46.728268, E 107.532734)

아우하 산의 어워(좌표:N 46.722931, E 107.249816)

만달 산의 어워(좌표:N 46.510031, E 107.117315)

발리르 산의 어워(좌표:N 46.521695, E 106.948718)

버스그 산의 어워(좌표:N 46.891018, E 106.93846)

후우시 산의 어워(좌표:N 46.77861, E 107.45903)

III 조사내용

1. 몽골의 청동기시대 무덤 개관

쇼허잉 암 청동기시대 유적의 내용을 기술하기에 앞서 쇼허잉 암 유적과 관련된 문화유형의 분포와 구조적 특징 등을 간략하게 살펴보고자 한다.

몽골 청동기시대의 대표적인 유적으로는 히르기수르, 사슴돌, 암각화, 판석묘 등을 꼽아 왔으나, 최근 10년간의 고고학 조사 성과로 새로운 '문화' 혹은 '유형'이라 불리는 유적들이 발견되어 청동기시대를 새롭게 보는 시각과 더불어 편년의 세분이 불가피하게 되었다.

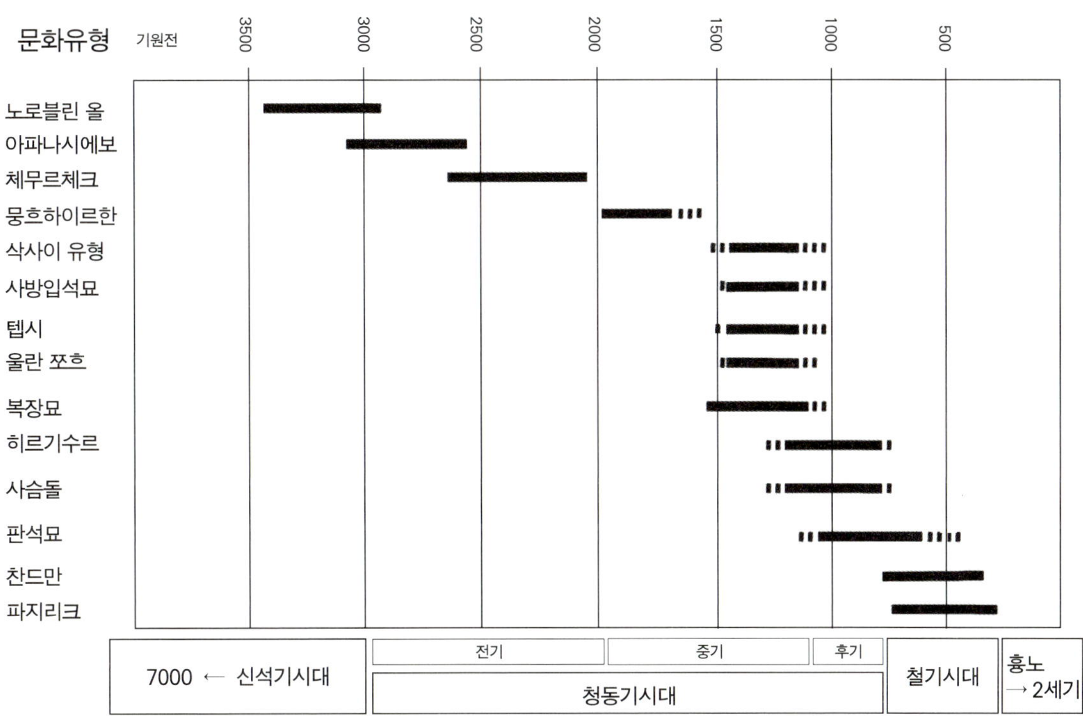

• 몽골 청동기~초기철기시대 편년(Ch.아마르톱신 · G.에렉젠 2018: 108 그림 1)

　　이에 따라 몽골의 청동기시대는 기원전 3,000~2,000년의 전기, 기원전 2,000년 초반~후반의 중기, 기원전 2,000년 말~기원전 1,000년 초반의 후기, 3시기로 구분하게 되었다.

　　전기에는 노로블린 올(Norovlin uul)무덤, 아파나시에보(Afanasievo)와 체무레첵(Chemurghek) 문화에 속하는 무덤, 중기에는 뭉흐하이르한(Munkhhairkhan) 문화, 삭사이(Sagsai) 유형 무덤, 사방입석묘, 텝쉬(Tevsh) 문화, 울란 쪼흐(Ulaan zuukh) 문화, 복장묘 유형 등, 후기에는 히르기수르, 사슴돌, 판석묘 등이 있다(Ch.아마르툽신·G.에렉젠 2018: 104~116).

1) 개미형 무덤

　　개미형 무덤(Solgoljin bulsh)은 몽골의 청동기시대 중기인 기원전 2,000년 후반에 속하며, '개미형 무덤', '형태 갖춘 무덤(헬베르트 볼쉬)', '텝쉬 문화'라는 다양한 이름을 가진 특수한 형태의 무덤이다. 개미형 무덤은 몽골 남부 지역 일대에 분포하고 있으며, 지금까지 몽골에서

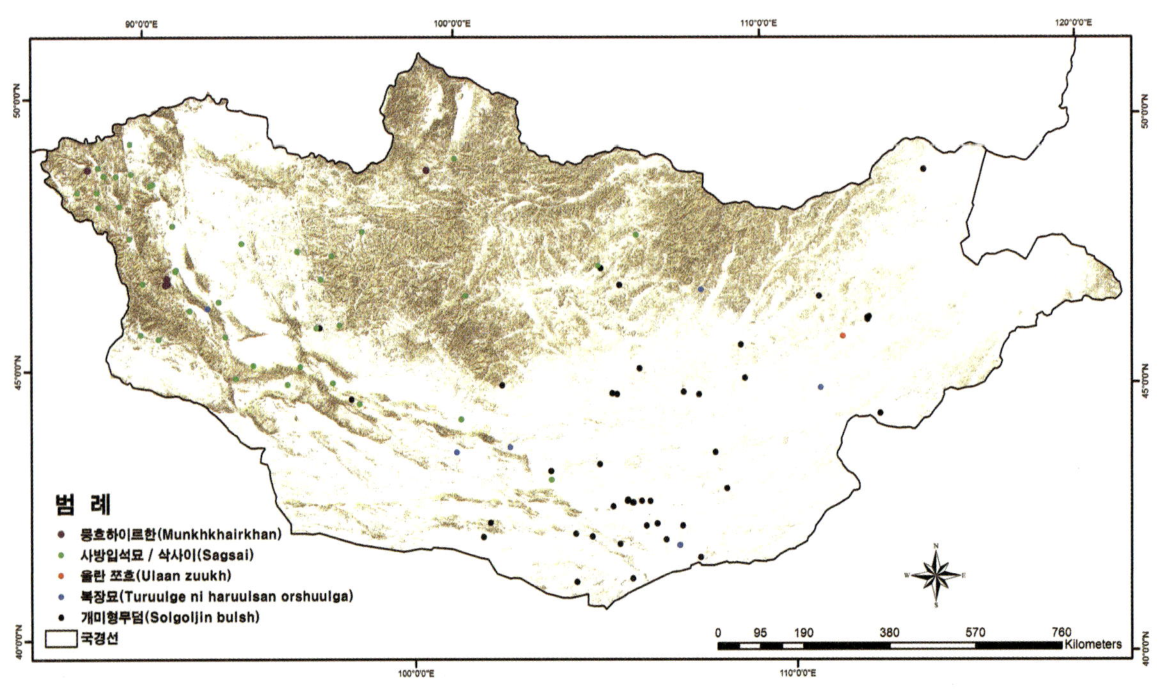

• 분포도(Ch.아마르툽신 · G.에렉젠 2018: 134 그림 1)

• 하르 우주르 1호묘(Ch.아마르톱신 · G.에렉젠 2018: 144 그림 9)

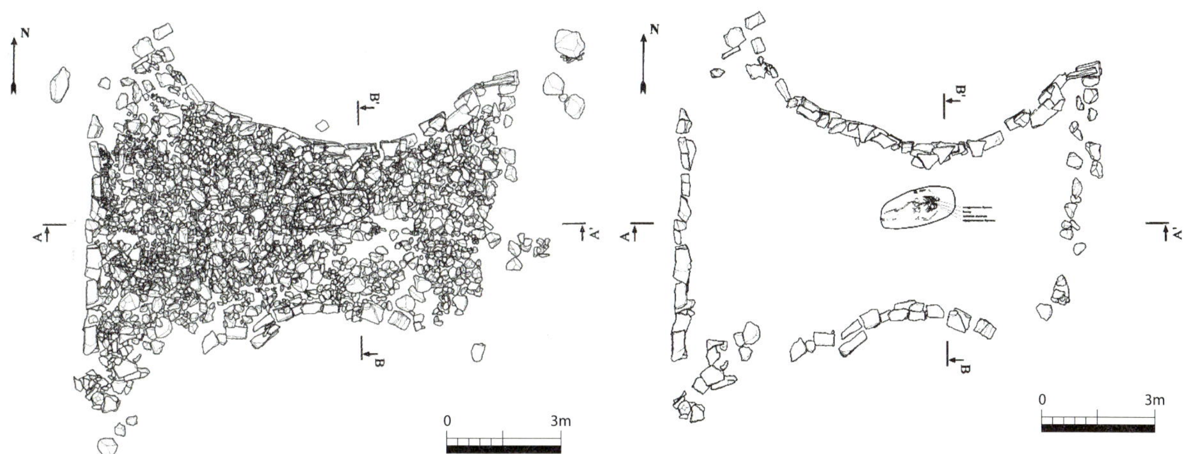

• 바롱 걀라트 유적(Ch.아마르톱신 · G.에렉젠 2018: 143 그림 8)

20여 기가 발굴조사 되었다.

　외형은 네 변이 안쪽으로 좁게 들어간 장방형 호석을 가지고 그 내부에는 비교적 작은 돌들로 가득 채운 것과 묘역의 테두리를 작은 돌로 쌓은 것이 있다. 외곽의 크기가 작고, 얕은 묘광에 두향이 동쪽이고, 바닥을 향해 엎드려 두 손을 몸 옆에 나란히 두고 다리를 곧게 뻗은 채로 매장하였다.

　부장품은 매우 적은 편으로 보통 목걸이, 귀걸이 구슬장식과 금귀걸이 등 장신구류, 청동단검과 토기편, 동촉, 석제 도가니 등이 출토되었다(Ch.아마르툽신·G.에렉젠 2018: 142~145).

히르기수르(케렉수르, Khirgisuur)는 시베리아 카라숙(Karasuk, 기원전 13~9세기) 문화와 거의 동시기인 몽골의 청동기시대 후기에 조성되었다. 명칭은 몽골 서부 사람들이 '햘르가상 우르(hyalgasan uur)', 중부 사람들이 '헤르게수르(khergesuur)'와 '히르기수르', 키르기스스탄 사람들이 '후르(khuur)'라고 부르는 등 지역마다 상이하다. 히르기수르는 러시아 알타이 지역, 바이칼호 남부, 중국 신장위구르자치구 일대에 분포하나 대다수가 몽골 서부와 중부 지역에 분포하며, 분포 한계선은 동쪽이 헨티 아이막(Khentii aimag), 남쪽이 우믄고비 아이막(Umnugovi aimag)으로 볼 수 있다.

　히르기수르는 대체로 강가의 평지 언덕과 산등성이, 넓은 계곡 등에 입지하는데, 강의 북편에 위치한 산등성이와 언덕에 있는 히르기수르는 주로 판석묘와 함께 위치하는 반면에, 강의 남쪽에 있는 히르기수르는 단독으로 조성되어 있다.

　히르기수르는 가운데 원형으로 돌을 쌓아 중심적석시설인 어워(오보, Ovoo)를 만들고, 이를 중심으로 돌을 이용하여 원형 혹은 방형의 테두리(경계석렬)를 두른 것이 특징이며, 다시 테두리 바깥으로 몇 개의 돌을 이용하여 고리형(원형)이나 방형으로 배치한 작은 배장묘가 확인된다. 배장묘는 중심시설을 둘러싸고 있는 테두리의 전면 혹은 완전히 주변을 둘러싼 형태로 1열이나 여러 열로 배치된다.

2) 히르기수르

또한 히르기수르가 방형의 테두리를 갖는 경우에는 석렬 네 모서리에 원형으로 작은 적석시설을 두거나, 중심부의 원형 적석에서 테두리까지 원형시설을 방사형으로 배열하기도 하며, 중심 적석에서 테두리까지 길 형태로 적석을 하는 경우도 있다. 어워의 규모는 소형의 경우 지름 5~10m, 높이 1~2m이고, 대형의 경우 지름 20m 이상, 높이 3~4m이다. 테두리는 보통 20~25m이나 길이가 약 100m에 이르는 테두리를 갖춘 것도 보고된 바 있다. 배장묘의 지름은 1.5~3m이고 적석은 지표에 일부만 노출되어 있다.

히르기수르의 피장자는 두향이 서쪽 혹은 서북쪽을 향해 있고, 몸을 측면으로 향하고 다리를 굽힌 자세, 정면으로 하늘을 바라보고 누운 자세, 상체는 측면을 향하지만 하체는 바로 누운 자세를 취한 경우가 있다.

한편 히르기수르에서 유물이 발견된 사례는 많지 않은데, 배장묘에서 말 뼈, 청동기, 완형의 토기가 출토된 예가 있다(서울대학교박물관·몽골 과학아카데미 고고학연구소·몽골 국립박물관 2008: 14~17, G.에렉젠 2018: 164~174).

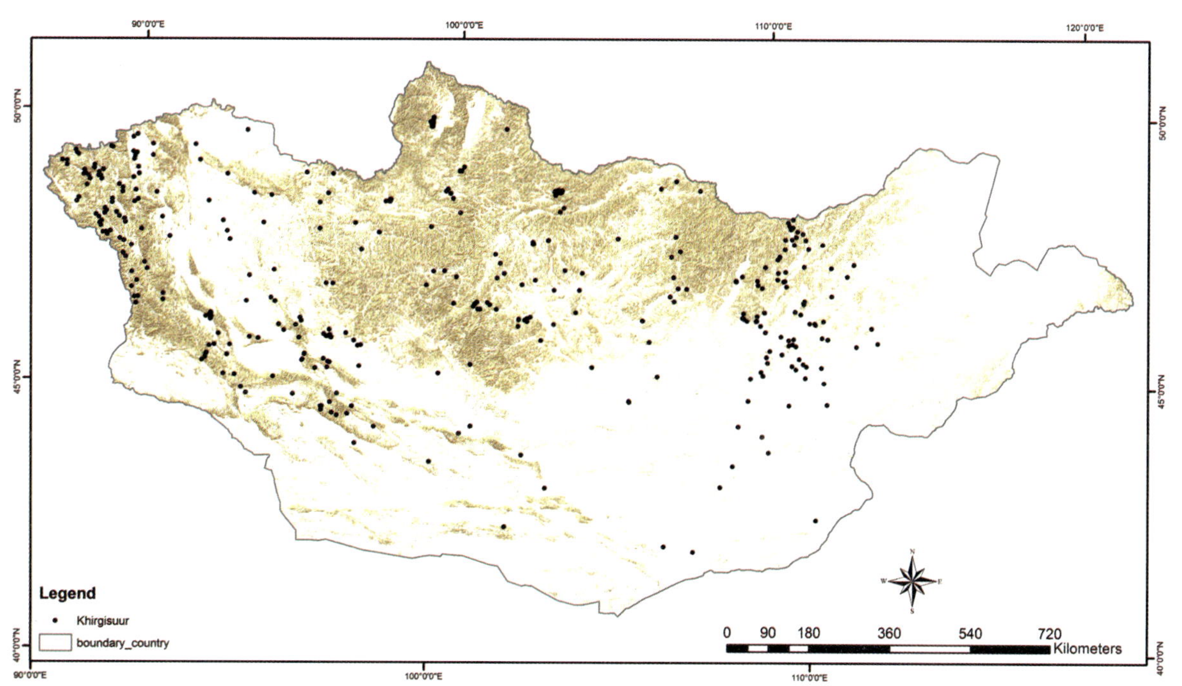

• 분포도(G.에렉젠 2018: 167 그림 1)

• 홉스골 지역 히르기수르(G.에렉젠 2018: 169 그림 2) • 헨티 지역 히르기수르(G.에렉젠 2018: 169 그림 2)

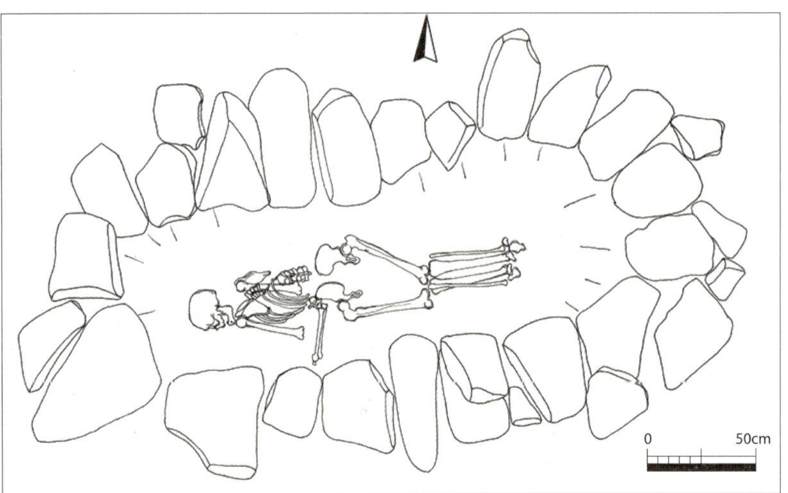

• 홉드 아이막 다르비 솜 후씨우트 유적 매장주체부(G.에렉젠 2018: 170 그림 3)

• 오쉬깅 우부르 유적 배장묘(G.에렉젠 2018: 172 그림 4)

3) 판석묘   **판석묘**는 대체로 기원전 10~4세기에 조성되었고, 주로 몽골의 서부를 제외한 지역에 분포하나 특히 동부에 밀집되어 있다. 분포의 동쪽 경계는 흥안령, 서쪽 경계는 이흐 노로(Ikh nuruu)산맥의 분지에 이르며, 남쪽 경계는 내몽골 지역, 북쪽 경계는 자바이칼 지역으로 확인된다.

판석묘는 주로 강 유역에서부터 산등성이, 작은 고개, 언덕 등지에 군집을 이루고 있는데, 주로 5~10기에서 수십 기가 군집을 이루고 있으며, 큰 것은 100~200기 이상이 조성되어 있다. 몽골 중부 지역에서는 히르기수르와 함께 발견되는 경우가 많은데, 이 경우 주로 초원에 입지한다.

판석묘는 땅을 파서 시신을 안치한 다음 크고 두터운 판석으로 매장주체부를 덮은 뒤 흙을 채우고, 무덤 주변은 판석을 세운 형태이다. 판석묘는 무덤의 규모에 따라 1.5×2.5m, 2.5×4.5m, 5×10m의 세 가지로 구분하고, 판석의 높이는 0.5~1m정도이다. 묘광은 3~5매의 석판을 사용하여 덮개돌로 덮었으며 그 위에 다시 흙과 작은 돌들

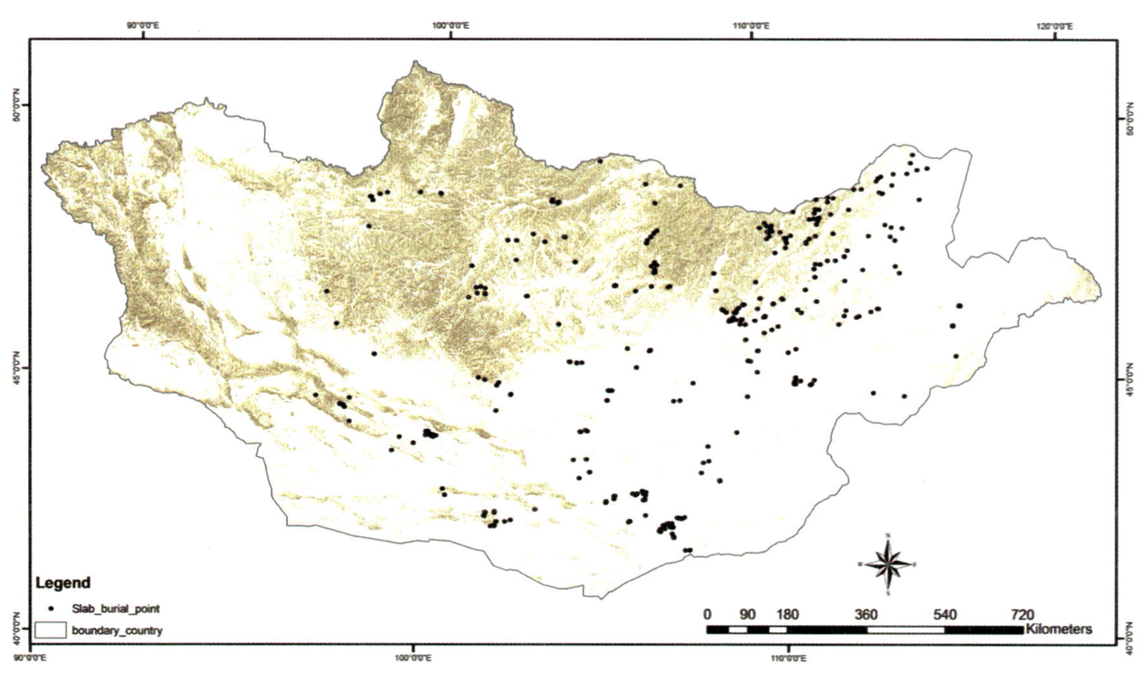

• **분포도**(G.에렉젠 2018: 175 그림 5)

• 판석묘의 형태(G.에렉젠 2018: 176 그림 6)

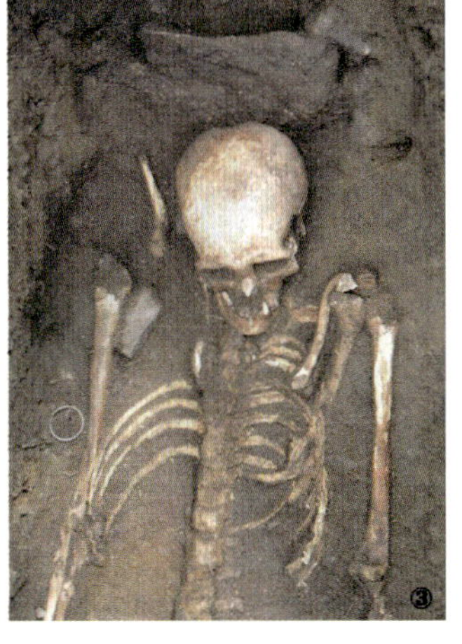

• 우글룩칭골 유적 매장주체부 및 피장자(G.에렉젠 2018: 177 그림 7)

로 채운 경우가 많은데, 깊이는 0.5~1m정도로 얕은 것이 특징이다.

판석묘는 대부분 묘광이 얕기 때문에 유구의 보존상태가 불량한 채로 인골이 발견된다. 피장자는 두향을 주로 동쪽에 두고 신전장을 하고 있다. 대부분은 1인용 매장시설이지만, 하나의 묘광에 두 사람이 매장된 사례도 있다. 안치된 피장자의 위로 붉은 안료를 뿌린 흔적이 더르너드 아이막, 헨티 아이막 등 몽골 동부 지역에서 확인되었다.

한편 말머리, 말발굽, 견갑골, 양머리 등 동물 뼈가 함께 매납된 것이 일반적이며, 유물은 매우 드물게 출토된다. 청동촉, 골제 활 부속구, 청동 투구 등의 무구와 청동 단추, 치레걸이, 동물형 장식, 석제·토제 구슬, 청동 반지, 청동 고리 등의 장신구, 토기편, 방추차, 골제 재갈멈치, 석제 도가니 등의 생활 용구가 확인되었다(서울대학교박물관·몽골 과학아카데미 고고학연구소·몽골 국립박물관 2008: 18~21, G.에렉젠 2018: 174~180).

2. 쇼허잉 암 유적

쇼허잉 암 유적은 바얀차간 솜으로부터 북쪽으로 약 2km정도 떨어진 협곡을 따라 해발 1,370~1,415m 사이에 조성되어 있으며, GPS좌표는 46°47′31″, 107°8′19″이다.

쇼허잉 암 유적은 계곡부에 히르기수르와 판석묘 등이 남북방향으로 2줄로 열을 지어 조성되어 있고, 이 계곡부 동쪽에 위치하는 구릉에는 개미형 무덤(셔르걸징 볼쉬)과 히르기수르가, 계곡부와 능선이 만나는 평탄부에는 히르기수르와 판석묘가 축조되어 있다.

공동 학술발굴조사는 청동기시대에 해당하는 개미형 무덤 1기, 히르기수르 1기, 판석묘 3기 등 모두 5기를 대상으로 실시하였다.

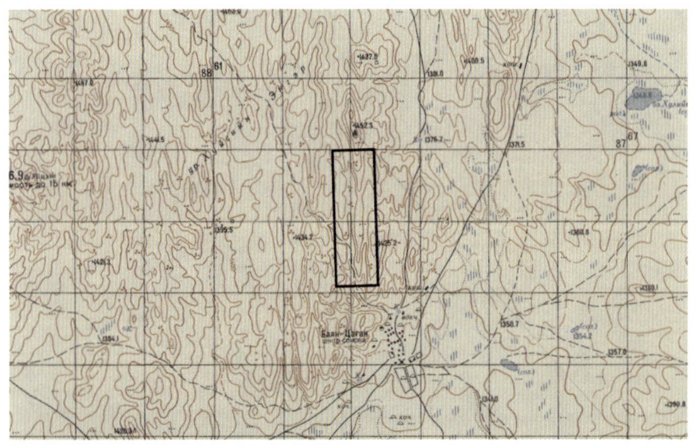

• 위치 및 분포도

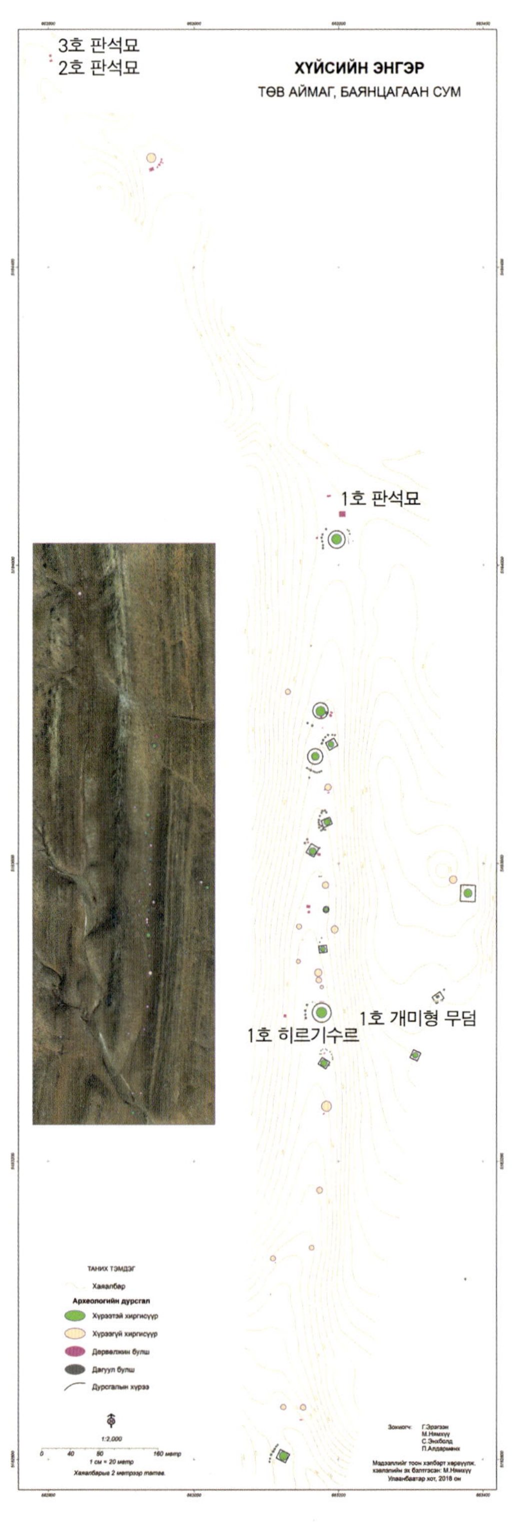

• 전경

• 세부

1호 개미형 무덤(셔르걸징 볼쉬)은 해발 1399m에 위치하고, 1호 히르기수르가 자리하고 있는 계곡부의 동쪽 구릉 정상부의 평탄면에 조성되어 있다.

조사는 지표에 노출된 적석을 중심으로 남북 5m, 동서 6m정도로 구획을 설정한 후 남북방향으로 둑을 남겨 두고 표토를 제거하면서 석재를 노출시켰다.

상부의 석재는 20~100cm정도 크기의 판석과 할석, 괴석을 이용하여 채웠고, 평면은 방형이며, 규모는 동서 580cm, 남북 570cm정도이다.

• 조사전

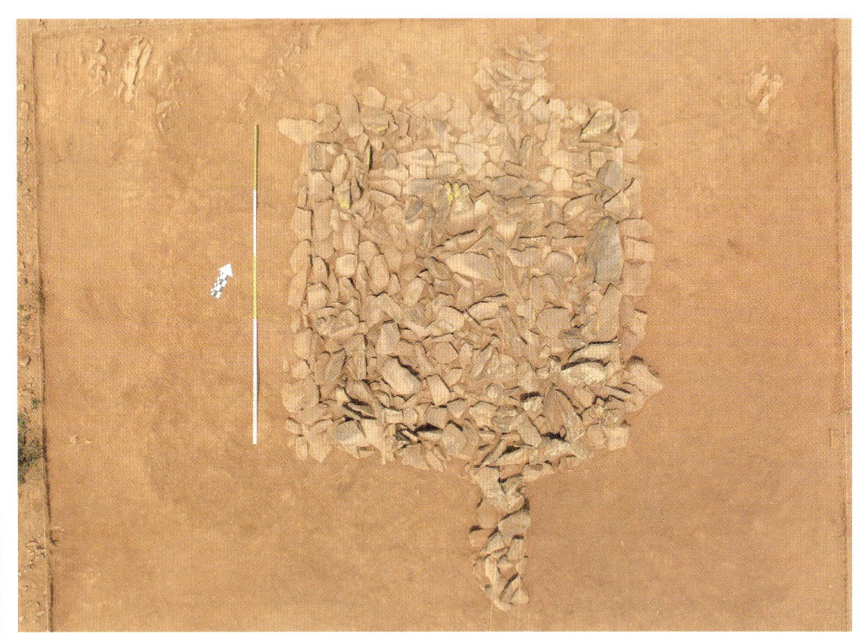

• 조사중

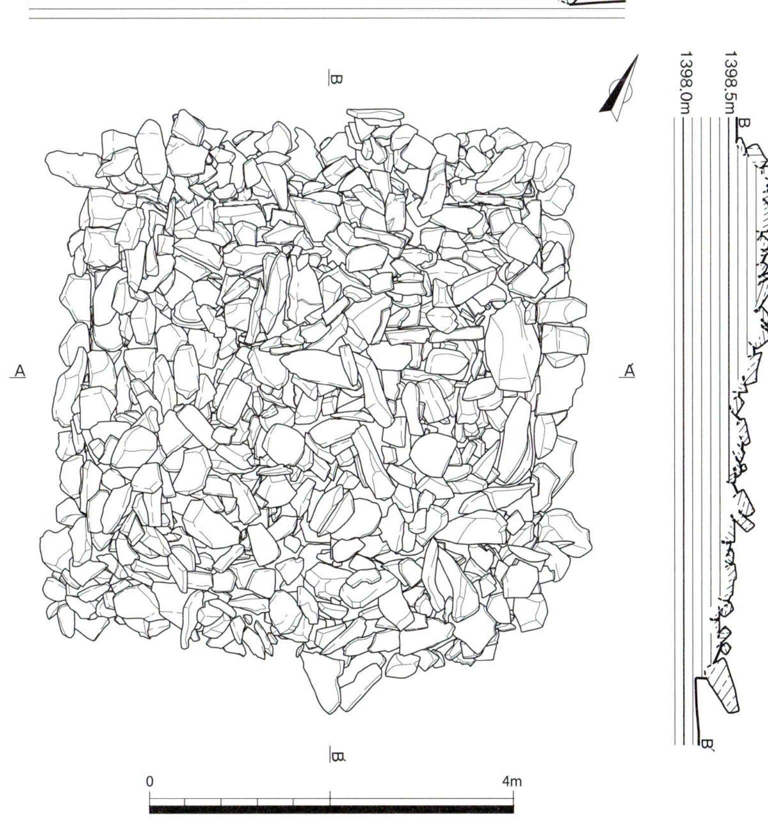

• 1차 실측도

1398.0m
1399.0m

• 조사중

1399.0m
1398.0m
1399.0m
1398.0m
1398.0m
1398m
B
B
A
A'
B'
A'
0
4m

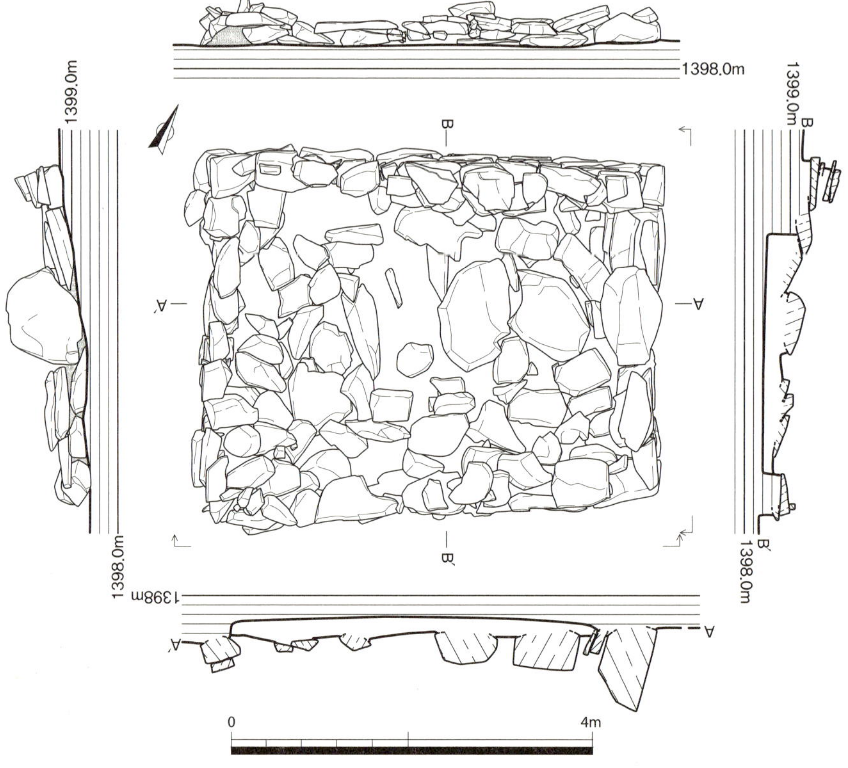

• 2차 실측도

• 조사후

• 동쪽

• 서쪽

• 남쪽

• 북쪽

• 모서리

상부에 채워진 석재를 제거하자 밖으로 면을 맞춘 호석과 내부 적석이 노출되었다. 호석의 규모는 동서 500cm, 남북 380cm, 최대 높이 53cm정도이며, 평면은 장방형이다. 호석은 30~100cm정도 크기의 판석을 이용하여 2~5단으로 축조하였고, 동쪽 호석의 중앙부에는 정확한 용도는 파악할 수 없으나 길이 100cm, 너비 65cm, 높이 80cm정도의 괴석 1매를 의도적으로 세워 놓았다.

호석 내부에는 덮개돌의 역할을 하였을 것으로 추정되는 10~110cm정도 크기의 판석과 할석, 괴석이 불규칙하게 1~2겹 정도 채워져 있었다. 매장주체부는 채워진 석재를 제거한 후 조사를 진행하였으나 확인되지 않았다.

토기편은 북서쪽 적석을 제거하는 과정에서 출토된 것으로 동체 상부가 일부 남아 있다. 외면은 황갈색을 띠며, 대부분 그을음이 확인된다. 태토는 사립이 포함된 점토를 사용하였으며, 연질 소성에 가깝다. 상부에는 점토띠가 둘러져 있다.

잔존높이 9.3cm

2) 1호 히르기수르

1호 히르기수르는 히르기수르와 판석묘가 남북방향으로 열을 이루며 조성된 계곡부의 남쪽에 축조되어 있고, 어워 남동쪽은 일부 교란되어 있다. 배장묘는 테두리에서 7~11m정도 떨어져 북서쪽에 1기, 서쪽에 4기, 남쪽에 1기 등 6기가 조성되어 있다.

전반적인 형태는 중앙부에 원형으로 돌을 쌓아 중심적석시설을

• 조사전

• 조사중

• 어워 축조상태

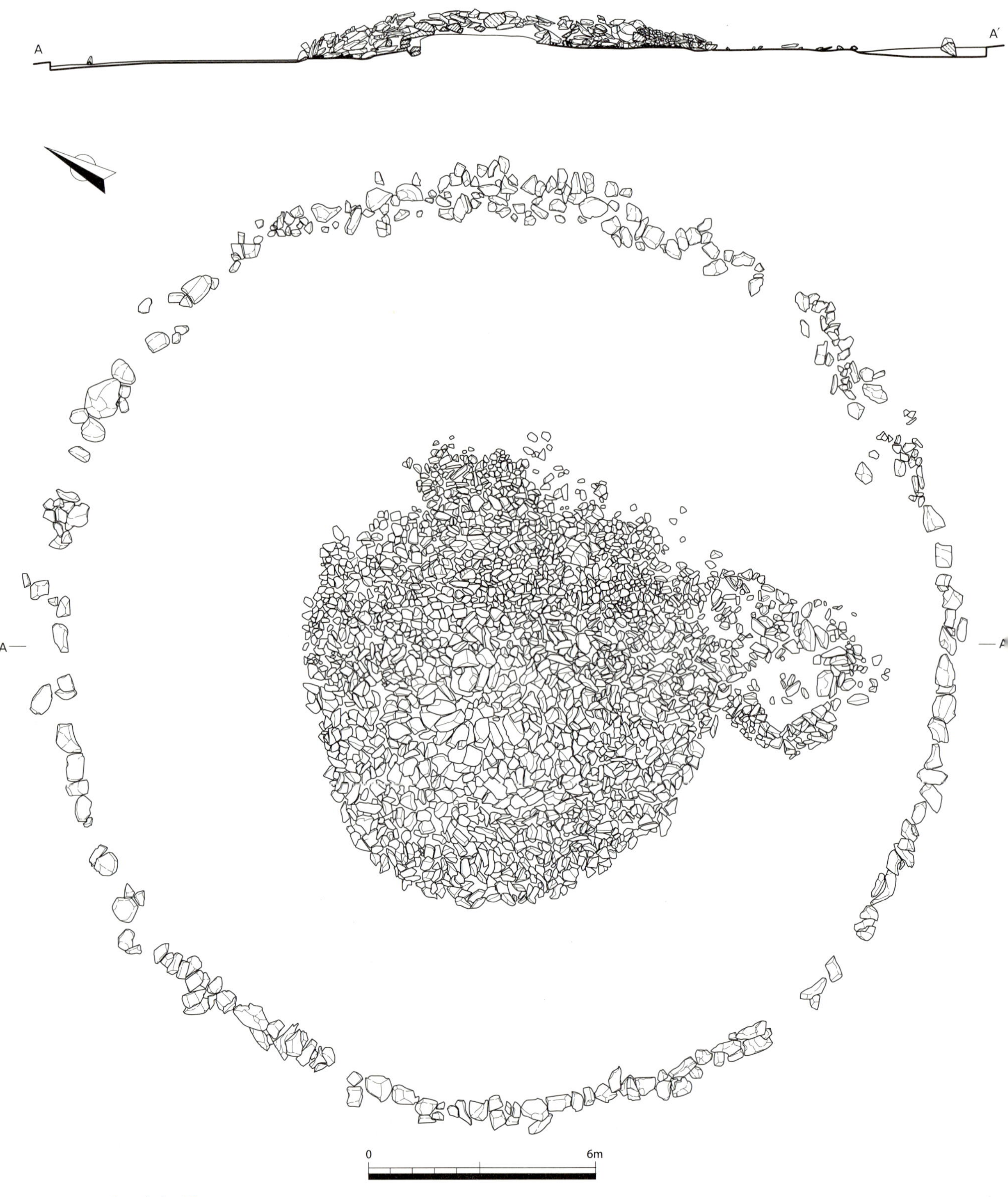

• 축조상태 실측도

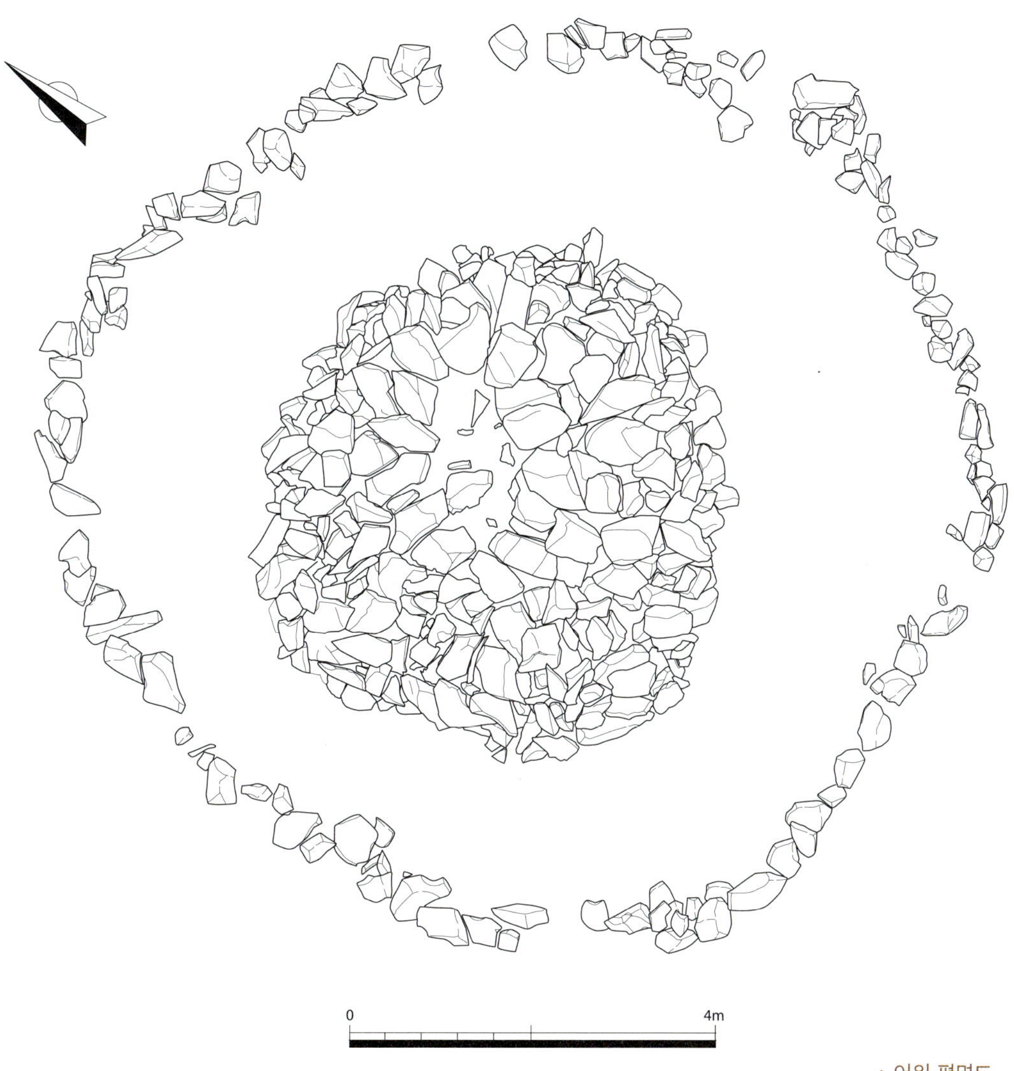

• 어워 평면도

• 조사중

• 매장주체부 조사중

만들고 이를 중심으로 돌을 이용하여 원형의 테두리를 두르고, 테두리 내부에 다시 돌을 이용하여 원형의 어워를 조성하였다.

테두리는 20~115cm정도 크기의 할석과 괴석을 사용하여 1단으로 돌렸고, 평면은 원형이며, 규모는 남북 24.0m, 동서 24.9m정도이다.

중심적석시설인 어워는 테두리에서 540~680cm정도 안쪽에 위치하며, 10~85cm정도 크기의 할석을 사용하여 매장주체부가 위치하는 중앙부에서 밖으로 경사지게 적석하였다. 평면은 원형이고, 규모는 동서 10.5m, 남북 9.6m, 최대높이 105cm정도이다.

매장주체부는 어워에서 250~370cm정도 떨어져 약간 북쪽으

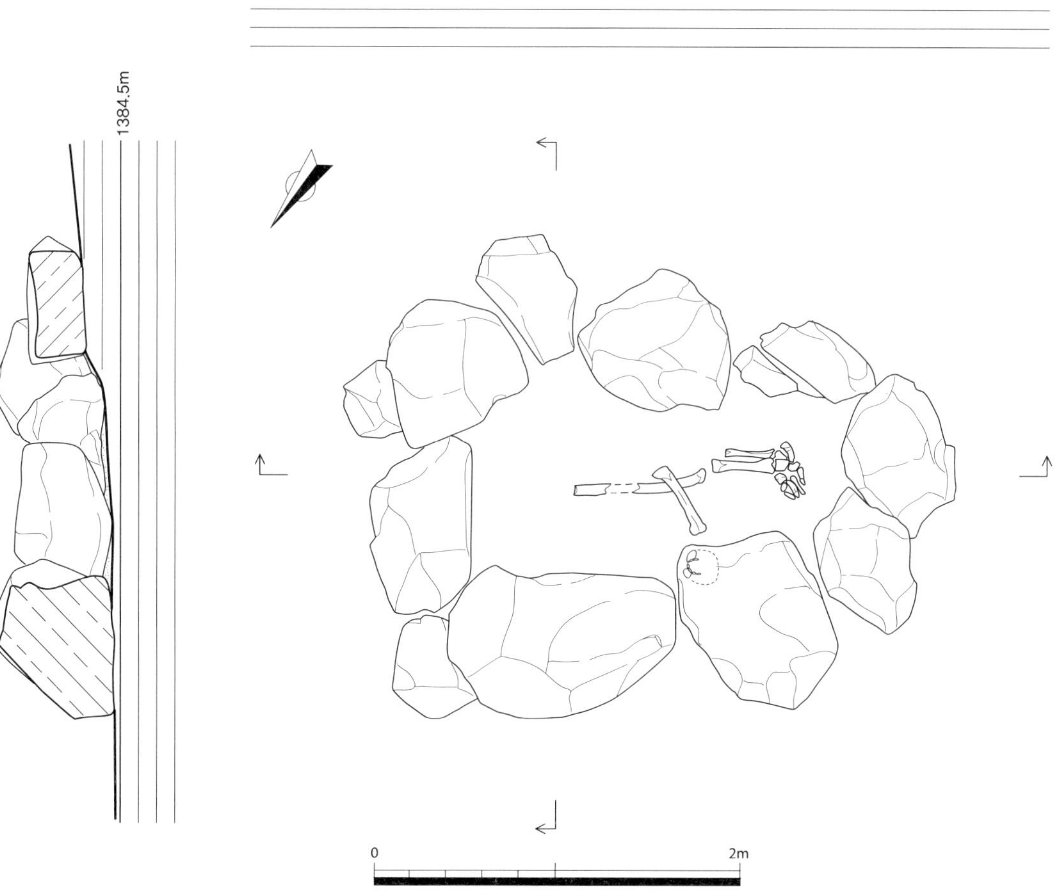

• 매장주체부 실측도

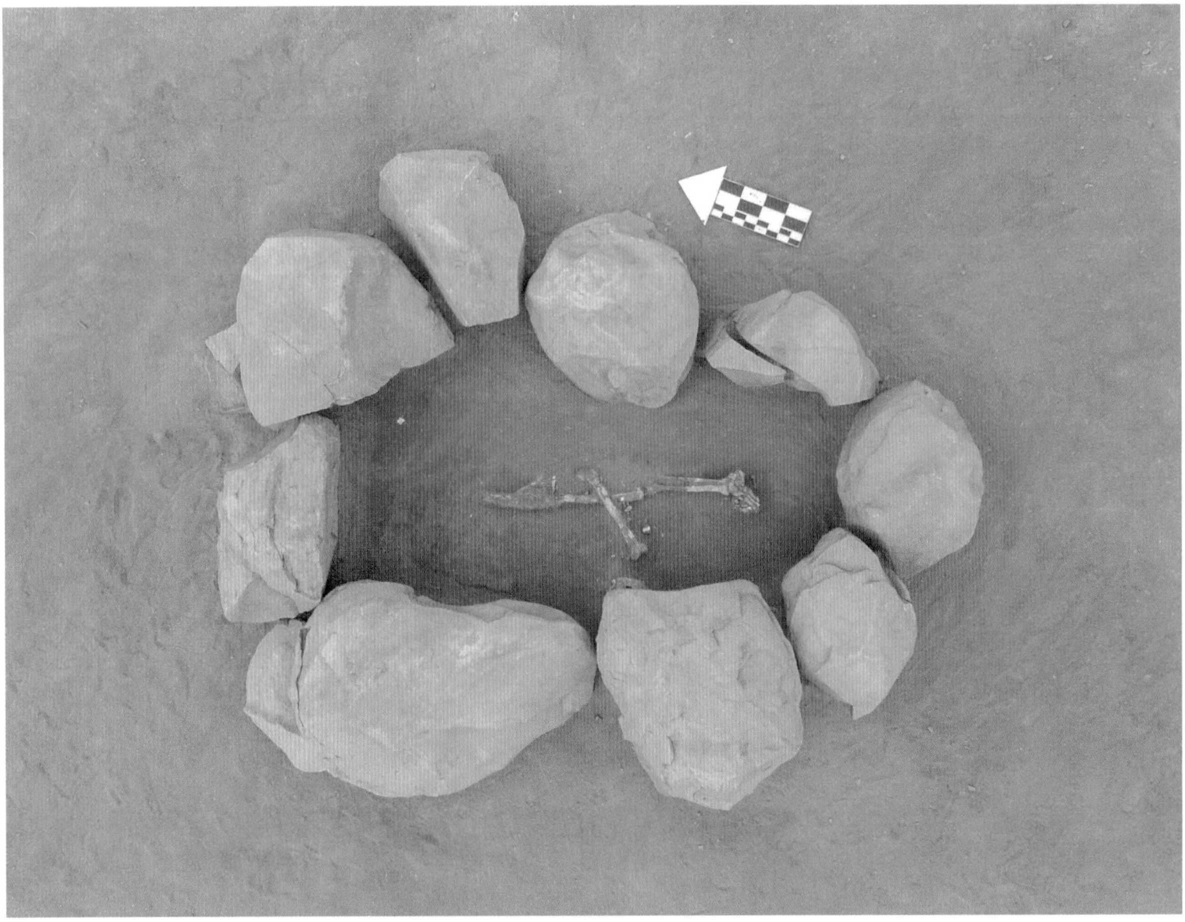

• 매장주체부 조사후

• 서벽

• 동벽

로 치우쳐 위치하며, 30~125cm정도 크기의 할석과 괴석을 사용하여 1단으로 축조하였다. 매장주체부의 규모는 길이 205cm, 너비 70~110cm, 최대깊이 64cm정도이다. 바닥은 별다른 시설 없이 맨바닥을 정지하여 사용하였다.

인골은 두개골과 대퇴골, 정강이뼈, 발가락뼈가 노출되었으나, 두개골은 서장벽 중앙부에 치우쳐 확인되었다. 대퇴골과 발가락뼈의 위치로 보아 피장자의 두향은 북서쪽이었을 것으로 추정된다.

• 북벽

• 인골 노출상태

숫돌은 히르기수르의 적석을 제거하는 과정에서 출토되었다. 진회색을 띠고 있으며, 상하·좌우면이 마연되어 있다. 단면상으로 상단에서 하단으로 갈수록 두터워진다. 상단은 결실된 상태이다.

잔존길이 7.8cm, 너비 5.2cm

• 숫돌

• 조사후

　　배장묘는 구릉으로 이어지는 동쪽을 제외한 히르기수르 서쪽에
만 반원형으로 둘러 배치되어 있다. 테두리에서 각각 7~11m정도 떨
어져 북서쪽에 1기, 서쪽에 4기, 남쪽에 1기 등 6기가 조성되었다.

　　배장묘는 30~85cm정도 크기의 할석을 사용하여 1단으로 축조
하였고, 규모가 24~42cm인 소형은 평면이 장방형인 반면에, 규모가
88~112cm인 대형은 평면이 방형 또는 원형이다. 바닥은 별다른 시
설 없이 맨바닥을 그대로 사용하였다. 유물이나 동물 뼈는 확인되지
않았고, 4호 배장묘에서 재가 일부 수습되었다.

• 1호 히르기수르 배장묘 현황표

호 수	위치	거리(m)	평면형태	규 모(cm) (남북×동서×깊이)	비 고
1호 배장묘	북서쪽	7	장방형	24×33×28	소형
2호 배장묘	서쪽	10	방형	96×102×80	대형
3호 배장묘	서쪽	10.4	방형	110×112×75	대형
4호 배장묘	서쪽	10	원형	98×106×70	대형, 재
5호 배장묘	서쪽	11	원형	89×88×80	대형
6호 배장묘	남쪽	9.8	장방형	42×(33)×58	소형

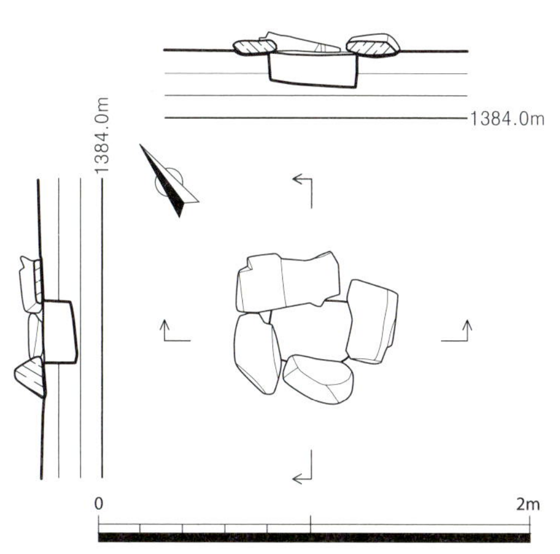

• 1호 배장묘

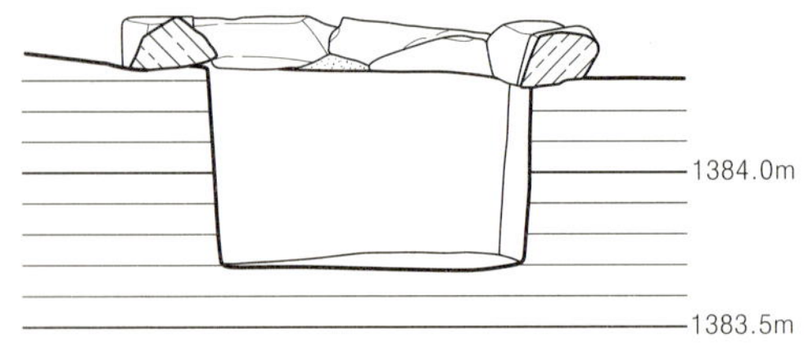

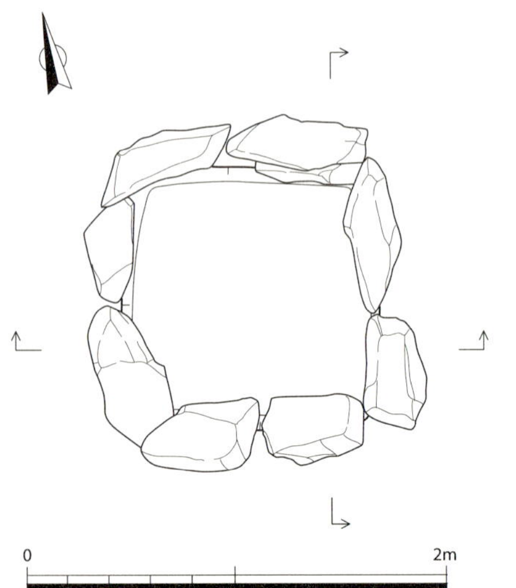

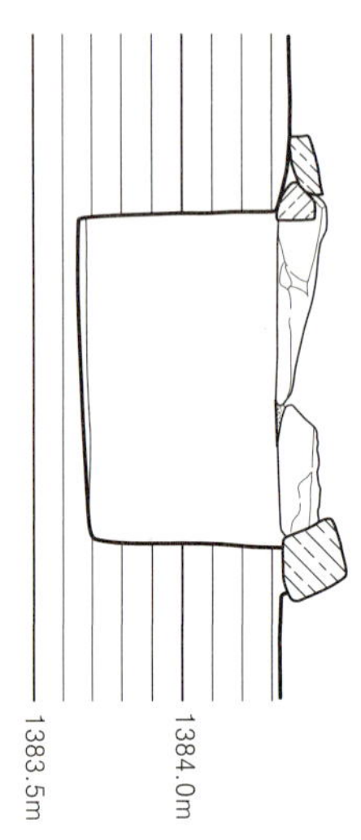

• 2호 배장묘

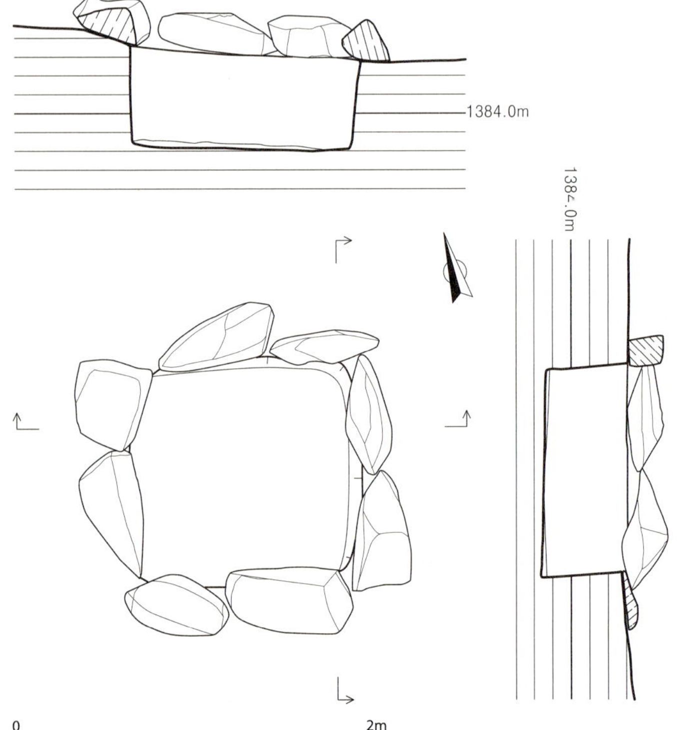

• 3호 배장묘

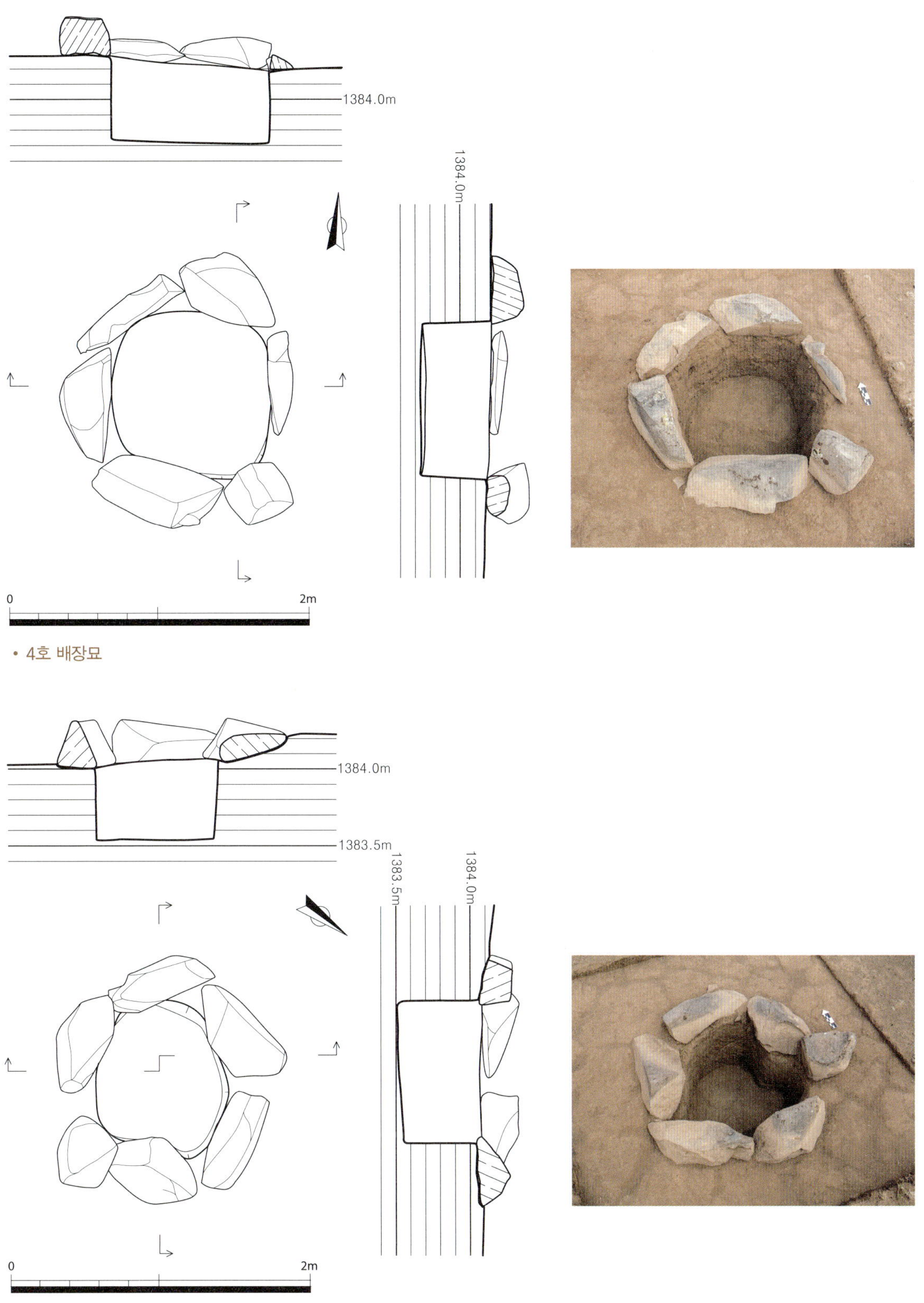

• 4호 배장묘

• 5호 배장묘

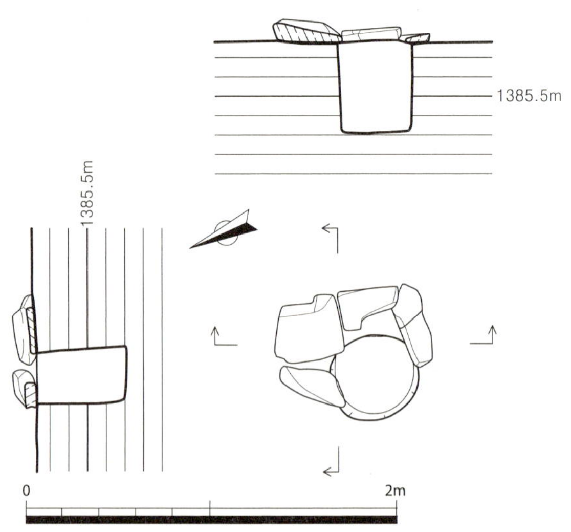

• 6호 배장묘

3) 1호 판석묘

1호 판석묘는 계곡부와 구릉이 만나는 평탄부에 조성되어 있으며, 1호 판석묘에서 남쪽으로 670m정도 떨어져 1호 히르기수르가 자리하고 있다.

조사는 지표에 노출된 석재를 중심으로 남북 7.0m, 동서 8.5m 정도의 구획을 설정하고 남북방향으로 둑을 남겨 두고 표토를 제거하면서 할석을 노출시켰나.

상부에는 10~60cm정도 크기의 판석과 할석이 2~4겹 채워져 있었고, 전체적인 규모는 동서 520cm, 남북 405cm, 높이 42cm정도 이다.

상부에 채워진 석재를 제거하자 노출된 판석묘는 50~105cm정도 크기의 판석을 세우고, 그 외부에는 판석에 붙여 판석을 1~2열 깔았다. 판석의 규모는 동서 390cm, 남북 245cm정도이며, 평면은 장방형이다.

판석묘 내부에는 판석과 인접한 동쪽을 제외한 나머지 세 방향의 판석에서 30~55cm정도 떨어져 덮개돌이 노출되었다. 덮개돌은 40~115cm정도 크기의 판석을 1겹 깔은 후 그 상부 일부에 30cm 내

• 조사전

• 조사중

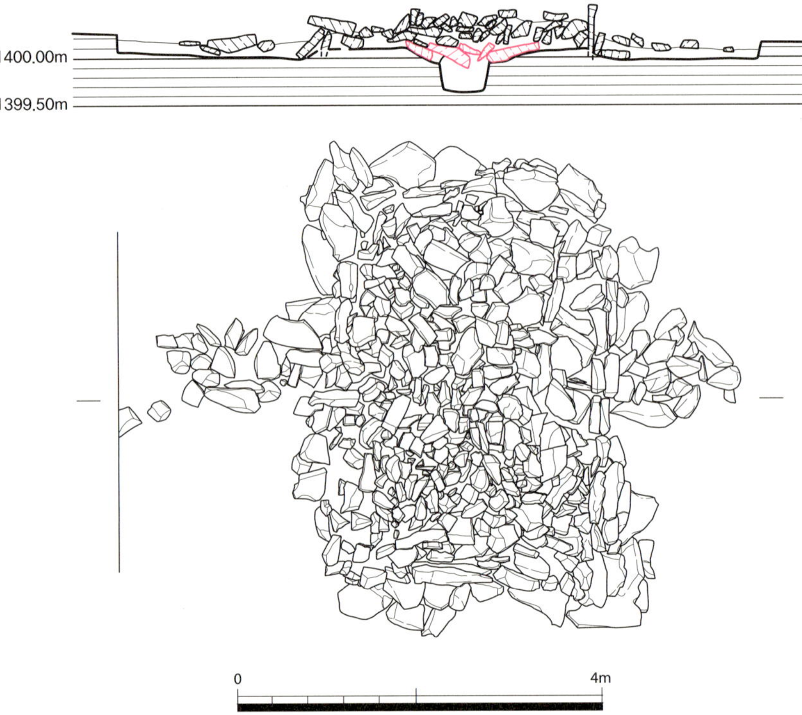

• 1차 실측도

• 매장주체부 덮개돌 노출상태

• 동쪽

• 서쪽

• 남쪽

• 북쪽

• 남동모서리

• 북동모서리

• 북서모서리

• 남서모서리

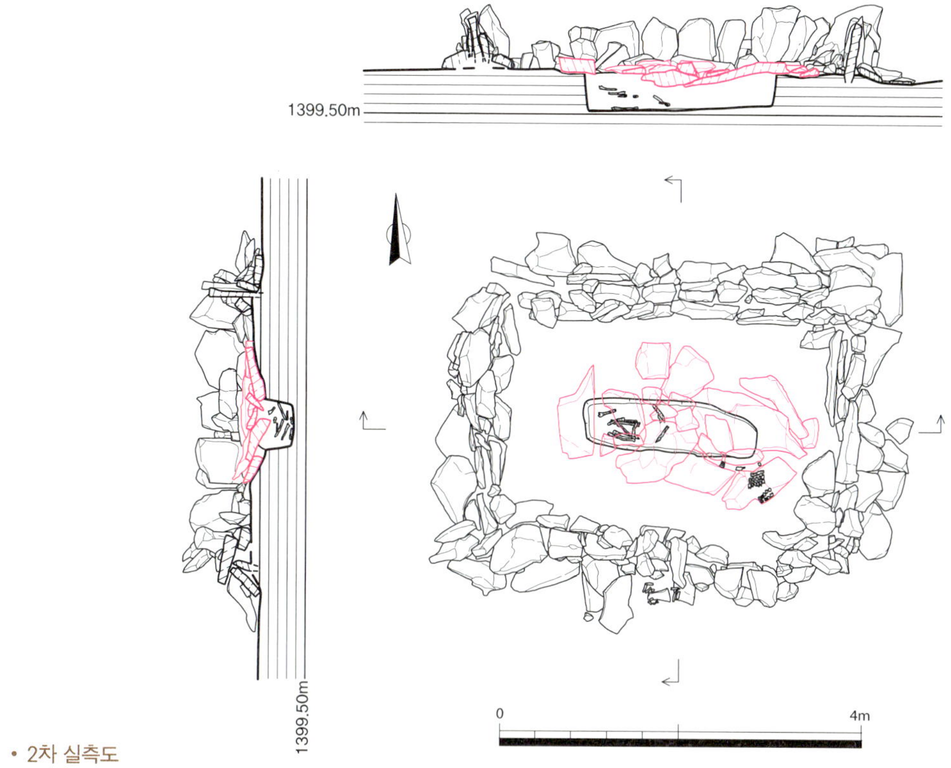

• 2차 실측도

• 매장주체부 덮개돌 제거후

• 매장주체부 인골 노출상태

외 크기의 할석을 사용하여 덮었다. 남동쪽 덮개돌 상부에는 말머리뼈 2개체를 부장하였다.

매장주체부는 덮개돌을 제거하자 중앙부에서 동서방향으로 확인되었고, 평면은 장방형이며, 규모는 길이 188cm, 너비 55cm, 깊이 40cm정도이다. 바닥은 별다른 시설 없이 암반을 정지한 후 사용하였다. 피장자의 두향은 다리뼈가 서쪽에 치우쳐 노출되어 동쪽이었을 것으로 추정된다.

• 매장주체부

• 말뼈

• 인골

• 인골

원형석제품은 판석묘의 내부 적석을 제거하는 과정에서 출토된
것으로 1/2정도가 결실되었다. 외면은 적갈색을 띤다. 중앙부에는 양
방향에서 뚫은 작은 구멍이 있다.

지름 21.6cm, 두께 2.4cm

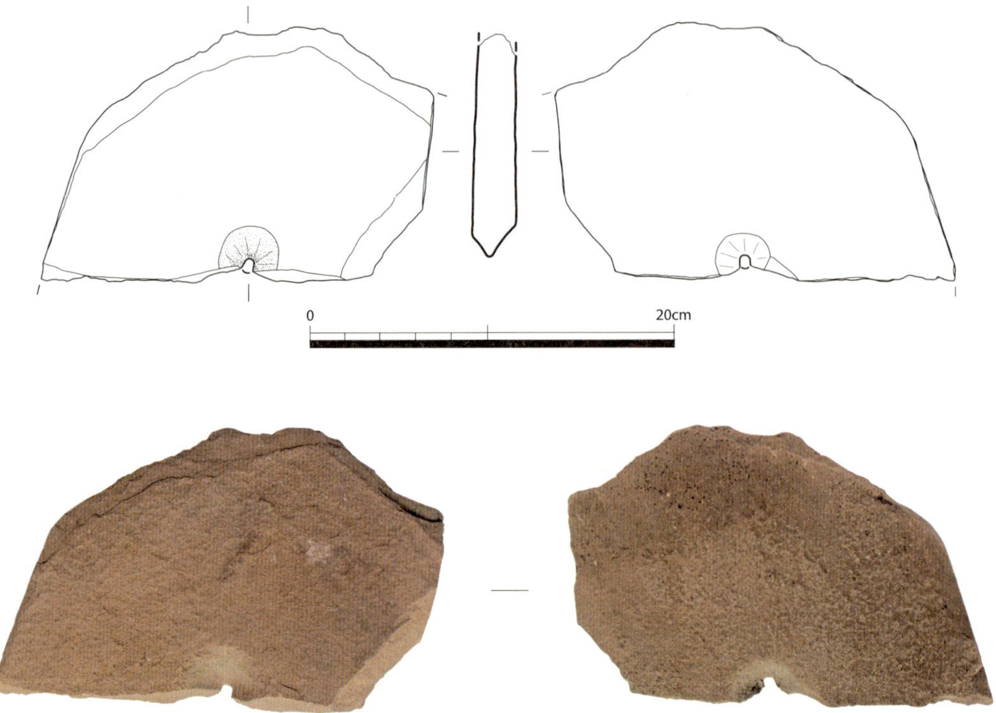

• 원형석제품

4) 2호 판석묘

2호 판석묘는 구릉에서 계곡부로 이어지는 부분에 조성되어 있으며, 2호 판석묘에서 북쪽으로 2.5m정도 떨어져 3호 판석묘가 자리하고 있다.

조사는 지표에 노출된 석재를 중심으로 남북 5.0m, 동서 6.0m 정도의 구획을 설정하고 표토를 제상부에는 10~140cm정도 크기의 판석과 할석이 2~4겹 채워져 있었고, 전체적인 규모는 동서 480cm, 남북 600cm정도이다.

상부에 채워진 석재를 제거하자 노출된 판석묘는 50~120cm정도 크기의 판석과 할석을 눕히거나 세워 축조하였다. 판석의 규모는 동서 225cm, 남북 280cm정도이며, 평면은 장방형이다.

판석 내부에는 서쪽을 제외한 판석과 인접하여 90~130cm정도 크기의 괴석 3매가 노출되었고, 매장주체부는 이 괴석을 제거한 후 조사를 진행하였으나 확인되지 않았다.

상부에 채워진 석재를 제거한 후 북서쪽에서 말머리 뼈 1개체가 확인되었다.

• 2호 · 3호 판석묘

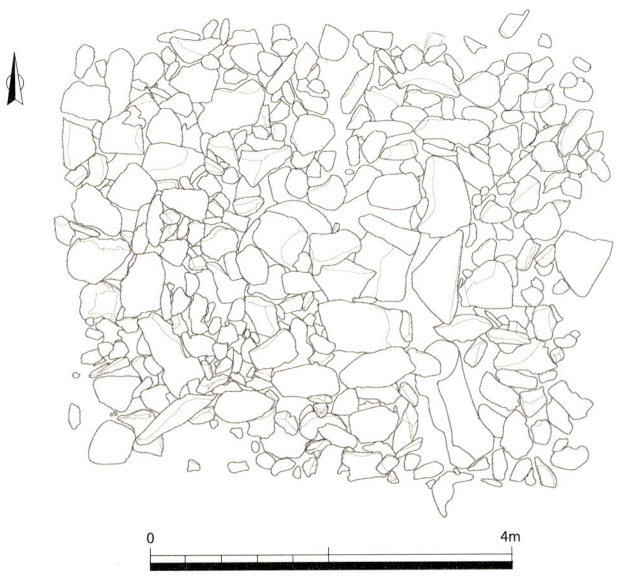

• 1차 실측도

• 조사중

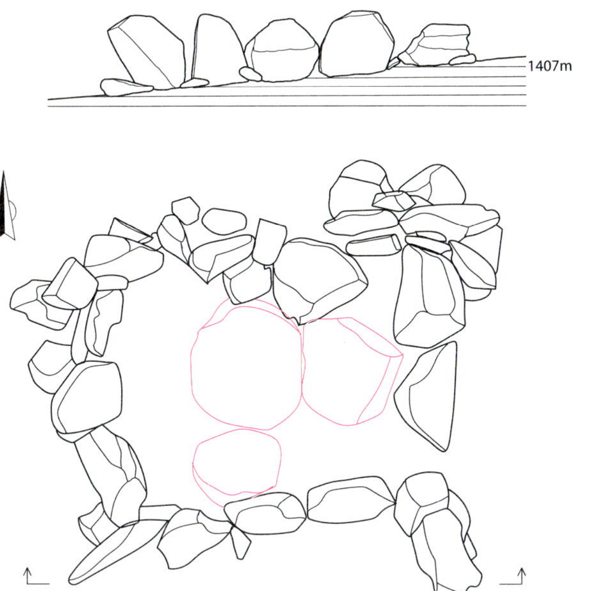

• 조사후 실측도

• 조사중

• 조사후

• 동쪽

• 서쪽

• 남쪽

• 남동모서리

• 북동모서리

• 남서모서리

• 북서모서리

• 말뼈

    토기편은 판석묘 상부에 채워진 석재를 제거하는 과정에서 수습된 것으로 구연부 일부가 남아 있다. 적갈색을 띠며 그을음이 확인된다. 태토는 사립이 포함된 점토를 사용하였으며, 연질 소성이다. 구연부 아래에는 점토띠가 둘러져 있으며, 점토띠와 구연부에는 압인문이 시문되어 있다.

    잔존높이 12.3cm

0   10cm

• 토기편

5) 3호 판석묘

3호 판석묘는 구릉에서 계곡부로 이어지는 부분에 조성되어 있으며, 3호 판석묘에서 남쪽으로 2.5m정도 떨어져 2호 판석묘가 자리하고 있다.

조사는 지표에 노출된 석재를 중심으로 남북 5.0m, 동서 6.0m정도의 구획을 설정하고 표토를 제거하면서 할석을 노출시켰다.

상부에는 10~105cm정도 크기의 판석과 할석이 2~4겹 채워져 있었고, 전체적인 규모는 동서 530cm, 남북 535cm정도이다.

상부에 채워진 석재를 제거하자 노출된 판석묘는 20~100cm정도 크기의 판석과 할석을 세우거나 눕혀 축조하였으나, 동쪽 대부분이 파괴되었다. 판석의 규모는 동서 270cm, 남북 180cm정도이며, 평면은 장방형이다.

판석 내부에는 80~180cm정도 크기의 괴석과 할석 6매가 노출되었고, 매장주체부는 이 괴석을 제거한 후 조사를 진행하였으나 확인되지 않았다.

상부에 채워진 석재를 제거한 후 남서쪽에서 말머리 뼈 1개체가 확인되었다.

• 조사전

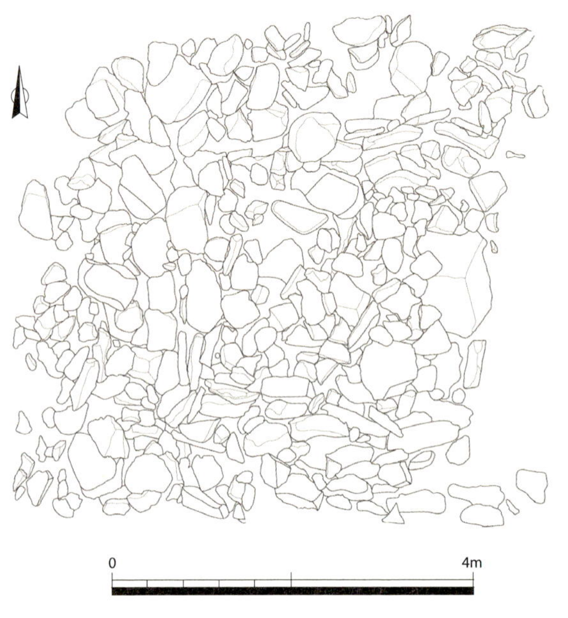

• 1차 실측도

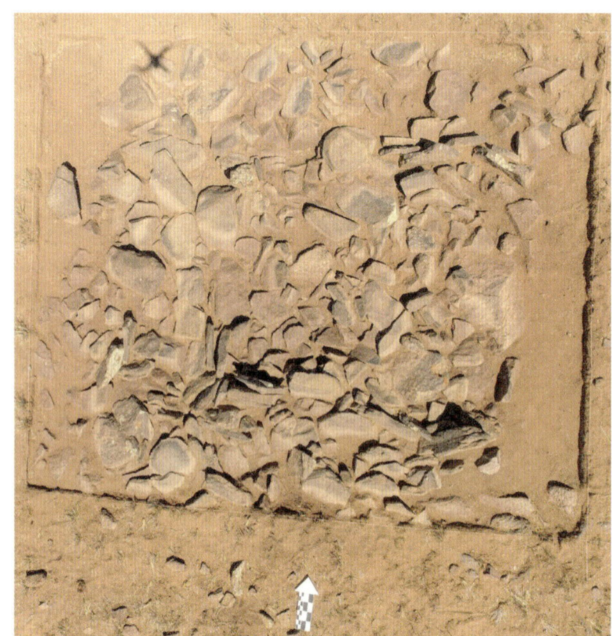

• 조사중

• 조사중

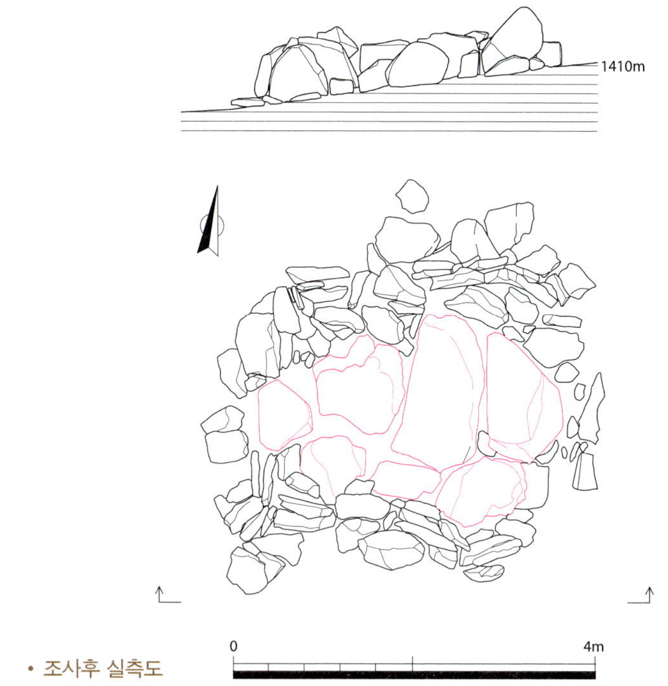

1410m

• 조사후 실측도

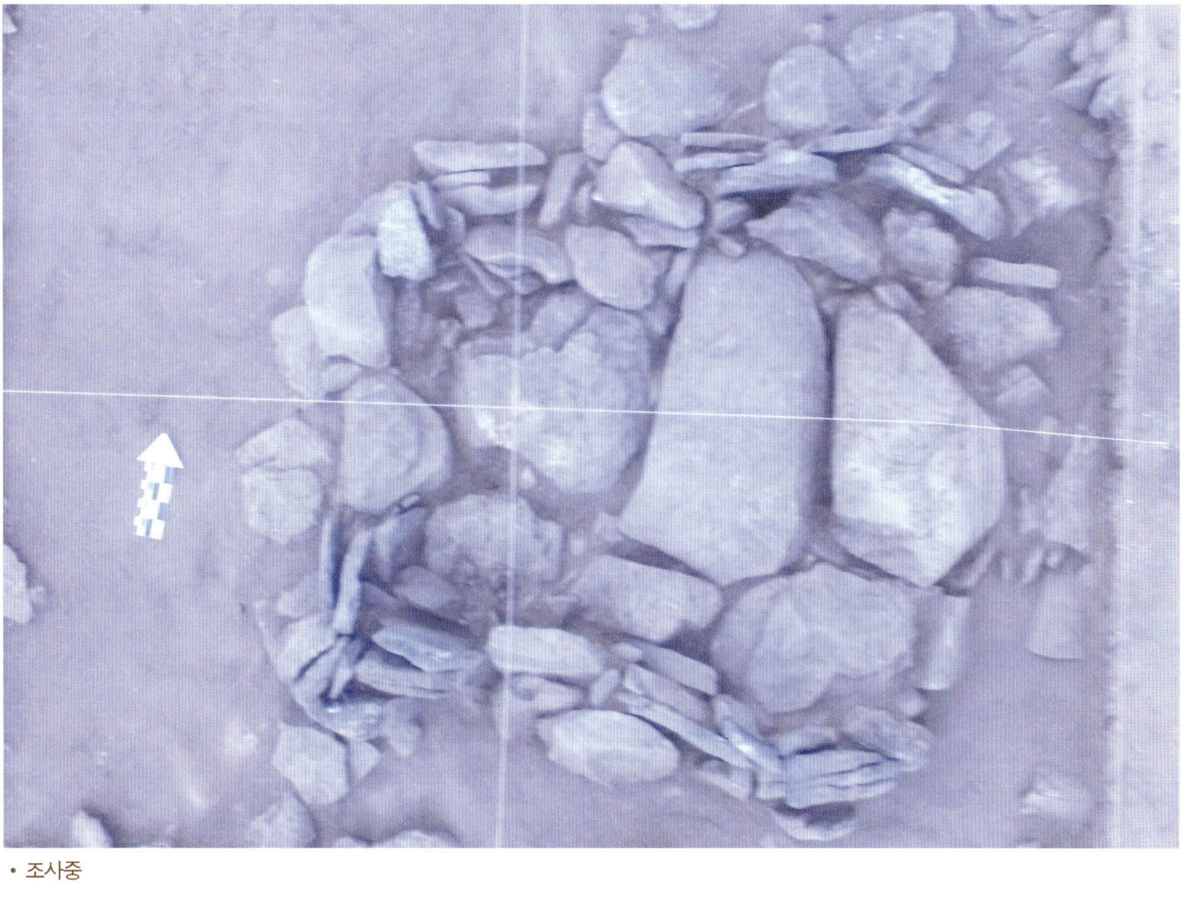

0   4m

• 조사중

• 조사후

• 남쪽

• 북쪽

• 서쪽

• 남동모서리

• 남서모서리

• 말뼈

토기편은 판석묘의 적석을 제거하는 과정에서 2점이 수습되었고, 모두 구연부 일부가 남아 있다.

한 점은 적갈색을 띠며 그을음이 확인된다. 태토는 사립이 섞인 점토를 사용하였으며, 연질소성이다. 내면에는 반투공된 구멍이 횡방향으로 2개가 확인된다.

잔존높이 5.0cm

다른 1점은 적갈색을 띠며 그을음이 확인된다. 태토는 사립이 섞인 점토를 사용하였으며, 연질소성이다. 구연부 아래에는 점토띠가 둘러져 있고, 점토띠와 구연부에는 압인문이 시문되어 있다. 내면에는 반투공된 구멍이 횡방향으로 2개가 확인된다.

잔존높이 9.3cm

• 토기편

3. 흉노 무덤 개관

흉노 무덤(양시은·G.에렉젠 2017: 67~94, G.에렉젠·양시은 2017: 34~65)은
현재까지 동아시아에서 1만 2천여 기가 확인되었는데, 몽골 300여
곳에서 1만여 기의 무덤이 발견되었다. 몽골에서는 광활한 국토와 낮
은 인구밀도로 인해 거의 매년 새로운 흉노 무덤군이 발견되고 있다.

『史記』 흉노열전에는 '장례식에는 관과 곽, 금과 은이나 옷과 갖
옷을 쓰지만, 봉토를 하거나 나무를 심는 일은 없으며 상복도 입지
않는다 其送死 有棺槨金銀衣裘 而無封樹喪服'라고 기록되어 있다.
이 기록은 현재까지의 고고학적 조사 결과와도 유사하다.

흉노 무덤은 적석목곽을 기본 구조로 하며, 흉노 무덤의 외형은
지표면에 노출되어 있는 고리형(원형) 또는 방형의 적석으로 그 존재
를 확인할 수 있는데, 매장주체부인 목곽의 붕괴로 적석부 중앙부가
움푹 파인 것처럼 함몰된 것이 특징이다. 따라서 흉노 무덤은 크게
외부 적석 구조에 따라 방형과 고리형으로 나뉘며, 고리형 무덤은 묘
도가 없는데 비해 방형 무덤은 대부분 남쪽에 긴 묘도를 갖춘 '凸'자
형인데, 그 중 일부는 초대형 무덤이다. 고리형 적석 무덤은 방형 적
석 무덤에 비해 대체로 그 크기가 작은 편이다. 초대형을 제외한 대
부분의 흉노 무덤에서는 별도의 봉분 구조를 확인할 수 없는 반면,
대형 또는 초대형 무덤은 '凸'자형의 외형(테두리)을 따라 석축벽이 부
가되어 있어 약간의 봉분 구조를 갖추고 있다.

흉노 무덤의 내부 구조는 적석부 아래에 있는 묘광과 매장주체
부로 나눌 수 있다. 묘광은 말각장방형과 방형으로 구분되며, 외부
적석의 형태와 관계없이 묘광이 깊은 경우에는 여러 단의 테라스를
갖춘 계단식 구조를 하고 있어 매장 행위를 보다 용이하게 하기 위한
선택이었을 것으로 추정하고 있다.

매장주체부는 무시설식(토광)과 석관(곽)도 확인되지만, 목관이
나 목곽의 사용이 일반적이다. 2중 목곽은 대형의 '凸'자형 평면 구조

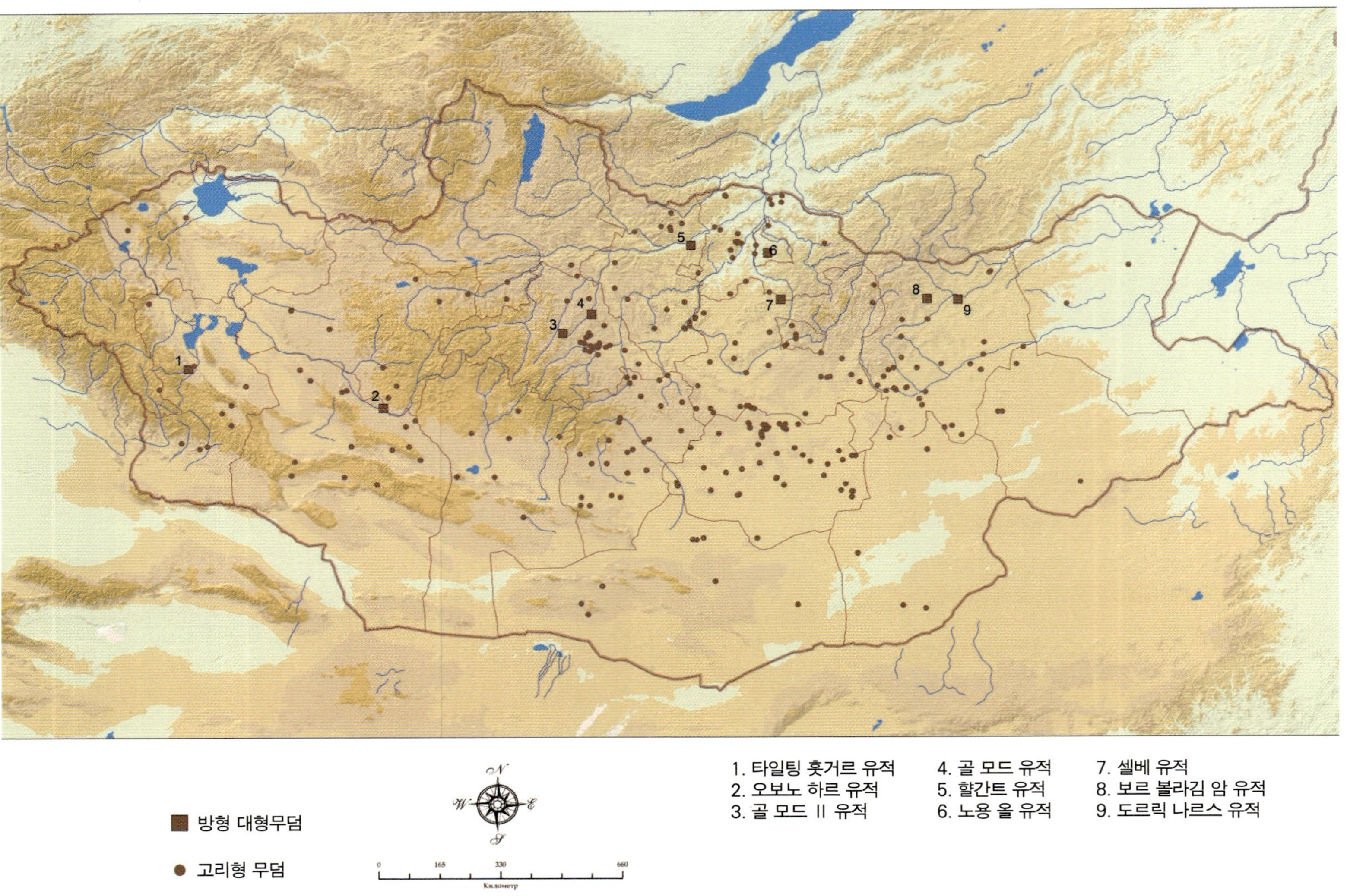

• 몽골지역 흉노 무덤 분포도(G.에렉젠 · 양시은 2017: 28)

• 몽골 흉노 무덤의 구조와 형식(양시은 · G.에렉젠 2017: 78 표 7 일부 수정)

외부 구조		내부 구조				피장자
형태	직경	묘광 깊이	매장주체부			
			구조/크기	길이	폭	
고리형 적석	3~4m	0.8~1.6m	토광/소	-	-	성인
	5~6m	1.5~2.5m	토광/대	1.7~2.5m	0.4~1m	성인
	3m	0.3~0.7m	석관/소	0.5~0.95m	0.26~0.4m	어린이
	5~6m	2~3m	석관/대	1.8~2.7m	0.4~0.9m	성인
	3~4m	1~1.7m	목관/소	1~1.7m	0.24~0.4m	어린이
	4.5~7.5m	1.8~3m	목관/중	1.8~2m	0.4~0.6m	성인
	8~14m	2.5~4m	목관, 토광/대	2~2.4m	1~1.3m	성인
	6~8m	2.5~3m	목곽/소	2.4~2.7m	0.7~1m	성인
	10~14m	3~4m	목곽/중	2.6~4m	1~2m	성인
	15~20m	11.7m(7~11.7m)	목곽/대	3m이상	2m이상	부부합장?
방형 적석	10m이하	5.5m	목곽/소	3m이하	1.2m	성인
	10~16m	7~12m	목곽/대	3~4m	1.5~1.9m	성인
	16~24m	9~10m	2중 목곽/소	4~5m	2.7~3m	성인
	24~35m	11~18m	2중 목곽/중	5m이상	3.7~4.4m	성인
	35~45m	22m	2중 목곽/대	6m이상		

* 고리형 적석 가운데 직경 15~20m는 치헤르틴 저 흉노 무덤군 학술발굴조사 결과를 반영한 것임.

모식도

• 흉노 대형 무덤(노용 올 20호묘)의 구조(양시은 · G.에렉젠 2017: 71)

묘광과 매장주체부

를 갖춘 흉노 무덤에서 일반적으로 확인된다. 2중 목곽이 사용된 대형 무덤은 규모나 부장품의 등급이나 수량 면에서도 다른 무덤과는 차이를 보이고 있어서 흉노 귀족계층의 묘제였을 것으로 추정되고 있다.

배장묘는 주로 대형 무덤 주변에 소형의 고리형 무덤이 3~30여 기가 배치되어 있는데, 도르릭 나르스 유적 1호묘에는 11기의 배장묘가, 골 모드Ⅱ 유적 1호묘에서는 동쪽에 30기의 배장묘가 확인되었다.

부장품의 훼기毁棄와 관련된 제사 행위로 대표적인 예는 동경을 훼기하여 매납한 예와 토기 구연부 일부를 훼손하여 매납한 예 등이 있다.

대형 흉노 무덤에서는 칠마차, 칠목관과 금은제 목관 장식, 비단을 비롯한 각종 직물, 금은제 장신구, 동복과 각종 청동 용기, 동경, 금은제 마구 장식을 비롯한 여러 벌의 마구류, 각종 생활 용기(대형 옹, 호, 등잔, 심발)형토기 등 부장 유물에서 거의 동일한 구성을 보여주고 있다. 또 소형 흉노 무덤 역시 대형 무덤에 비해 소략하기는 하지만 각종 장신구, 마구, 토기(심발형토기, 호) 등 일관된 부장 양상이 확인된다.

몽골 전역에 분포하고 있는 흉노 무덤은 명문이 있는 칠기와 비단, 중국제 동경(한경), 방사성탄소연대측정 결과를 토대로 대략 기원전 1세기 전·중반부터 기원후 1세기에 축조되었던 것으로 파악되고 있다. 그런데 지금까지 기원전 4세기부터 기원전 1세기 전반까지의 흉노 유적이 확인되지 않고, 더 나아가 이러한 흉노 무덤의 축조 연대는 중국의 문헌기록에 나타난 흉노의 모습과 일치하지 않는 문제점이 있다. 이러한 문제에 대해 기원전 2세기 이전 흉노의 중심이 중국 내몽골 지역의 오르도스고원 일대였기 때문이라는 견해(강인욱 2010)가 있다.

4. 치헤르틴 저 유적

치헤르틴 저 유적은 북쪽에서 경사져 내려오다 해발 1,365~1,385m 내외의 평탄면을 이루는 곳에 해당하며, 초본식물로 덮여 있다. 지표 조사 결과 수십 기씩 군집을 이루어 모두 300기 이상이 분포하고 있는 것으로 확인되었고, 그 가운데 6기의 흉노 무덤에 대한 발굴조사를 실시하였다.

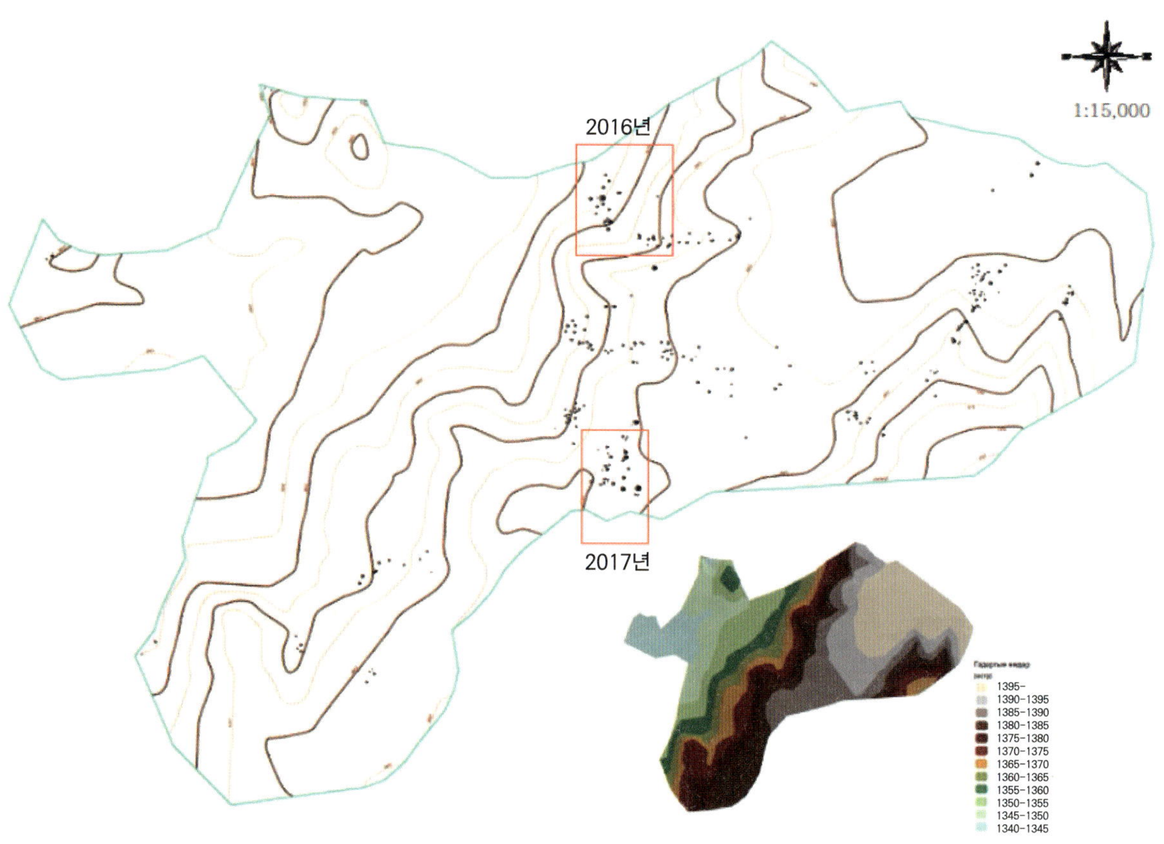

• 치헤르틴 저 흉노 무덤군 분포도

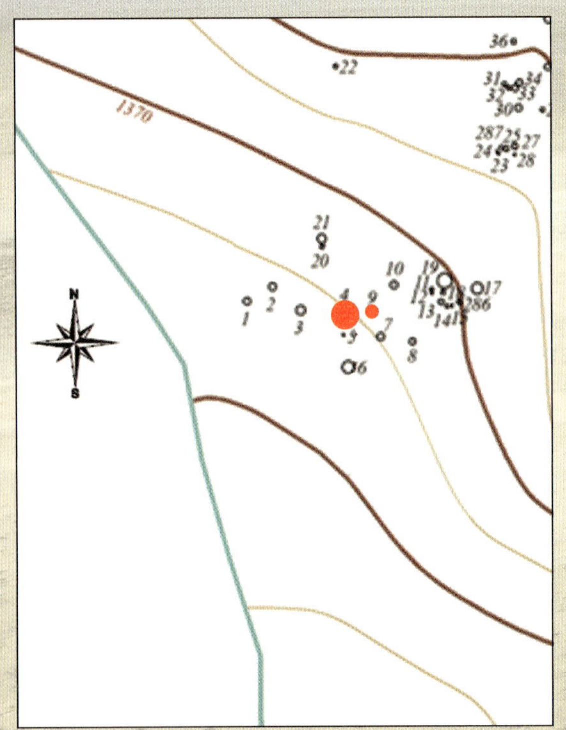

• 2016년 조사지역

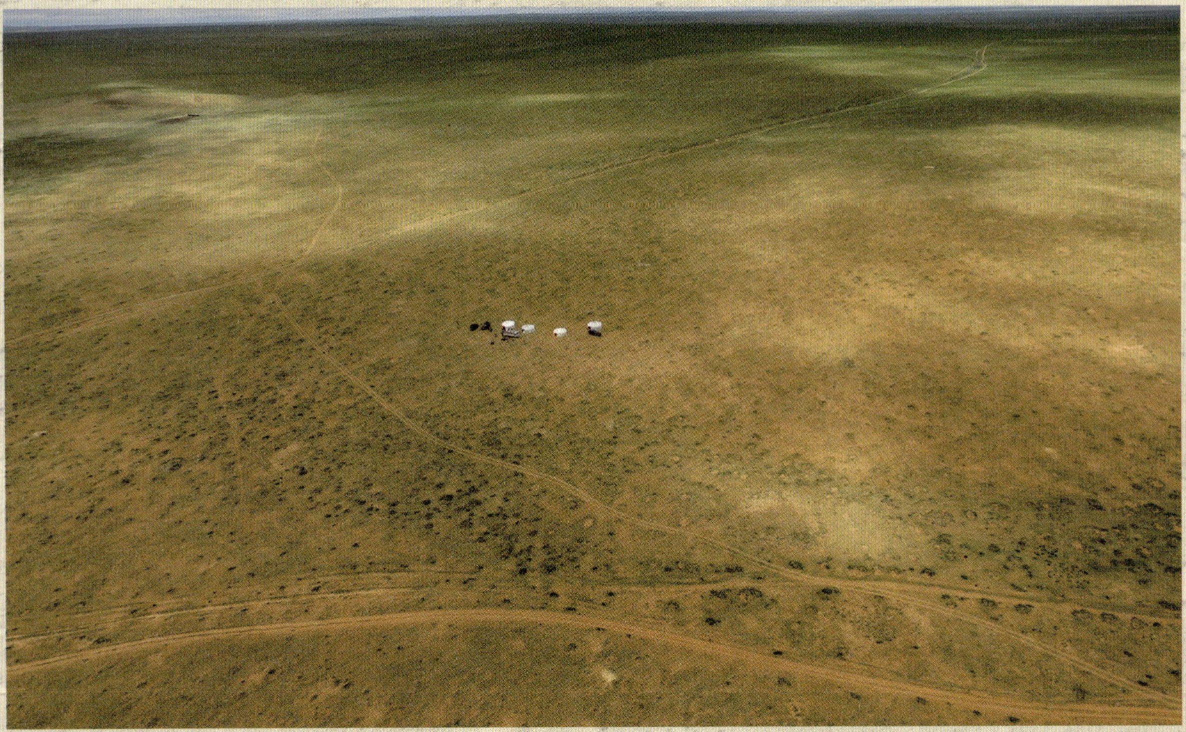

• 2016년 조사지역

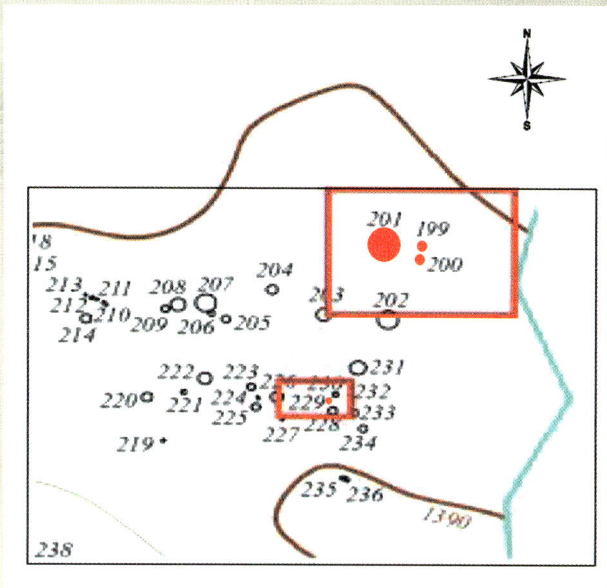

• 2017년 조사지역

• 2017년 조사지역

4호 무덤은 치헤르틴 저 무덤군의 흉노 무덤 중 비교적 규모가 큰 편에 속한다. 4호 무덤은 동경 107°4′54.391″, 북위 46°35′52.476″에 해당하는 해발 1,365m 지점에 자리하며, 4호 무덤에서 동쪽으로 약 15m정도 떨어져 9호 무덤이 위치한다.

조사전 지표면에 드러난 적석부의 외형은 고리형이며, 적석부는 중앙부가 매장주체부인 목곽의 붕괴로 움푹 파인 것처럼 함몰되어 있었다. 조사는 고리형 적석부를 중심으로 주변을 20×20m 규모의 방형으로 구획한 후 적석을 노출시키며 적석이 없는 부분을 중심으로 네 방향으로 둑을 남기며 하강하면서 진행하였다.

외부의 적석과 토층으로 확인된 적석부 외형의 규모는 동서 직경 17.1m, 남북 직경 16.8m정도이다. 무덤의 장축방향은 남북이며, 깊이는 약 9m정도이다.

묘광은 계단식으로 3단으로 굴광하였다. 1차 굴광은 상부 적석과 같은 높이에서 확인되었으며, 외형과 비슷한 타원형으로 굴광하였고, 1차 굴광면에서부터 적석되었던 할석들이 2차 굴광면 상부까지 함몰되어 있었다. 2차 굴광은 약 2.5m 아래에서 확인되었는데 역시 타원형에 가깝게 굴광하였다. 2차 굴광면에서도 적석이 일부 확인되었는데 이 적석 역시 3차 굴광면 상부까지 함몰되어 있었다. 3차 굴광은 약 6m 아래에서 확인되었는데 평면은 장방형이며, 규모는 길이 4.2m, 너비 2.5m정도이다. 각 단의 굴광면 아래에는 일정 두께로 적석을 하였는데 목곽의 붕괴로 이 적석들이 전체적으로 함몰된 것으로 파악하였다.

목곽은 상부에서 약 8m정도 깊이에서 확인되었는데 각재 4매를 쌓아서 조성하였으며, 목곽은 장벽의 목재에 구멍을 뚫어 단벽의 목재를 끼워 넣어 결구하였다. 바닥과 뚜껑은 판재를 이용하여 만들었는데 뚜껑은 동장벽의 남쪽 일부만 남아 있다. 목곽과 묘광 사이의 빈 공간은 3~5cm 내외 크기로 깬 화산석재로 보강하였다. 목곽의 규모는 외부가 남북 길이 350cm, 동서 너비 210cm정도이며, 내부가 남북 길이 330cm, 동서 너비 190cm정도이고, 높이는 100cm정도이다.

• 조사전

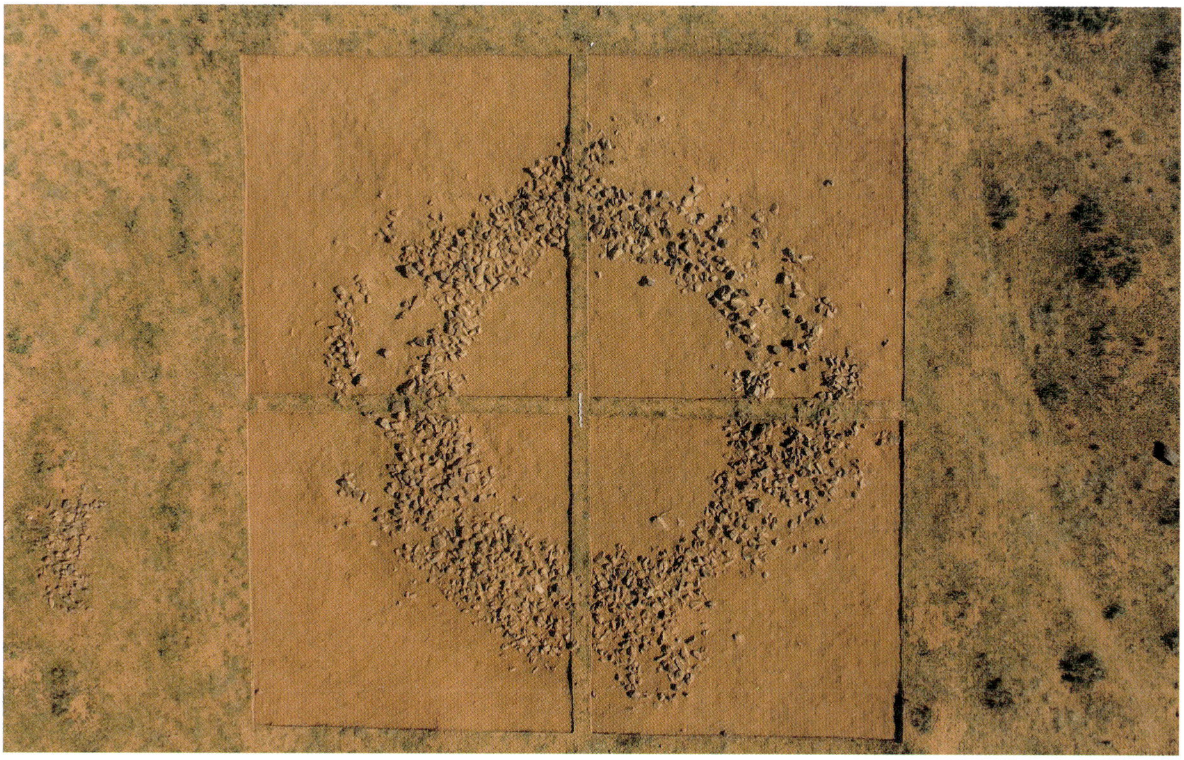

• 조사중

• 2차 굴광 조사중

• 상부토층

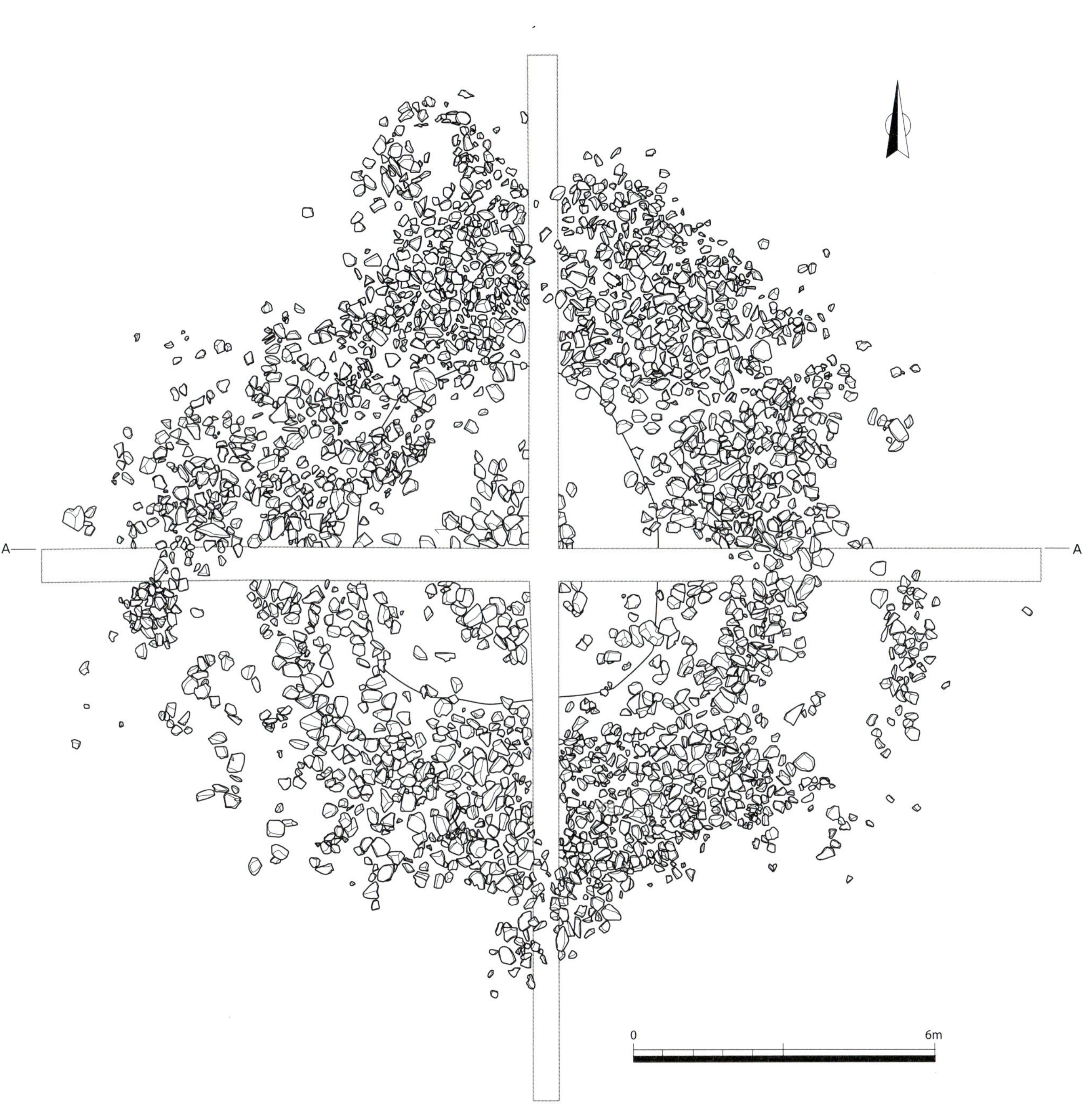

• 고리형 적석부 실측도

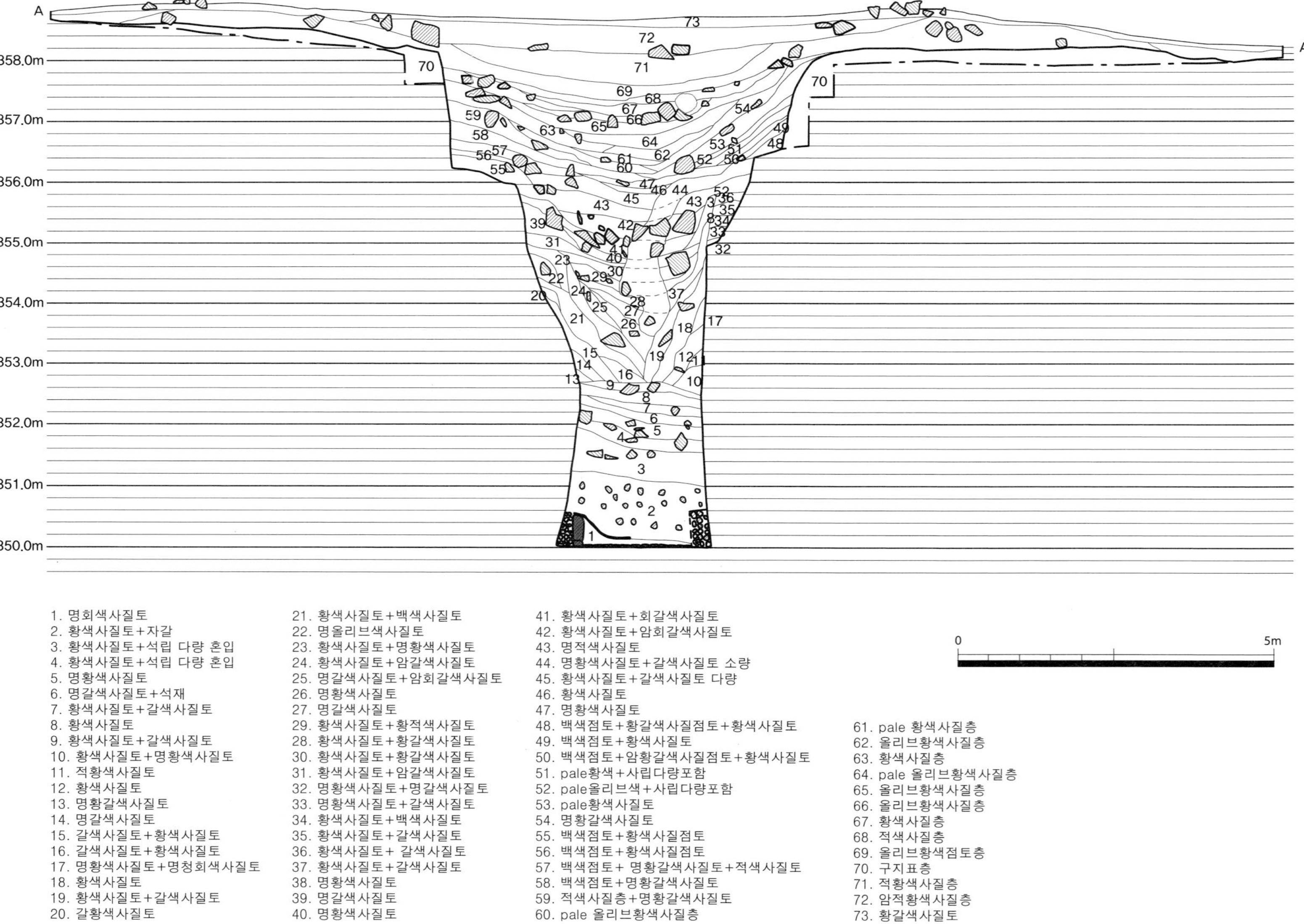

• 토층도

1. 명회색사질토
2. 황색사질토+자갈
3. 황색사질토+석립 다량 혼입
4. 황색사질토+석립 다량 혼입
5. 명황색사질토
6. 명갈색사질토+석재
7. 황색사질토+갈색사질토
8. 황색사질토
9. 황색사질토+갈색사질토
10. 황색사질토+명황색사질토
11. 적황색사질토
12. 황색사질토
13. 명황갈색사질토
14. 명갈색사질토
15. 갈색사질토+황색사질토
16. 갈색사질토+황색사질토
17. 명황색사질토+명청회색사질토
18. 황색사질토
19. 황색사질토+갈색사질토
20. 갈황색사질토
21. 황색사질토+백색사질토
22. 명올리브색사질토
23. 황색사질토+명황색사질토
24. 황색사질토+암갈색사질토
25. 명갈색사질토+암회갈색사질토
26. 명황색사질토
27. 명갈색사질토
28. 황색사질토+황갈색사질토
29. 황색사질토+황적색사질토
30. 황색사질토+황갈색사질토
31. 황색사질토+암갈색사질토
32. 명황색사질토+명갈색사질토
33. 명황색사질토+갈색사질토
34. 황색사질토+백색사질토
35. 황색사질토+갈색사질토
36. 황색사질토+갈색사질토
37. 황색사질토+갈색사질토
38. 명황색사질토
39. 명갈색사질토
40. 명황색사질토
41. 황색사질토+회갈색사질토
42. 황색사질토+암회갈색사질토
43. 명적색사질토
44. 명황색사질토+갈색사질토 소량
45. 황색사질토+갈색사질토 다량
46. 황색사질토
47. 명황색사질토
48. 백색점토+황갈색사질점토+황색사질토
49. 백색점토+황색사질토
50. 백색점토+암황갈색사질점토+황색사질토
51. pale황색+사립다량포함
52. pale올리브색+사립다량포함
53. pale황색사질토
54. 명황갈색사질토
55. 백색점토+황색사질점토
56. 백색점토+황갈색사질점토
57. 백색점토+명황갈색사질토+적색사질토
58. 백색점토+명황갈색사질토
59. 적색사질층+명황갈색사질토
60. pale 올리브황색사질층
61. pale 황색사질층
62. 올리브황색사질층
63. 황색사질층
64. pale 올리브황색사질층
65. 올리브황색사질층
66. 올리브황색사질층
67. 황색사질층
68. 적색사질층
69. 올리브황색점토층
70. 구지표층
71. 적황색사질층
72. 암적황색사질층
73. 황갈색사질토

184

• 1차 및 2차 적석

• 2차 굴광 내부 토층

• 뼈

• 옥제품

• 목곽 상부 노출상태

목관은 남아 있지 않고, 일부 남아 있는 인골도 훼손된 점, 목곽의 뚜껑
도 일부만 남아 있는 점 등으로 보아 내부는 도굴된 것으로 판단된다.

유물은 조사를 진행하는 과정에서 옥제품과 밀개가 수습되었고,
목곽 내부에서는 북쪽에서 단경호편과 철제 재갈과 굴레장식 등 마
구류가, 중앙부에서 약간 남쪽으로 치우쳐 유리구슬이, 북동쪽 모서
리에서 옥제품이 출토되었다.

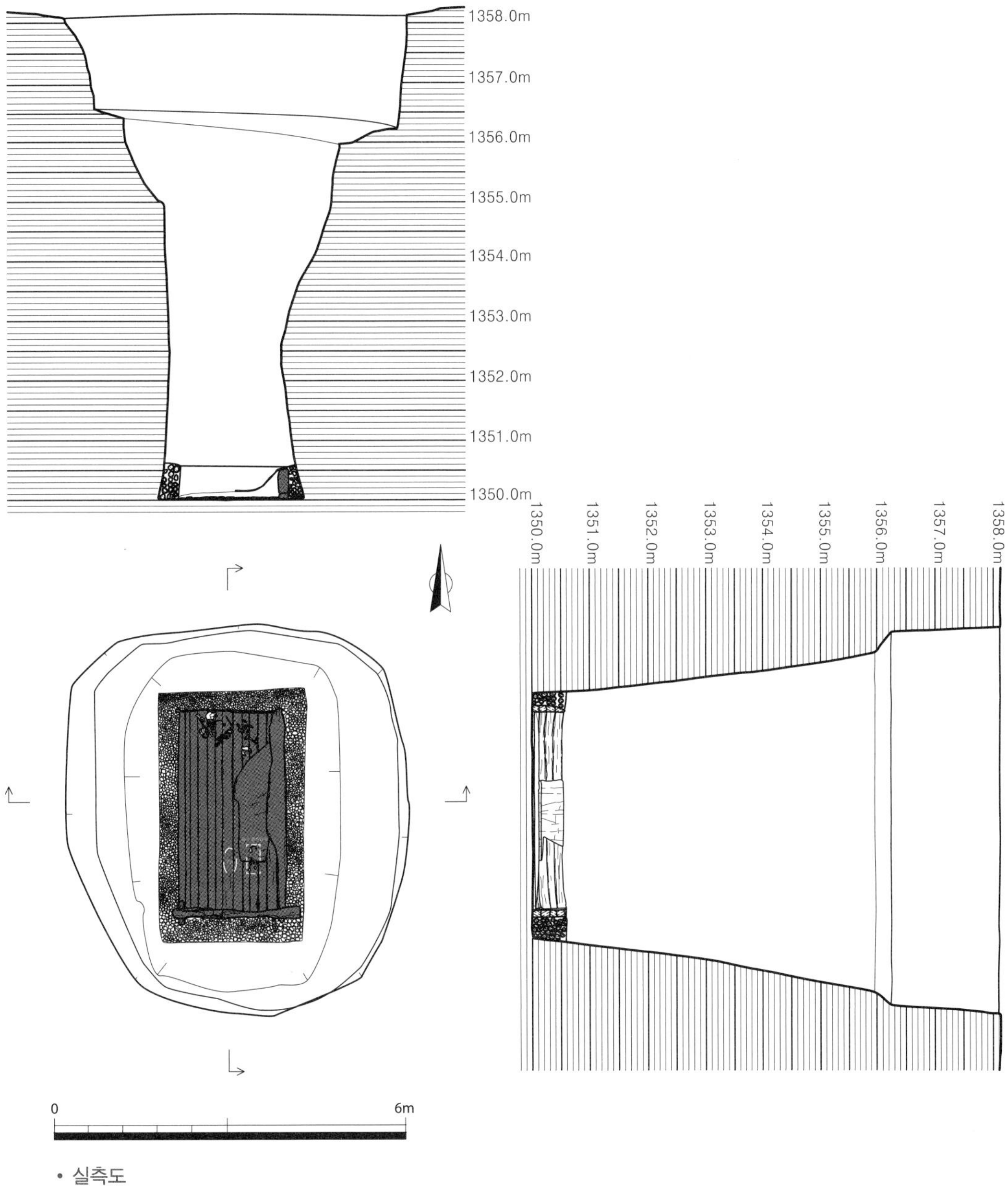

• 실측도

목곽

• 목곽 세부

• 목곽 세부

• 묘광 굴착흔적

• 목곽 바닥

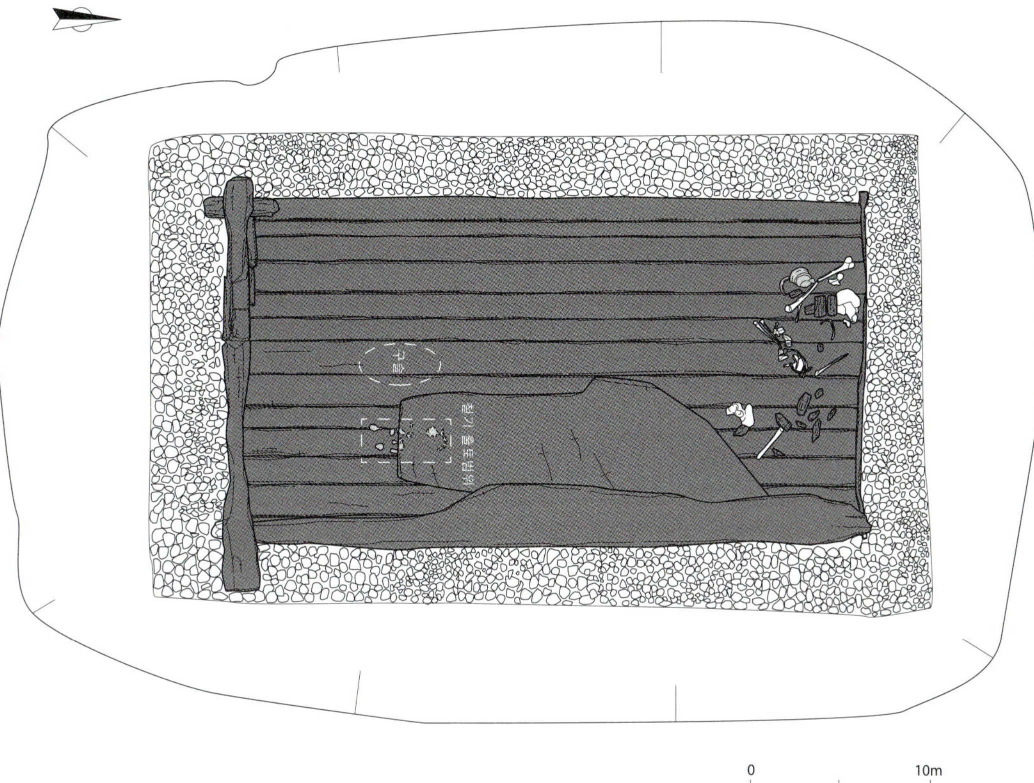

• 목곽 바닥 및 유물출토상태

• 인골 및 유물출토상태

• 인골 및 유물출토상태

　　단경호는 구경부와 동체 상부 일부만 남아 있다. 회흑색을 띤다. 태토는 사립이 섞인 점토를 사용하였고, 경질 소성이다. 경부에는 종방향의 암문이 남아 있다. 구연은 수평으로 외반하였고, 구연단은 둥글게 처리하였다. 경부는 살짝 외경하였다.

　　잔존높이 10.0cm, 입지름 9.4cm

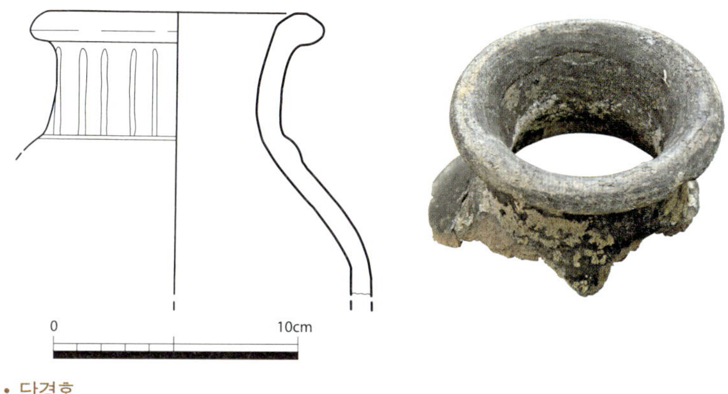

• 단경호

　　밀개는 목곽 상부 적석을 제거하는 과정에서 수습되었다. 적갈색을 띤다. 작은 격지를 소재로 하여 둘레에는 잔손질을 베풀어 전체 형태를 성형한 흔적이 보인다.

　　길이 3.3cm, 너비 3.1cm, 두께 1.1cm

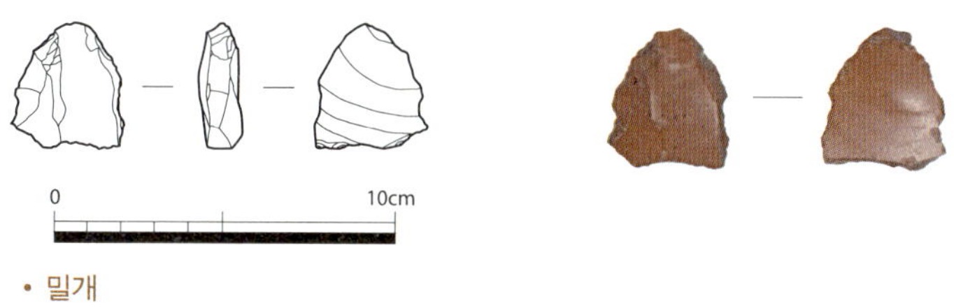

• 밀개

　　옥장식은 목곽 내부 북동쪽 모서리에서 출토되었다. 백옥색을 띤다. 측면이 구부러져 있고, 머리 부분에는 작은 구멍이 뚫려 있으며, 끝부분은 뾰족하다.

　　길이 6.4cm, 너비 1.4cm, 두께 0.3cm

옥제품은 묘광 내부토를 제거하는 과정에서 수습되었다. 전체적
인 형태는 사다리꼴이고, 상부 측면에는 구멍이 관통되어 있다.

길이 2.4cm, 너비 2.2cm, 두께 0.2cm

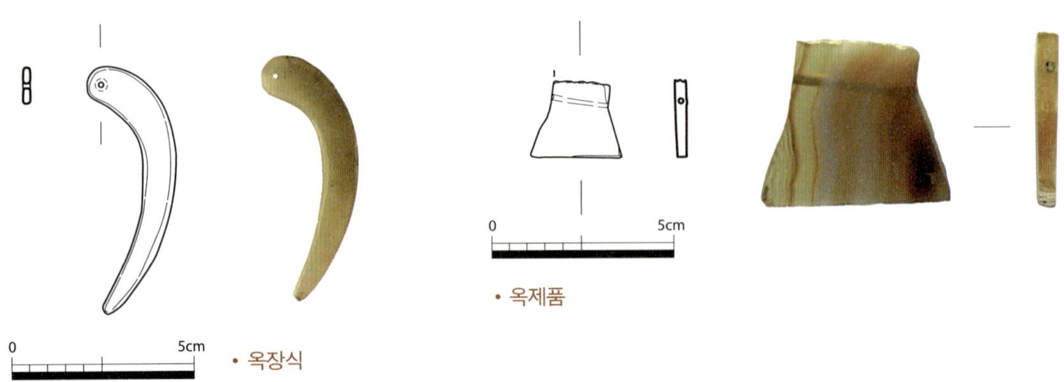

• 옥제품

• 옥장식

구슬은 중앙부에서 약간 남쪽으로 치우쳐 모두 15점이 출토되
었다. 유리로 제작되었으며, 평면은 원형, 단면은 원형 혹은 타원형
이다. 적색 계통 3점과 비취색 계통 1점은 다른 11점보다 작다.

높이 0.4~0.8cm, 지름 0.4~0.9cm

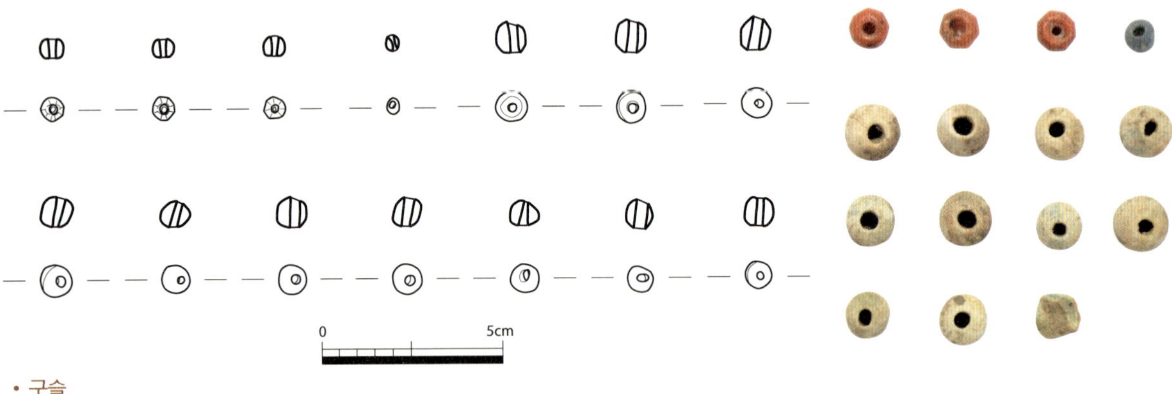

• 구슬

2) 9호 무덤

9호 무덤은 치헤르틴 저 무덤군의 흉노 무덤 중 비교적 규모가 작은
편에 속한다. 9호 무덤은 동경 107°5′0.377″, 북위 46°35′51.219″에

해당하는 해발 1,365m 지점에 자리하며, 9호 무덤에서 서쪽으로 약 15m정도 떨어져 4호 무덤이 위치한다.

조사전 지표면에 드러난 적석부의 외형은 고리형이며, 적석부는 중앙부가 움푹 파인 것처럼 함몰되어 있었다. 조사는 고리형 적석부를 중심으로 주변을 13×13m 규모의 방형으로 구획한 후 적석을 노출시키며 적석이 없는 부분을 중심으로 네 방향으로 둑을 남기며 하강하면서 진행하였다.

외부의 적석과 토층으로 확인된 적석부 외형의 규모는 동서 직경 8.2m, 남북 직경 9.8m정도이다. 무덤의 장축방향은 남북이며, 깊이는 약 6.2m정도이다.

묘광은 계단식으로 2단으로 굴광하였다. 1차 굴광은 상부 적석과 같은 높이에서 확인되었는데 외형과 비슷한 타원형으로 굴광하였고, 1차 굴광면에서부터 적석되었던 할석들이 2차 굴광면 상부까지 함몰되어 있었다. 2차 굴광은 약 1.5m 아래에서 확인되었는데 장방형에 가깝게 굴광하였으며, 규모는 길이 3.4m, 너비 1.7m정도이다. 2차 굴광면에서도 적석이 일부 확인되었는데 이 적석 역시 하부까지 함몰되어 있었다. 각 단의 굴광면 아래에는 일정 두께로 적석을 하였는데 적석들이 전체적으로 함몰된 것으로 파악하였다.

매장주체부에서는 목곽과 목관은 확인되지 않았다. 매장주체부의 규모는 남북 길이 260cm, 동서 너비 160cm정도이다. 묘광의 북단벽 쪽에는 자연암반을 바닥보다 약 50cm정도 높게 단으로 남겨 제의공간을 마련하였다. 유물과 두개골 및 동물 뼈 등의 출토상태로 보아 9호 무덤 역시 도굴된 것으로 판단된다.

유물은 북단벽의 제의공간에 소, 말, 양의 두개골을 놓고, 그 상부에 칠기를 부장하였으나 상태가 매우 불량하다. 제의공간 남쪽의 매장주체부에서 단경호와 심발형토기, 청동제 굴레장식을 비롯한 철제 마구류, 철복편, 목제병 등이 집중적으로 출토되었다.

• 조사중

• 상부토층

1. 옅은 황갈색사질토
2. 황갈색사질토
3. 황색사질토
4. 황갈색사질토
5. 황색사질토
6. 올리브황색사질토
7. 갈황색사질토
8. 적황색사질토
9. 갈황색사질토+석립
10. 황색사질토
11. 명적갈색사질토+청회색사질토
12. 황갈색사질토+황색사질토+석립
13. 황갈색사질토
14. 황갈색사질토
15. 암적갈색사질점토+갈색점토
16. 갈색사질토
17. 암갈색사질토
18. 회색풍화토
19. 명회색풍화토
20. 갈색사질토
21. 암회갈색사질토
22. 명회색사질토
23. 명회색사질토
24. 황갈색사질토
25. 갈색사질토
26. 회갈색사질토
27. 갈색사질토
28. 흑회색사질토
29. 회색사질토
30. 명황색사질토
31. 명회갈색사질토
1. 구지표 흑갈색점토
2. 옅은 명황색사질토
3. 흑회색사질토
4. 적황색사질토
5. 명황갈색사질토
6. 명회갈색사질토
B.K

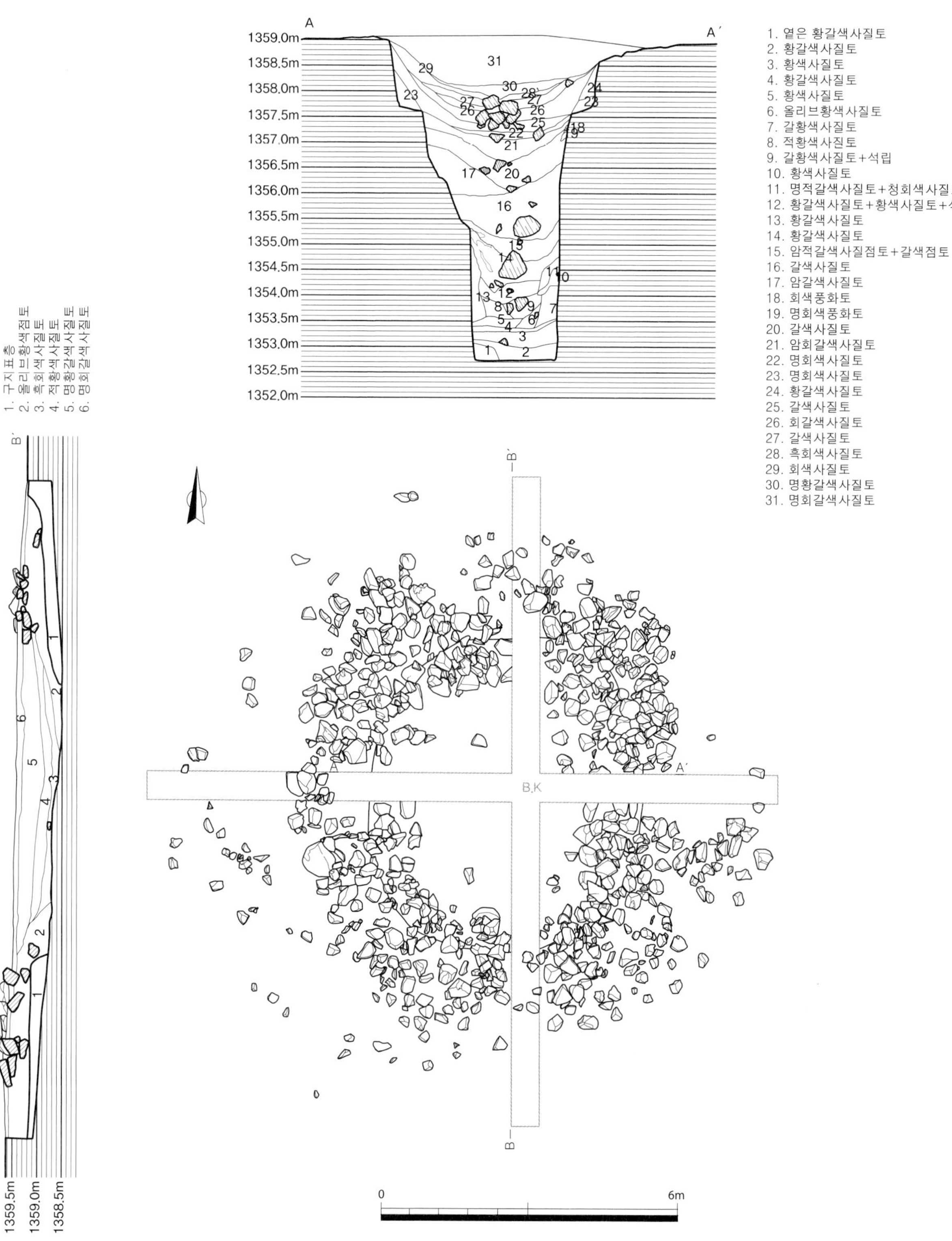

• 토층도

• 매장주체부 상부 노출상태

• 적석

• 토층

1358.50m
1357.50m
1356.50m
1355.50m
1354.50m
1353.50m
1352.50m

0
5m

1352.50m
1353.50m
1354.50m
1355.50m
1356.50m
1357.50m
1358.50m

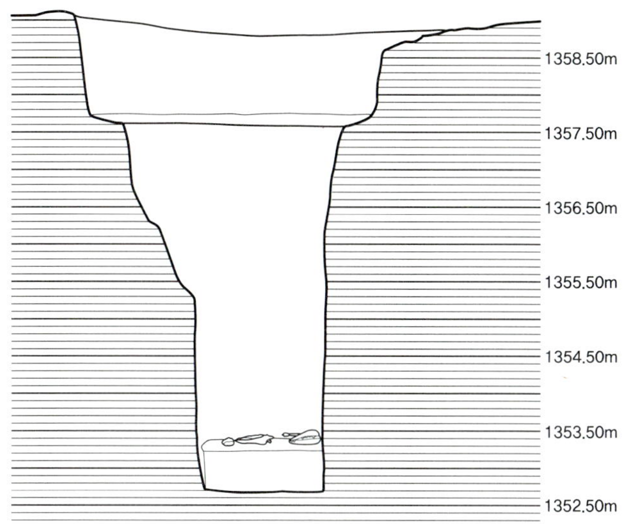

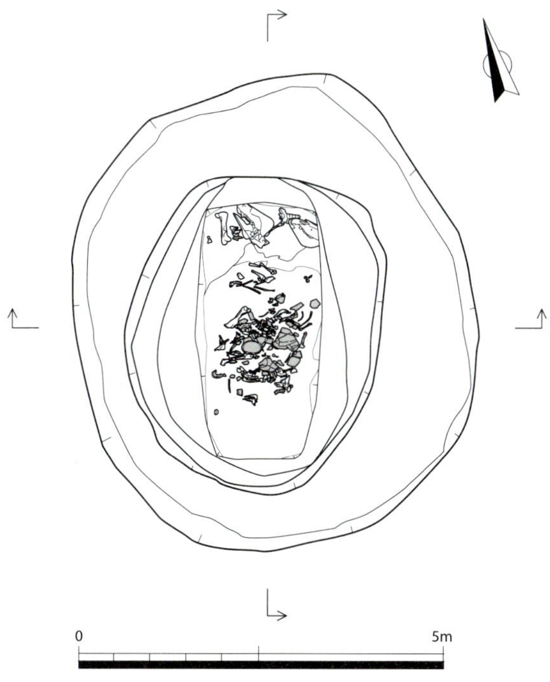

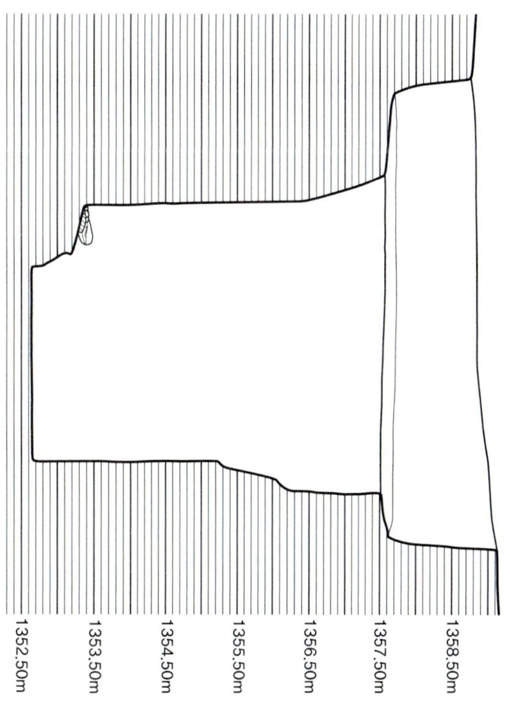

• 실측도

• 매장주체부 조사중

• 뼈 및 유물출토상태

• 매장주체부

• 매장주체부

• 뼈 및 유물출토상태

단경호는 내외면이 회흑색을 띤다. 태토는 정선된 점토를 사용하였고, 경질소성이다. 경부와 동체 상위, 동체 중앙부에서 바닥까지는 종방향의 암문이, 동체 내면에는 지두압흔과 물손질로 정면한 흔적이 남아 있다. 구연은 살짝 외반하였고, 구연단은 둥글게 처리하였다. 경부는 짧게 C자상으로 벌어졌으며, 경부와 동체의 경계 부분에는 2줄의 돌대를 돌렸다. 동체는 최대경이 상위에 위치하는 편구형이고, 저부는 평저이다. 동체 상부와 중상위에는 각각 2줄과 1줄의 돌대를 돌렸고, 돌대와 돌대 사이에는 상부에 여러 줄의 파상문을 시문하였으며, 파상문 하부에는 ─문을 돌대처럼 돌렸다.

높이 29.8cm, 입지름 17.7cm, 밑지름 13.1cm

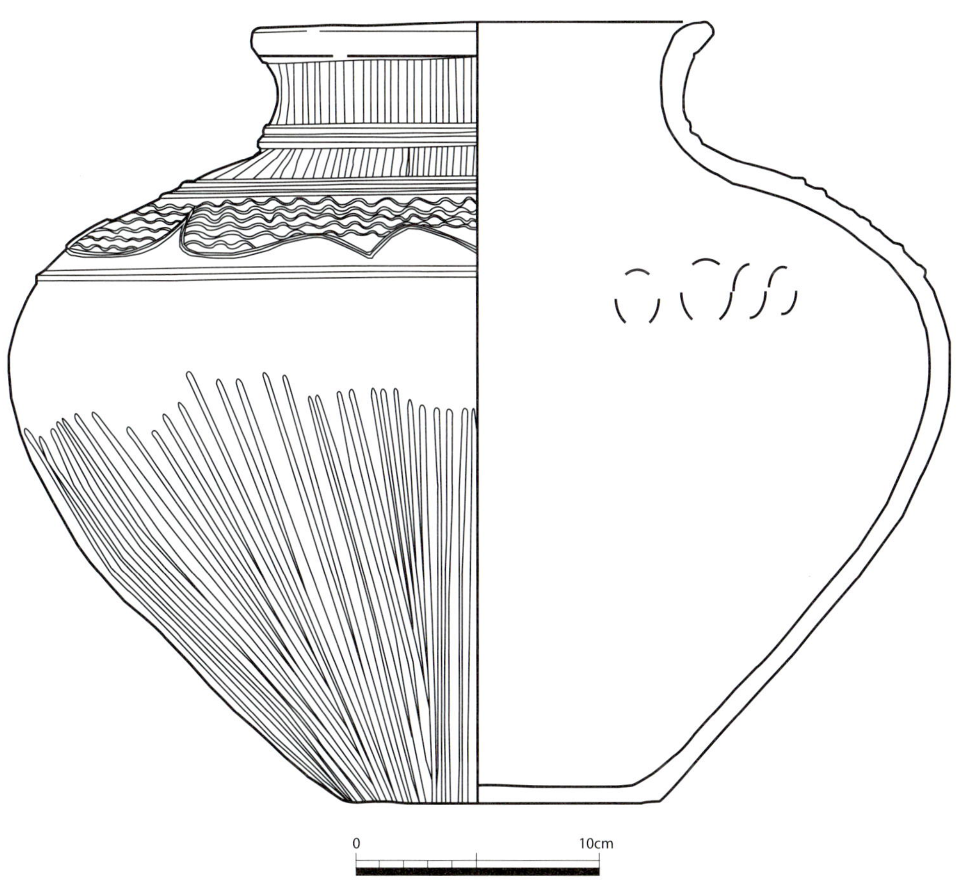

• 단경호

심발형토기는 회흑색을 띤다. 태토는 정선된 점토를 사용하였고, 연질소성이다. 동체는 외면에 종방향의 암문이, 내면에 지두압흔이 남아 있다. 구연은 짧게 외반하였고, 구연단은 둥글게 처리하였다. 경부는 짧게 직립하였다. 동체는 최대경이 중앙부에 위치하며, 저부는 평저이다. 경부와 동체의 경계 부분에는 1줄의 비교적 넓은 파상문을 시문하였다.

높이 17.9cm, 입지름 13.0cm, 밑지름 8.1cm

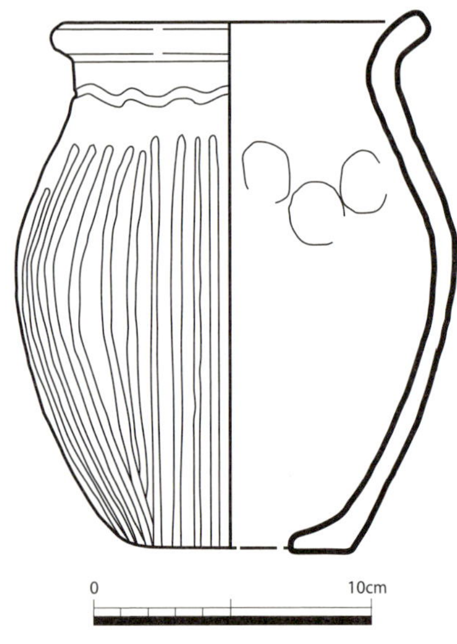

• 심발형토기

204

굴레장식은 끈의 교차부위나 연결부위에 부착하여 끈을 결구할 수 있게 하는 장식으로 매장주체부 북단벽쪽 제의공간 남쪽에서 모두 5점이 출토되었다. 4점은 동물문이고, 다른 1점은 무문이다. 모두 원판형이며, 청동으로 제작되었다. 후면에는 굴레 끈이 지나갈 수 있는 'ㄷ'자상의 고리가 부착되어 있다. 동물은 표범의 형상을 표현하였다.

동물문 굴레장식:지름 3.4~3.6cm, 높이 2.4~2.6cm, 무문 굴레장식:지름 2.0cm, 높이 1.4cm

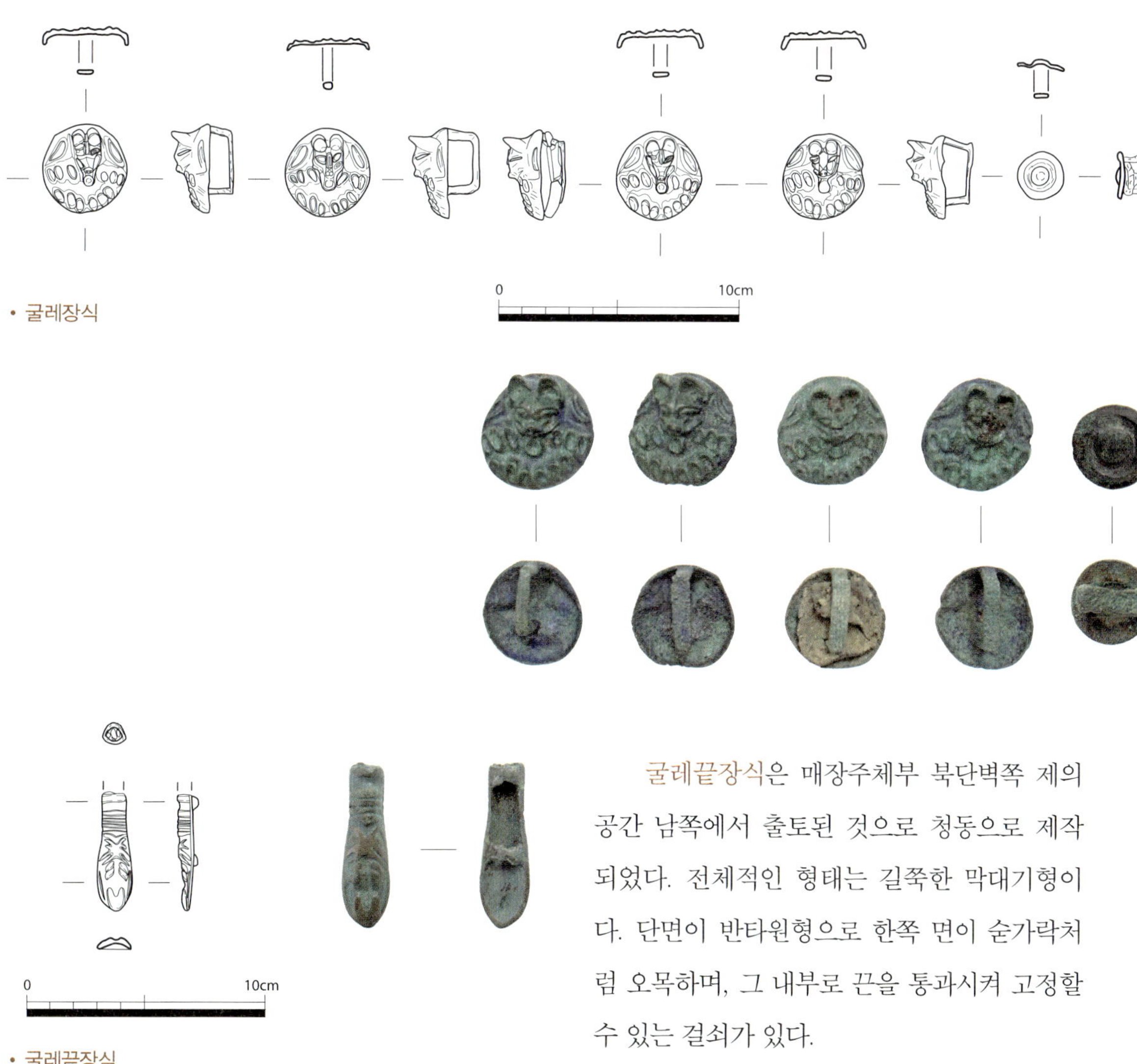

• 굴레장식

• 굴레끝장식

굴레끝장식은 매장주체부 북단벽쪽 제의공간 남쪽에서 출토된 것으로 청동으로 제작되었다. 전체적인 형태는 길쭉한 막대기형이다. 단면이 반타원형으로 한쪽 면이 숟가락처럼 오목하며, 그 내부로 끈을 통과시켜 고정할 수 있는 걸쇠가 있다.

잔존길이 4.8cm, 너비 1.0cm, 두께 0.2cm

201호 무덤은 해발 1,385m 지점에 자리하고 있으며, 201호 무덤에서 동쪽으로 20.7m정도 떨어져 배장묘로 추정되는 199호 무덤이, 남동쪽으로 22.6m정도 떨어져 배장묘로 추정되는 200호 무덤이 위치하고 있다.

조사전 지표면에 드러난 적석부의 외형은 고리형이고, 적석부 중앙부는 매장주체부인 목곽의 붕괴로 움푹 파인 것처럼 함몰되어 있었다. 조사는 고리형 적석부를 중심으로 주변을 24×24m 규모의 방형으로 구획한 후 적석을 노출시키며 적석이 없는 부분을 중심으로 네 방향으로 둑을 남기며 하강하면서 진행하였다.

외부의 적석과 토층으로 확인된 적석부 외형의 규모는 동서 직경 19.5m, 남북 직경 20.2m정도이다. 무덤의 장축방향은 남북이며, 깊이는 11.7m정도이다. 외부 적석은 구지표 상부에 묘광을 굴광할 때 나온 흙을 깔은 후 그 위에 조성하였다. 동쪽, 남서쪽, 남쪽 적석부에는 제의행위로 동복을 깨서 부장한 것으로 추정된다.

묘광은 2단으로 굴광하였고, 평면은 장방형이다. 1차 굴광은 현 지표하 20~40cm정도에서 구지표와 생토층을 파고 조성하였고, 1차 굴광의 규모는 남북 10.3m, 동서 7.5m정도이다. 2차 굴광은 현 지표하 약 7m정도에서 확인되었는데, 2차 굴광의 규모는 남북 6.4m, 동서 5.5m정도이다. 전체적으로 1차와 2차 굴광면에는 일정 두께로 적석을 하였는데 목곽의 붕괴로 인해 적석들이 함몰된 것으로 파악되었다.

목곽은 9m정도 깊이에서 목개의 중앙부가 함몰된 상태로 노출되면서 확인되었는데 목개(木蓋)는 너비 30~40cm, 두께 5cm 내외의 판재 15매를 동서방향으로 덮어 사용하였다. 목곽의 규모는 외부가 남북 길이 530cm, 동서 너비 370cm정도이고, 내부가 남북 길이 470cm, 동서 너비 310cm정도이며, 높이는 150cm정도이다. 목곽은 너비 30~40cm 정도의 각재를 이용하여 각 벽을 4단으로 세워서 결구하였다. 묘광과 목곽 사이의 빈 공간은 5~25cm정도 크기의 할석과 묘광을 굴광할 때 나온 암반편이 많이 섞인 회황갈색 사질점토로 보

• 199호 · 200호 · 201호 조사중

• 조사중

• 조사중

• 적석부 유물출토상태

• 상부 토층

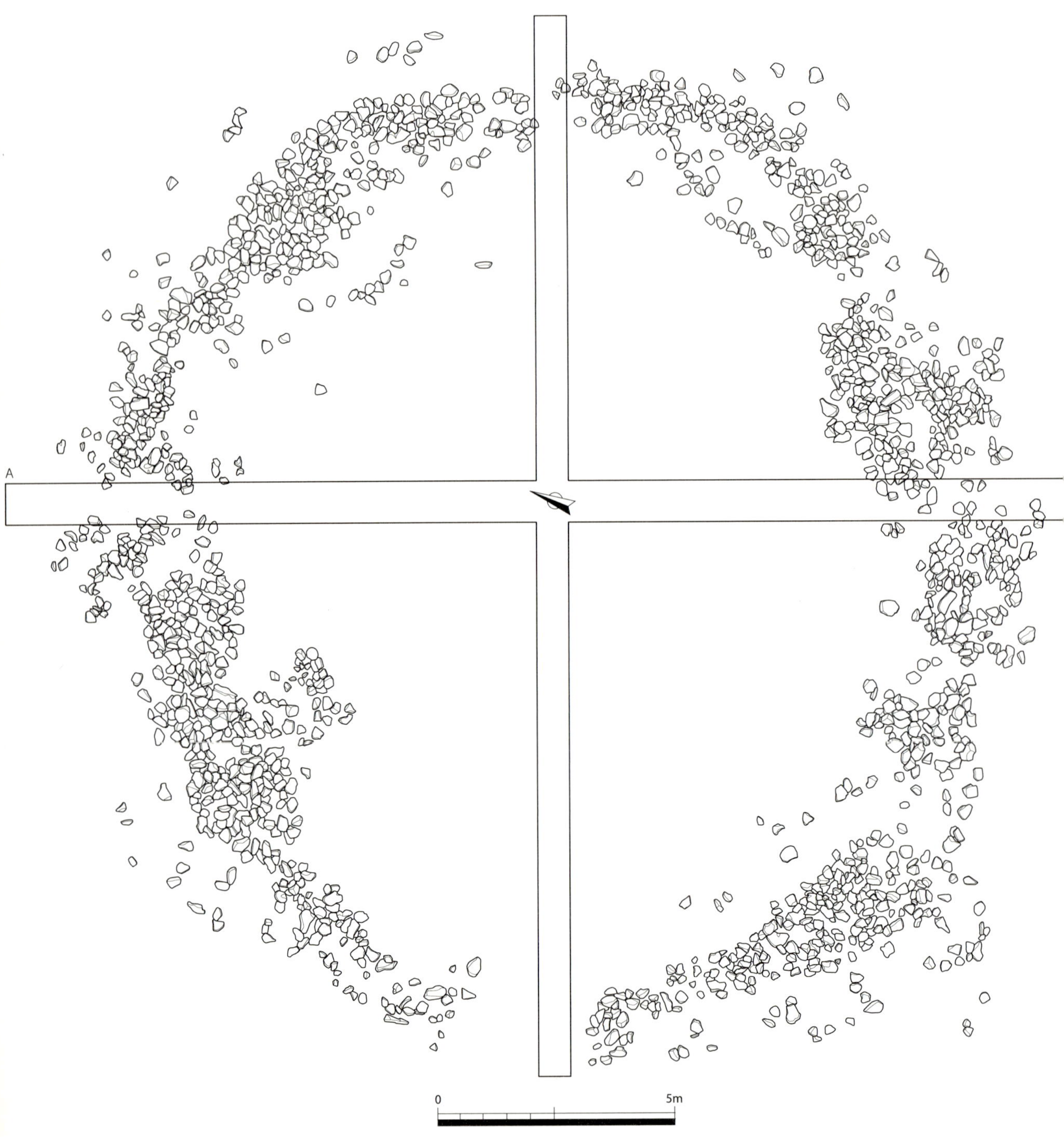

• 고리형 적석부 실측도

A
A'
토층도
1384.0m
1383.0m
1382.0m
1381.0m
1380.0m
1379.0m
1378.0m
1377.0m
1376.0m
1375.0m
1374.0m
1373.0m
① 구지표층
② 회황갈색 사질점토＋암반편 다량
③ 황갈색사질토＋암반편＋목탄
④ 회황색사질토＋잔자갈＋암반편
⑤ 회황색사질토＋잔자갈
⑥ 옅은 황색사질토＋잔자갈
⑦ 회백색사질토＋활석 다량
⑧ 회황색사질토＋암황색사질토
⑨ 암갈색사질토＋잔자갈
⑩ 암황색사질토＋잔자갈
⑪ 회황색사질토＋잔자갈
⑫ 황색사질토＋잔자갈
⑬ 암황색사질토＋잔자갈
⑭ 회갈색사질토＋잔자갈 다량
⑮ 회갈색사질토＋잔자갈
□ 암갈색사질토
□ 회백색사질토＋명황갈색사질토
□ 흑갈색사질토＋갈색사질토
□ 회갈색사질토
□ 암갈색사질토(표토층)
■ 목탄
0
5m

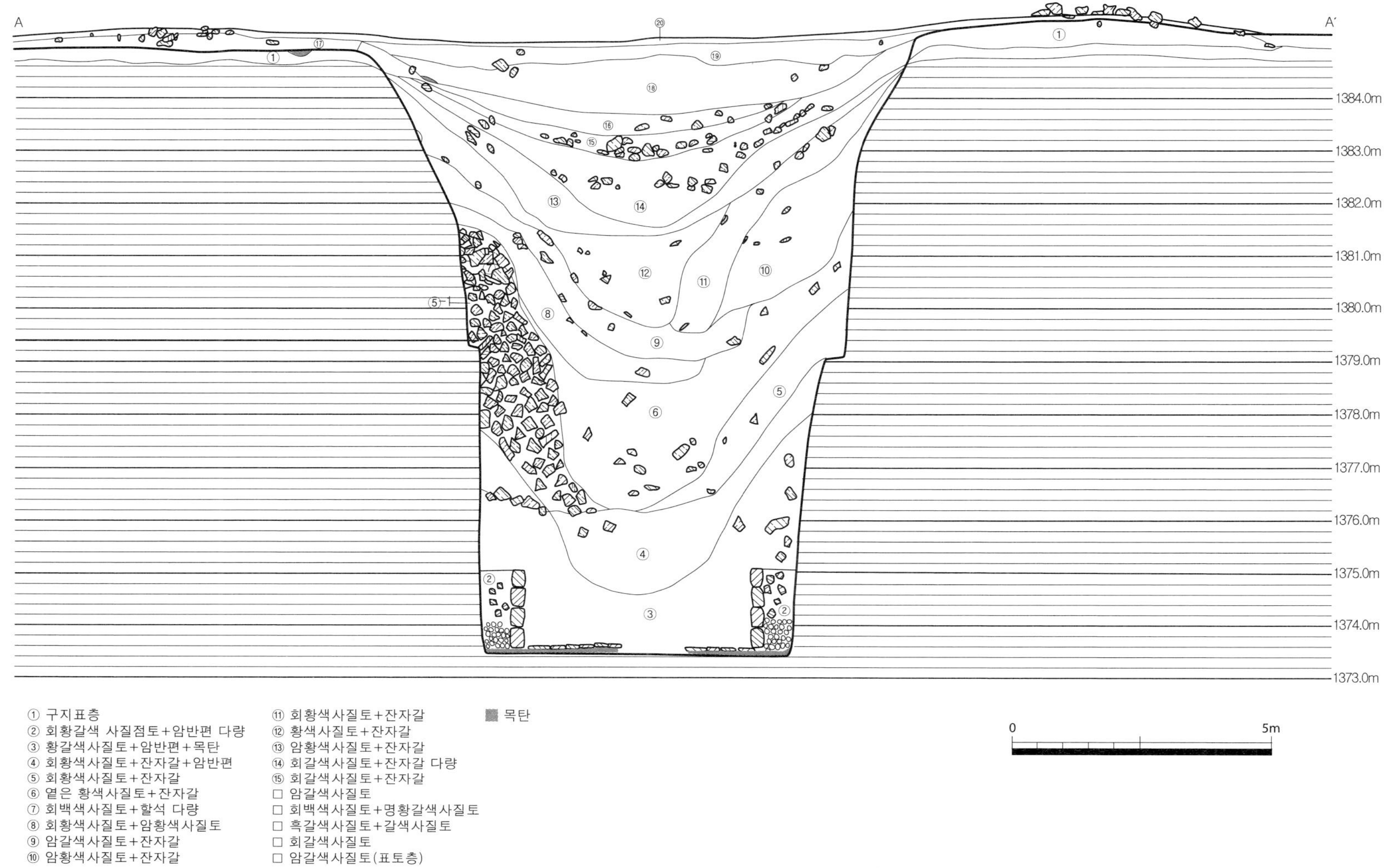

• 토층도

1차 굴광 조사중 및 유물출토상태

• 1차 굴광 유물출토상태

• 2차 굴광 조사중

• 2차 굴광 조사중 및 동물 뼈 노출상태

• 목곽 상부 유물출토상태

• 목곽 상부 목개 및 마차바퀴 노출상태

• 목곽 상부 목개 노출 및 유물출토상태

• 목곽 상부 마차바퀴 노출상태

• 목곽 상부 마차바퀴 노출상태

• 목곽 상부 마차바퀴 노출상태

• 목곽 목개 노출상태

• 목곽 목개 노출상태

• 목곽 목개 제거후

강하였다. 목곽 바닥에는 동서방향으로 너비 30~40cm, 두께 5cm 내외의 판재를 15매 깔았고, 그 아래에는 약 5cm 두께의 목탄이 바닥 전체에 깔려 있었다. 바닥 중앙부에는 도굴로 인해 장방형으로 판재가 결실된 상태이며, 목관은 확인되지 않았다.

유물은 1차 굴광의 내부토를 제거하면서 토기편, 동복편, 철도, 사슴뿔을 비롯한 동물 뼈 등이 수습되었다. 목곽의 목개가 노출되는 높이에서 동벽과 서벽의 충전토 상부에는 보존상태가 불량한 칠기 마차 바퀴(직경 1.6m정도)가 각각 4개씩 부장되었는데, 남쪽의 마차 바퀴 2개의 바퀴살 수는 24개이고, 북쪽의 마차 바퀴 2개의 바퀴살 수는 14개 정도로 추정된다. 북서모서리의 충전토 상부에서는 대형 토기를 비롯한 토기 2개체가 출토되었다. 내부 조사과정에서 청동제 일산살꼭지를 비롯한 마차장식품이 수습되었다. 목곽 내부의 북단벽 중앙부에서는 칠기용기 금장식 등이, 서장벽 중앙부에서는 얇은 금제 장식이 일부 출토되었다. 북단벽에서는 두개골을 비롯한 인골 일부가 출토되었지만 도굴로 인해 정확한 형태를 파악하기 어려운 상태이다. 한편 외부 적석부와 내부 조사를 진행하는 과정에서 중앙부에 원형의 구멍이 뚫린 원형의 원형 석기 4점이 수습되었으나, 모두 반파되었다.

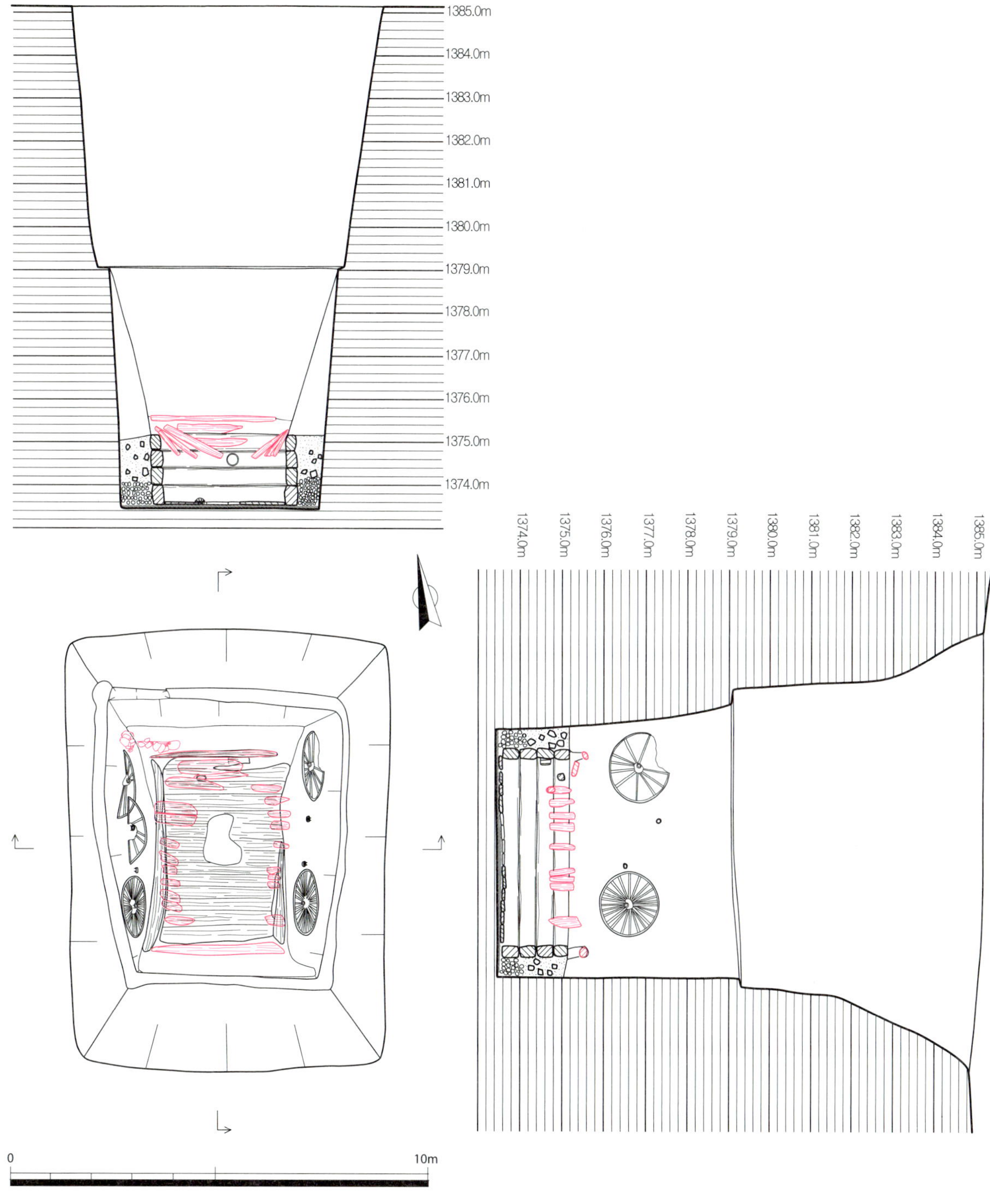

• 실측도

• 조사후

• 목곽 벽 및 바닥

• 유물출토상태

단경호는 내외면이 회흑색을 띤다. 태토는 정선된 점토를 사용하였고, 경질 소성이다. 동체는 중하부에 종방향 또는 사선방향의 암문이, 내면 중하부에 지두압흔이 남아 있다. 구연은 짧게 외반하였고, 구연단은 둥글게 처리하였다. 경부와 동체 경계부에는 3줄의 돌대를 돌렸다. 동체는 최대경이 중상위에 위치하고, 저부는 평저이다. 문양은 동체 상위에 밑변이 구연부쪽을 향하는 이등변삼각형문을, 그 아래에 3줄의 침선을 돌린 후 침선과 침선 사이에 점열문을, 중상위에 3줄의 침선을 돌린 후 침선과 침선 사이에 점열문을 시문하였다.

높이 36.5cm, 입지름 15.7cm, 밑지름 13.0cm

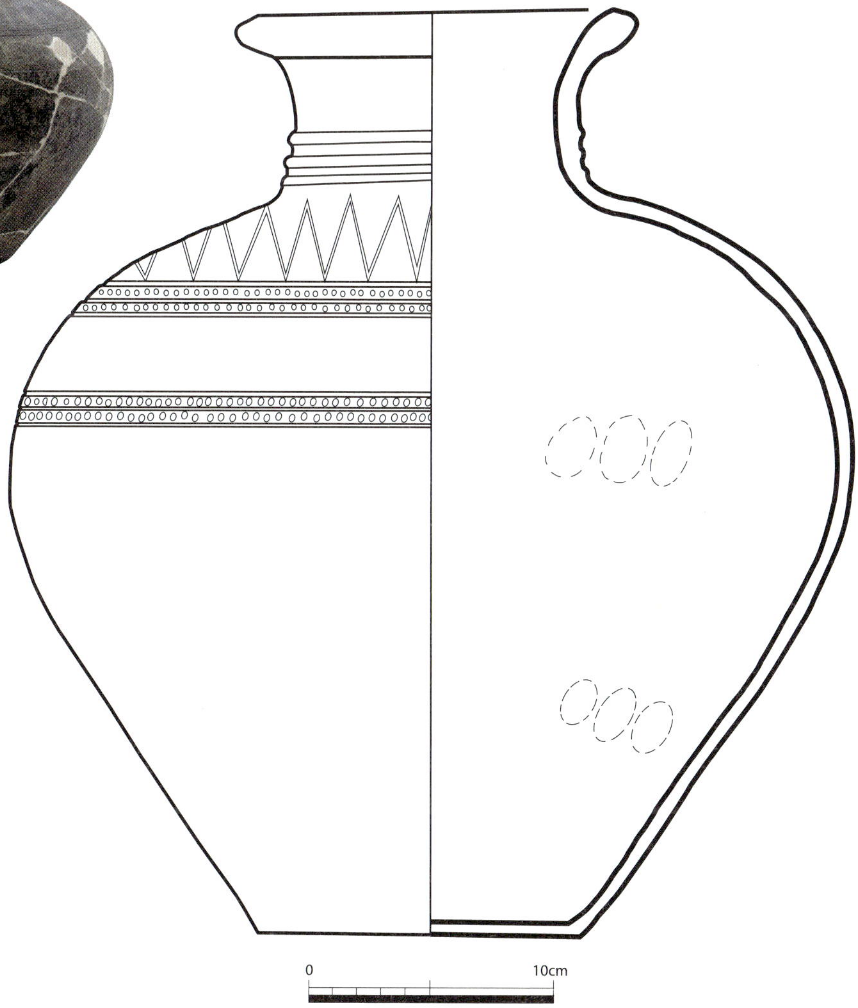

• 단경호

토기편은 동체 일부가 남아 있어 전체적인 기형을 파악할 수 없다. 내외면이 회흑색을 띤다. 태토는 세사립과 석립이 약간 섞인 정선된 점토를 사용하였고, 경질 소성이다. 내면에는 테쌓기흔적과 지두압흔이 남아 있다. 약간 둥근 기미로 내려오다 사선으로 꺾여 내려가며, 사선으로 꺾이는 부분에는 1줄의 날카로운 돌대를 돌렸다.

잔존높이 16.7cm

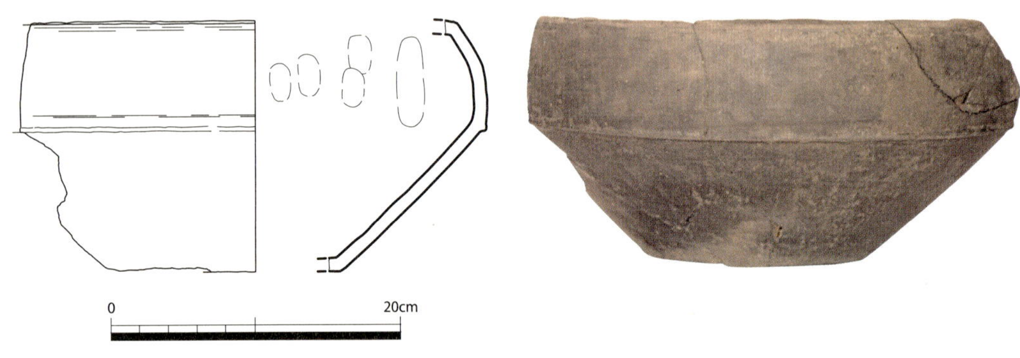

• 토기편

검신은 목곽 상부에서 출토되었다. 병부는 결실되었다. 검신 끝은 뽀족하게 처리하였고, 검신 중앙부에는 능이 형성되어 있다.

잔존길이 16.2cm, 너비 2.1cm

• 검신

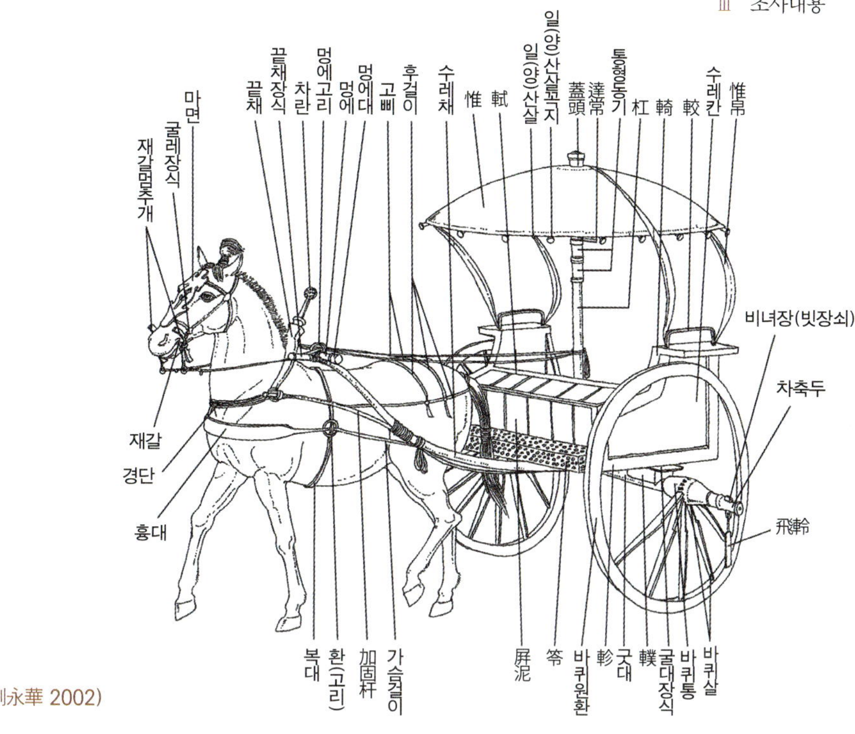

• 마차 세부명칭 (劉永華 2002)

재갈은 목곽 상부에서 5점이 출토되었다. 재갈쇠는 단면 장방형의 철봉 2개를 꼬아 제작하였고, 재갈멈추개는 '一'자형이며, 끝은 도끼날형이다.

잔존길이 2.6~8.8cm, 너비 0.5~2.1cm

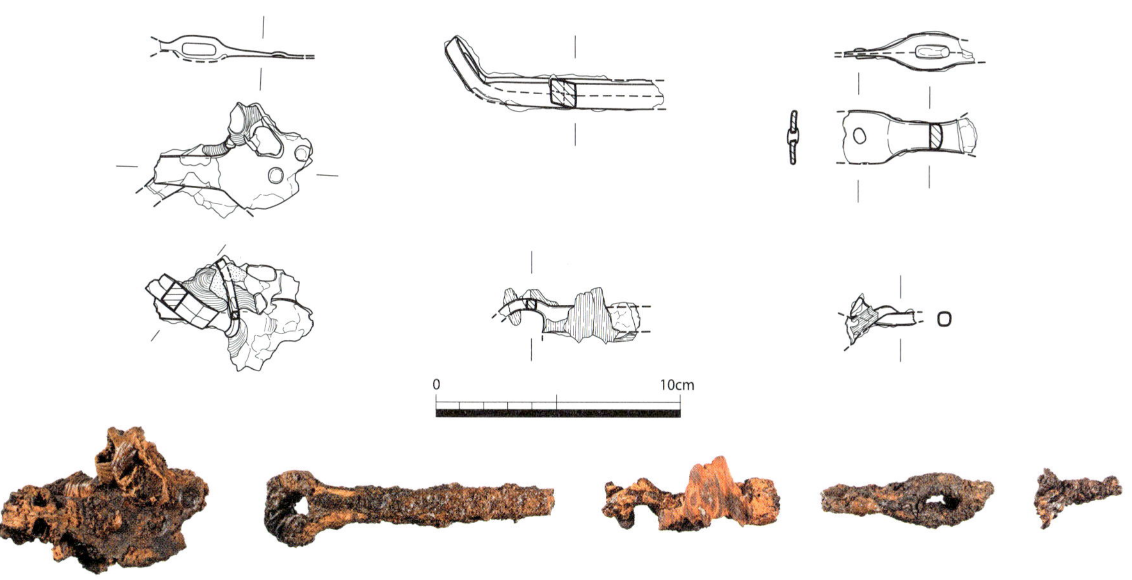

• 재갈

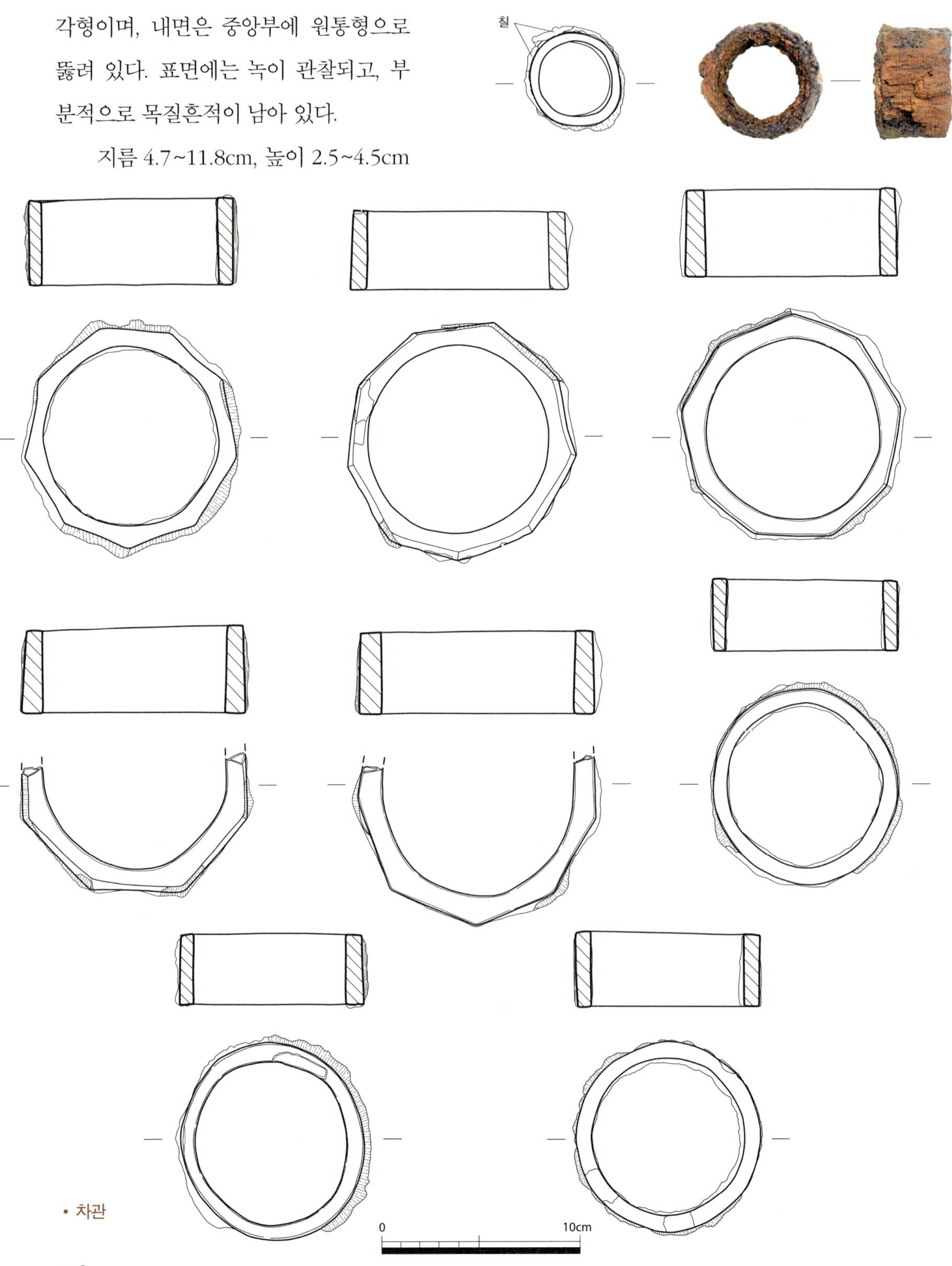

차관은 목곽 상부에서 16점이 출토
되었다. 외면의 형태는 원형과 6각형, 9
각형이며, 내면은 중앙부에 원통형으로
뚫려 있다. 표면에는 녹이 관찰되고, 부
분적으로 목질흔적이 남아 있다.

지름 4.7~11.8cm, 높이 2.5~4.5cm

• 차관

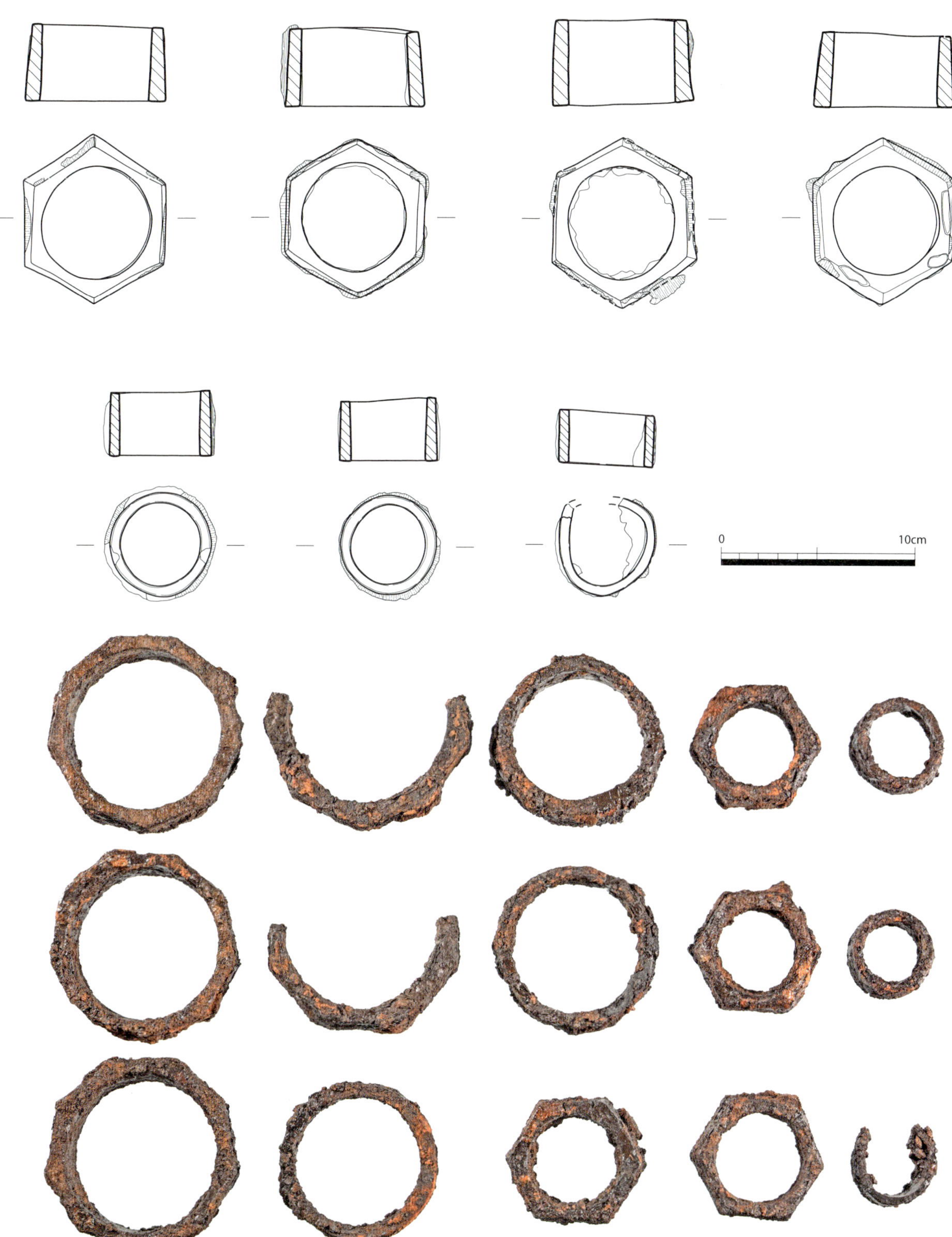

• 차관

　띠쇠는 두 목재를 연결하는데 사용하는 것으로 목곽 상부에서
모두 10점이 출토되었다. 양 끝에 구멍을 뚫려 있는 얇은 철판이 장
방형 또는 사다리모양으로 구부러져 있고, 구멍에는 단면 타원형의
철사가 묶여 있다. 내면에 목질흔적이 남아 있는 것으로 보아 목재에
씌운 후 철사를 조여 고정시켰던 것으로 추정된다.
　길이 6.7~8.1cm, 너비 4.5~6.5cm

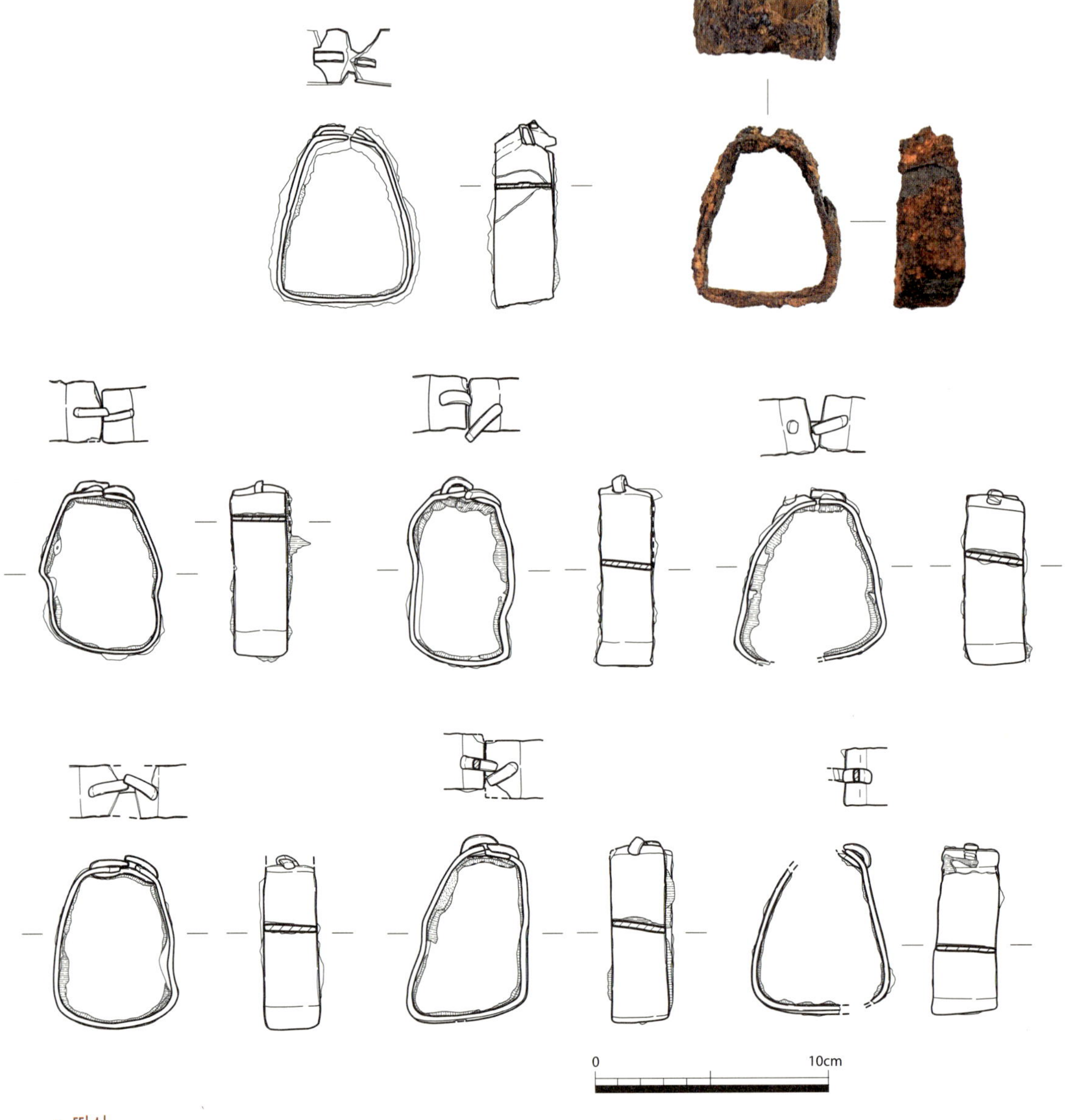

• 띠쇠

0
10cm
• 띠쇠

마차 부속구는 마구 끈 등을 연결하기 위해 마차나 다른 부속구와 결합하여 사용되었을 것으로 추정된다. 긴 철봉을 원형 또는 반원형, 타원형으로 말아 제작하였으며, 고리 한쪽 또는 양쪽에 목질이 부착되어 있다.

길이 및 지름 3.1~8.0cm

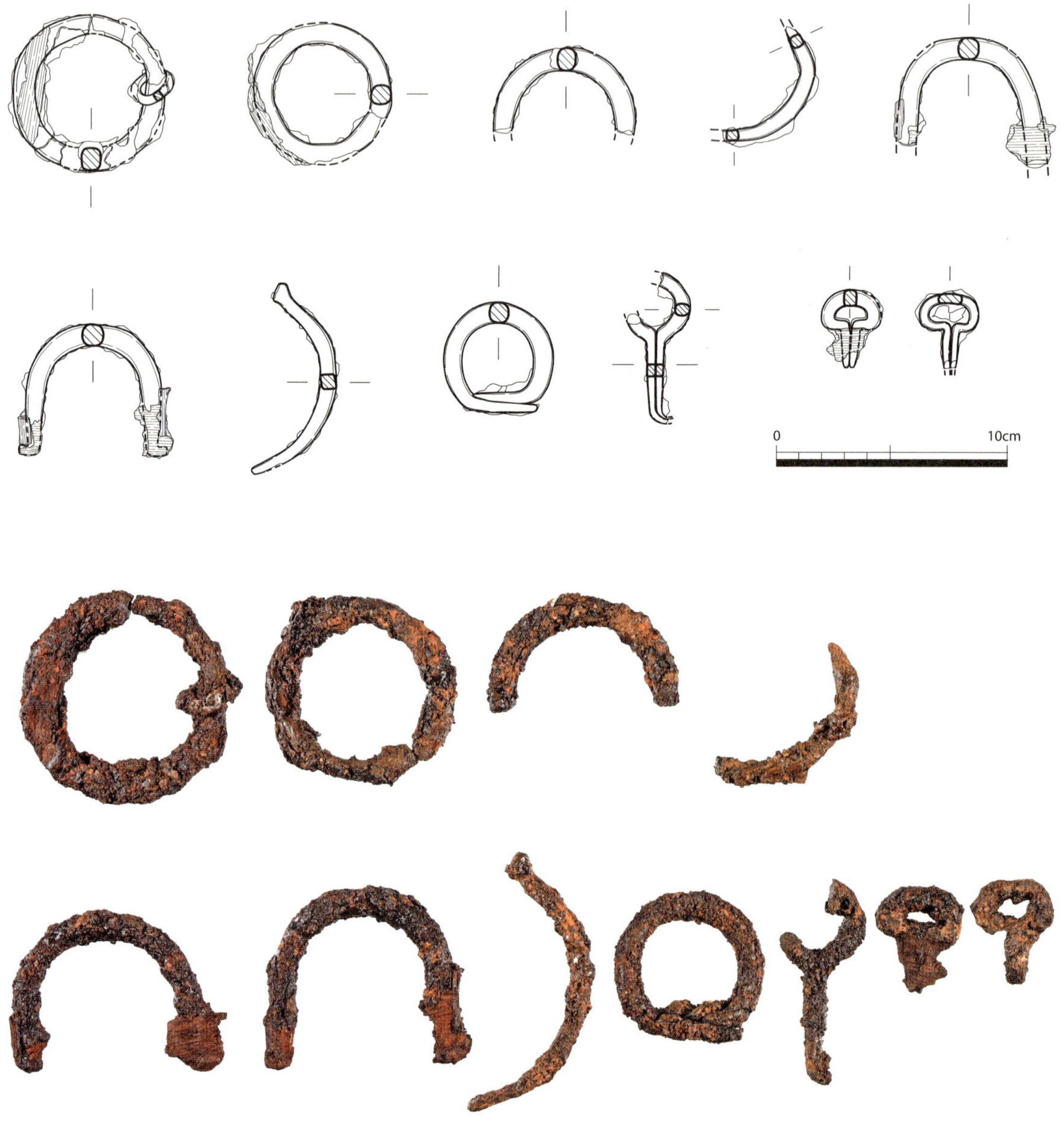

• 마차부속구

미상철기는 목곽 상부에서 출토되었다. 1점은 둥근 기미를 보이며, 중앙부에 약한 능이 형성되어 있다. 다른 1점은 단면은 마름모형이다.

잔존길이 3.0·6.3cm, 너비 2cm

• 미상철기

칠기용기 금장식은 목곽 바닥에서 출토되었다. 금장식은 잔존상태가 매우 불량하여 수습할 수 없었던 칠기용기에 부착되어 있었다. 두께 1mm 내외의 얇은 금판으로 제작하였고, 칠기용기에 부착할 수 있도록 작은 못 구멍이 뚫려 있으며, 길이 0.95~1.25cm의 못이 부착되어 있는 것도 있다.

길이 1.5~18.3cm, 너비 0.6~2.8cm

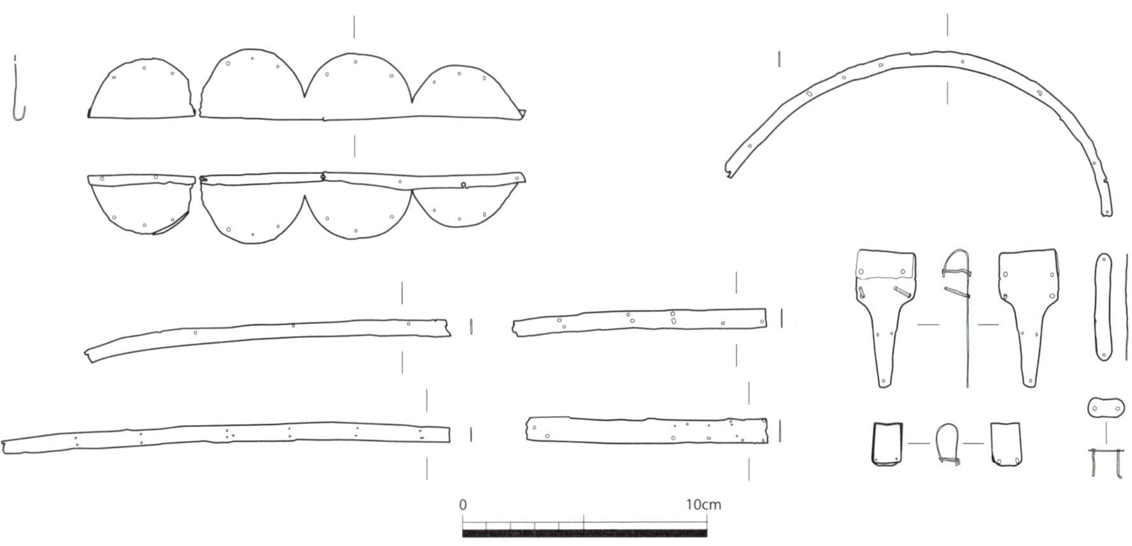

• 칠기용기 금장식

• 칠기용기 금장식

금제 장식은 목곽 바닥에서 출토되었다. 3개의 판상돌기가 파도
모양으로 돌아가는 형태이고, 테두리는 음각하였다. 1점은 다른 곳에
부착할 수 있도록 2개의 작은 못 구멍이 뚫려 있다.

　　지름 1.3 · 1.5cm

• 금제장식

동복편은 적석과 묘광 내부에서 제의적으로 훼기한 것이다. 구
연은 안으로 숙여지는 동체에 그대로 연결되었거나 직립하는 경부에
서 밖으로 벌어졌다. 구연부에는 반원형의 손잡이가 부착되어 있다.
대각이 달린 것과 평저인 저부만 남아 있는 것도 있다.

　　잔존높이 7.2~8.1cm

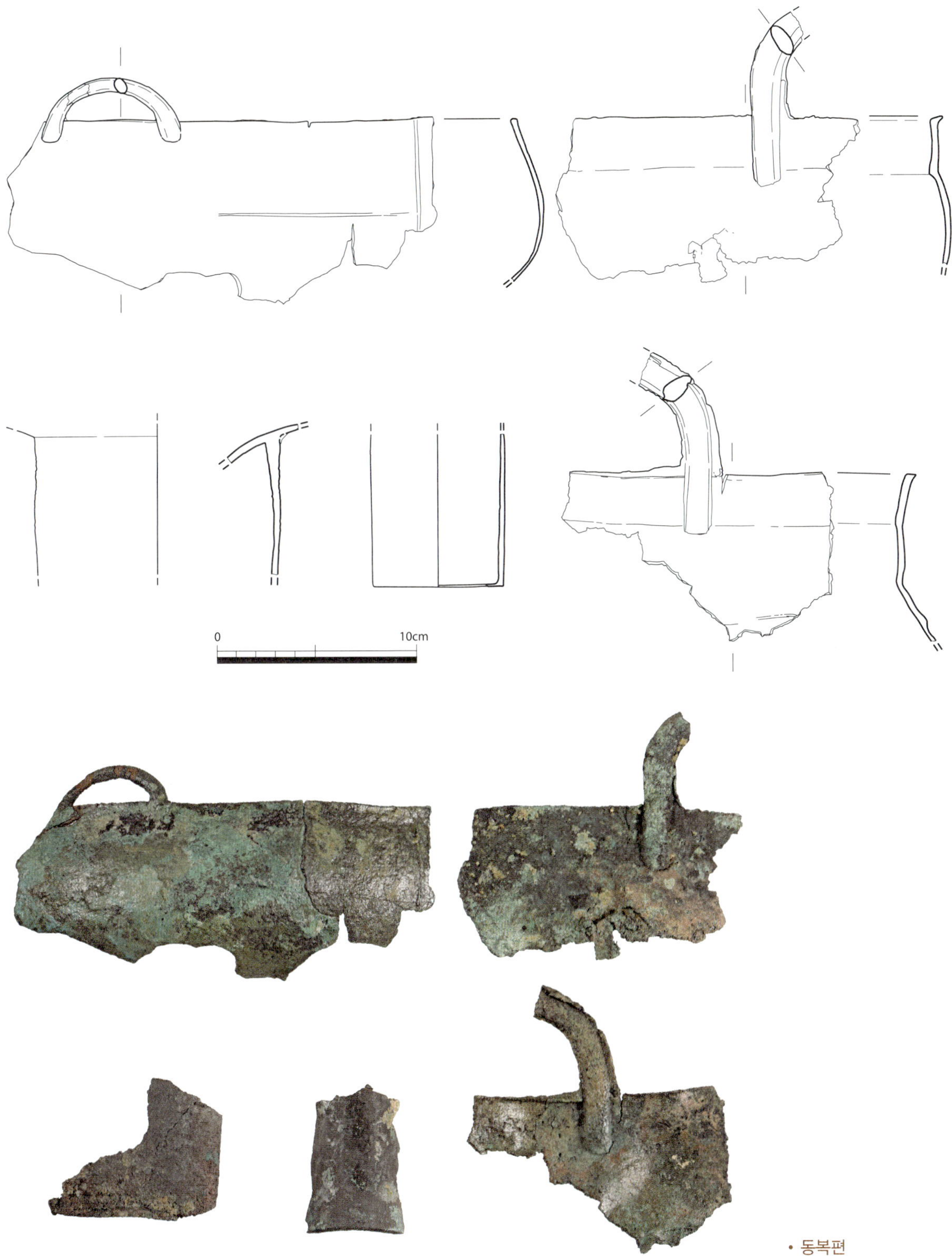

• 동복편

청동제 등잔받침대로 추정되며, 목곽 바닥에서 출토되었고, 청
동으로 제작하였다. 바닥은 반원형으로 중앙부에 원형의 구멍 1개가
뚫려 있으며, 그 아래에 삼각형 구멍이 10개가 뚫려 있고, 중앙부의
구멍에는 하부가 막힌 원통형의 동기를 꽂아 기둥으로 사용하였다.
바닥과 기둥의 결합에 사용된 나무가 그대로 남아 있다.

　잔존높이 5.9cm, 바닥지름 15.4cm

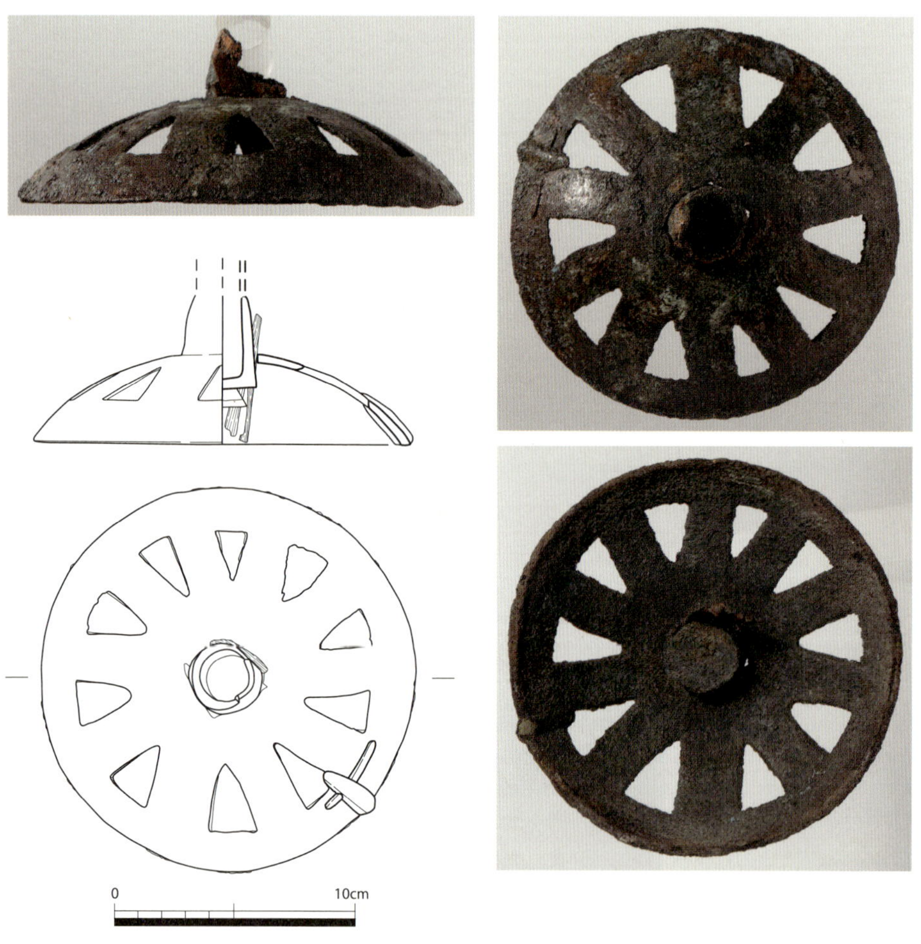

• 청동제 등잔받침대

굴레장식은 단추형이며, 청동으로 제작되었다. 후면에는 끈이
지나갈 수 있도록 'ㄷ'자상의 고리가 부착되어 있다.

높이 1.9~2.9cm, 지름 1.9~2.3cm

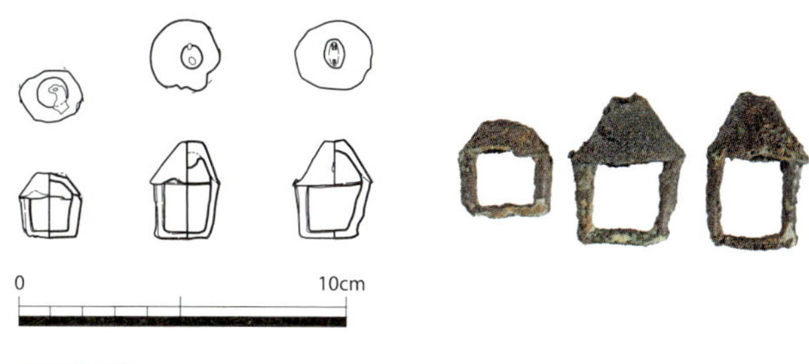

• 굴레장식

청동제 고리는 두께 0.3cm의 둥근 청동을 원형으로 제작하였다.
지름 1.7cm

• 청동제 고리

청동제 금구는 굴레나 후거리 등 계와 같은 마구 끝을 장식하거
나 연결 부위를 고정하는데 사용되었을 것으로 추정된다.

길이 2.9cm, 너비 1.4cm

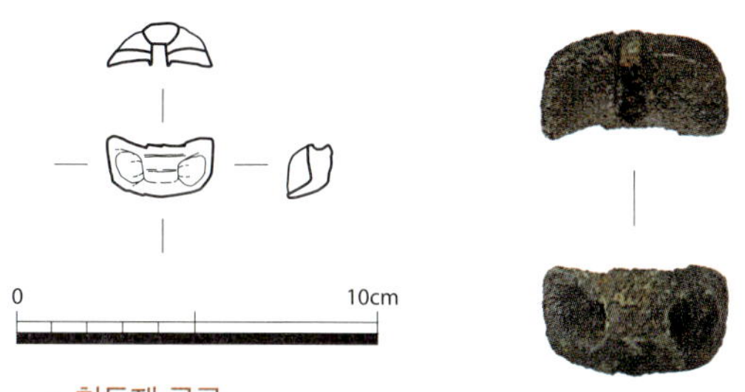

• 청동제 금구

차축두는 마차 굴대가 수레바퀴 중앙의 구멍을 통과한 후 노출
된 부분을 보호하기 위한 차축의 머리에 해당되는 마차부속구이다.
청동제로 원통형에 차축의 안쪽이 나팔상으로 벌어지는 원통형이다.
중앙부에는 1줄의 돌대를 돌렸고, 옆면에는 'ㅁ'자형의 빗장구멍 1개
가, 하부 돌출부에는 원형 구멍 3개가 뚫려 있다.

길이 4.4cm, 차축바깥쪽지름 3.7cm, 차축안쪽지름 5.8cm

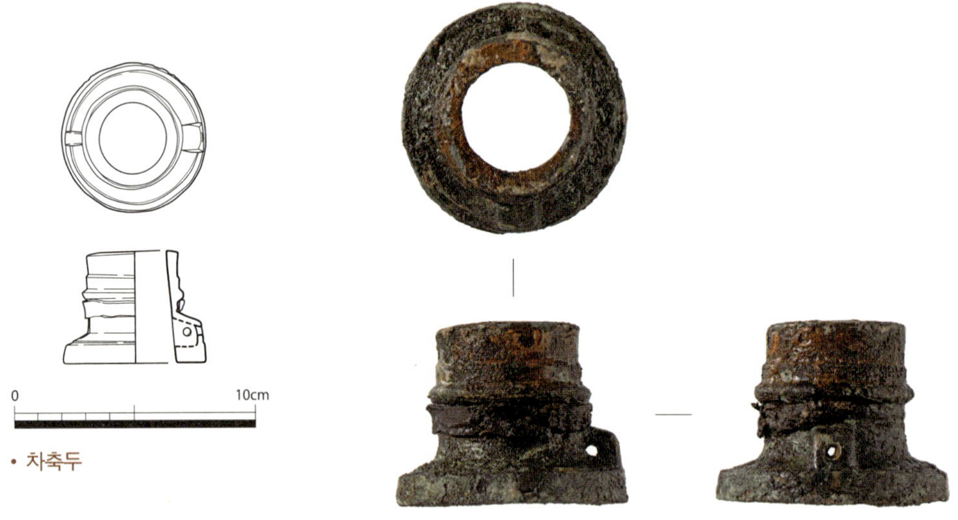

• 차축두

청동제 마차장식은 모두 6점이 출토되었다. 상단이 막혀 있는
원통형의 투겁 3점은 멍에대의 끝장식구로 추정된다. 모두 내부에 목
재가 끼워져 있다. 1점은 상부에 네 줄의 돌대가 돌려졌다.

높이 2.3 · 6.9cm, 지름 2.1 · 2.8cm

사각원통형인 1점은 내부에 가죽이 둘러져 있다.

높이 3.4cm, 너비 2.1cm

간두식 2점은 상원하방형(上圓下方形)에 좁고 긴 막대가 연결된
형태이다. 상부에는 상원하방형의 구멍이 뚫려 있고, 구멍에는 가죽
끈이 두 겹으로 지나고 있다.

높이 3.6cm

• 청동제 마차장식

손잡이형 청동기는 목곽 상부에서 출토되었다. 끈 등을 고정하기 위해 마차에 결합한 마차 부속구로 추정된다. 단면 원형의 청동제 고리를 둥글게 말아 사용하였다. 1점을 제외하고 나머지 3점은 목재가 부착되어 있다.

잔존길이 4.0~4.9cm, 너비 3.4~5.4cm

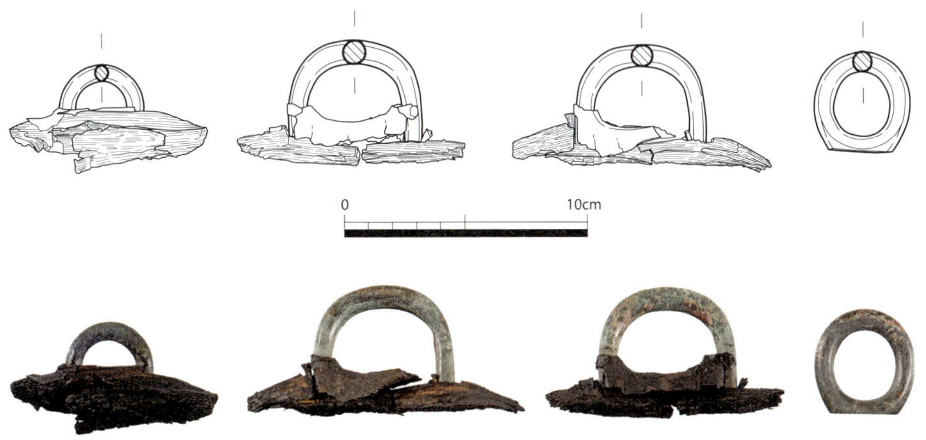

• 손잡이형 청동기

일산살꼭지는 마차에 햇빛을 차단하기 위해 장착되었던 일산의
살대 끝에 끼웠던 마감 장식이다. 원통형의 살대 중상부에는 가시 모양
의 고리부가 있다. 가죽 끈과 유기물, 목질이 부착되어 있는 것도 있다.

　잔존길이 4.5~8.8cm, 지름 0.9cm

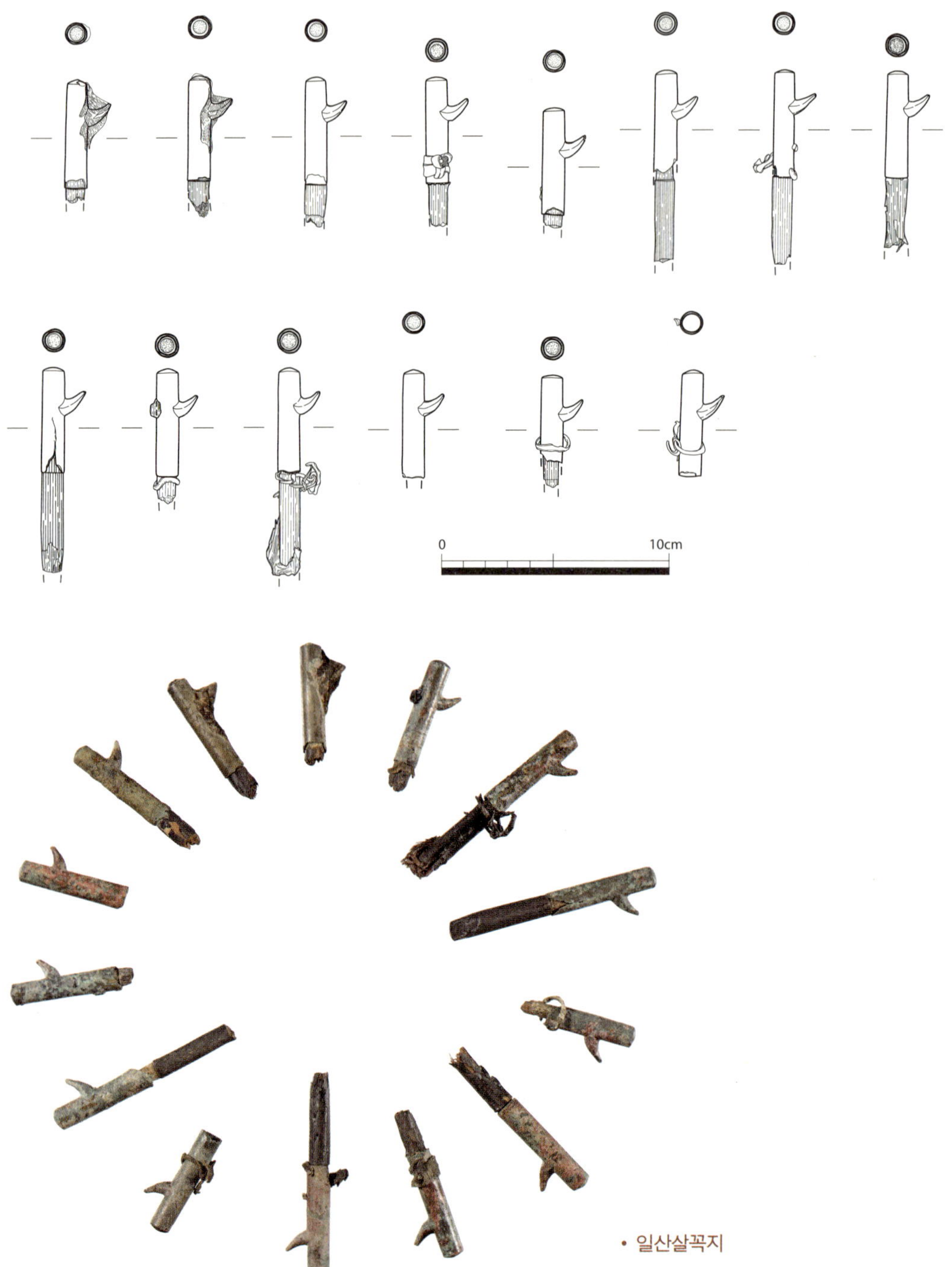

• 일산살꼭지

청동 거울은 하부가 결실되었다. 외형은 손잡이가 달려 있고, 전체
적으로 2부분으로 구획되었다. 내구에는 중앙부에 뉴와 같이 원형 돌기
가 있고, 그 주위에 1줄의 돌대가 돌려졌다. 외구에는 2줄의 가는 음각
선이 돌려졌다. 다른 한쪽 면에는 이물질이 부착되어 있다.

잔존길이 16.6cm, 지름 16.0cm

• 청동 거울

청동제 장식구는 목곽 바닥에서 출토되었다. 얇은 청동판으로
제작하였고, 전체적으로 상부 모서리가 둥근 상원하방형에 막대가
연결된 형태이다. 1점은 상부 중앙에 장방형의 구멍이 뚫려 있다.

　　잔존길이 4.6 · 7.1cm, 너비 4.4 · 4.6cm

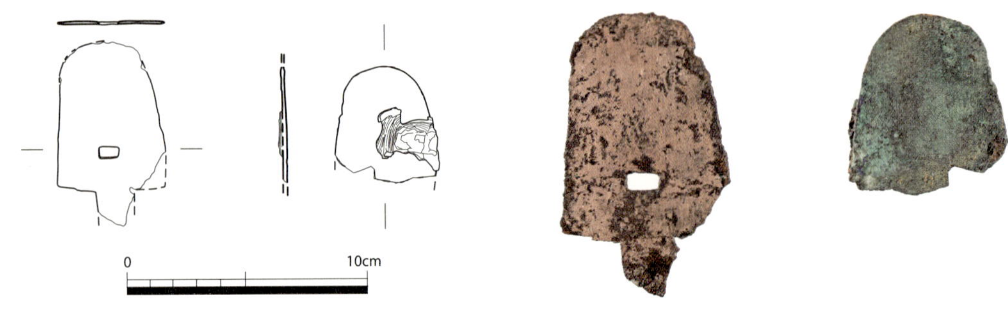

• 청동제 장식구

청동제 장식구는 목곽 바닥에서 출토되었다. 얇은 원판으로 원
형 또는 (장)방형으로 제작되었다. 중앙부에 장방형 구멍이 뚫린 것
과 한쪽으로 치우쳐 작은 못 구멍이 뚫린 것이 있다.

　　잔존길이 3.6~8.7cm

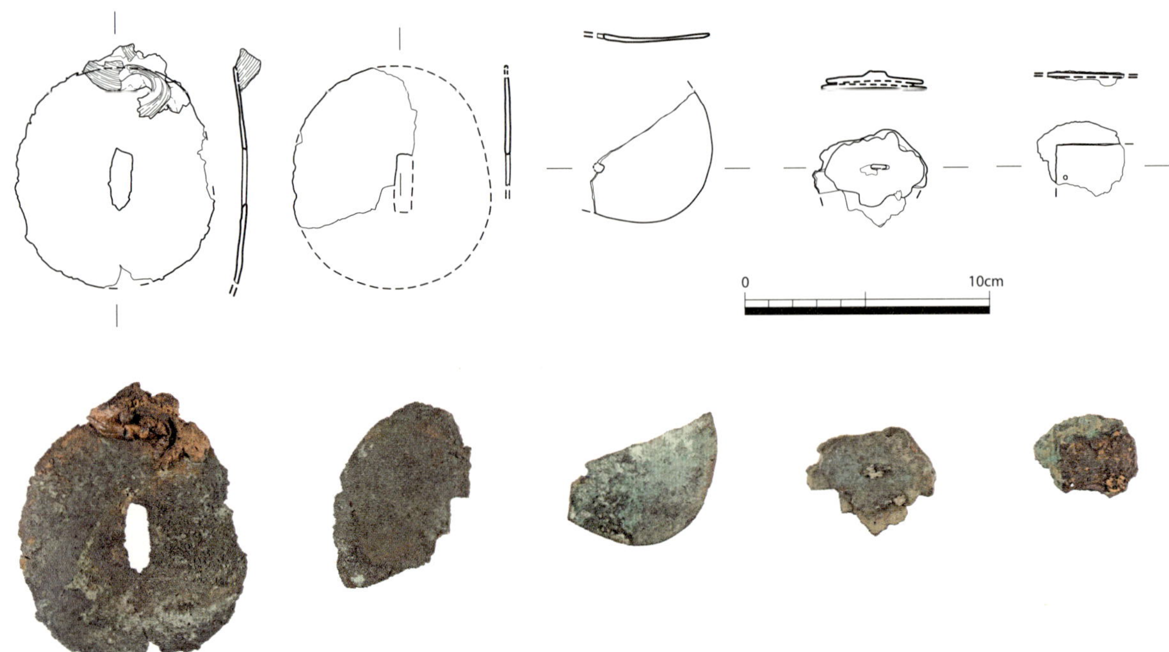

• 청동제 장식구

　　활부속구는 양 뿔과 소 다리뼈로 제작하였다. 중앙부에는 활 끈을 고정할 수 있도록 반원형의 홈이 있다. 붉은 안료가 칠해진 것도 있다.

　　(잔존)길이 (8.7)~16.8cm

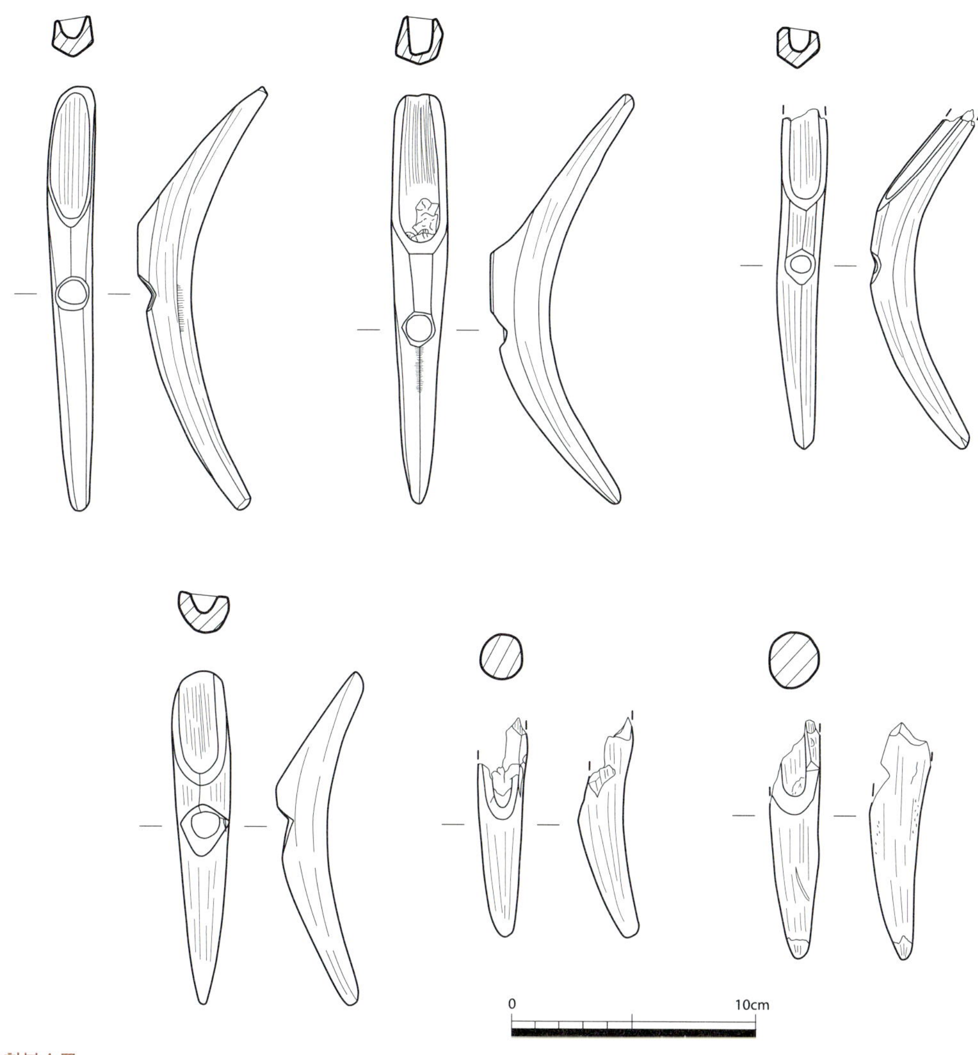

• 활부속구

원형 석기는 도르래에 사용되었던 축바퀴로 추정된다. 회청색을
띠는 석재로 중앙부에는 양방향에서 뚫은 원형의 구멍이 있다.
지름 9.3~17.1cm, (잔존)두께 (3.4)~6.6cm

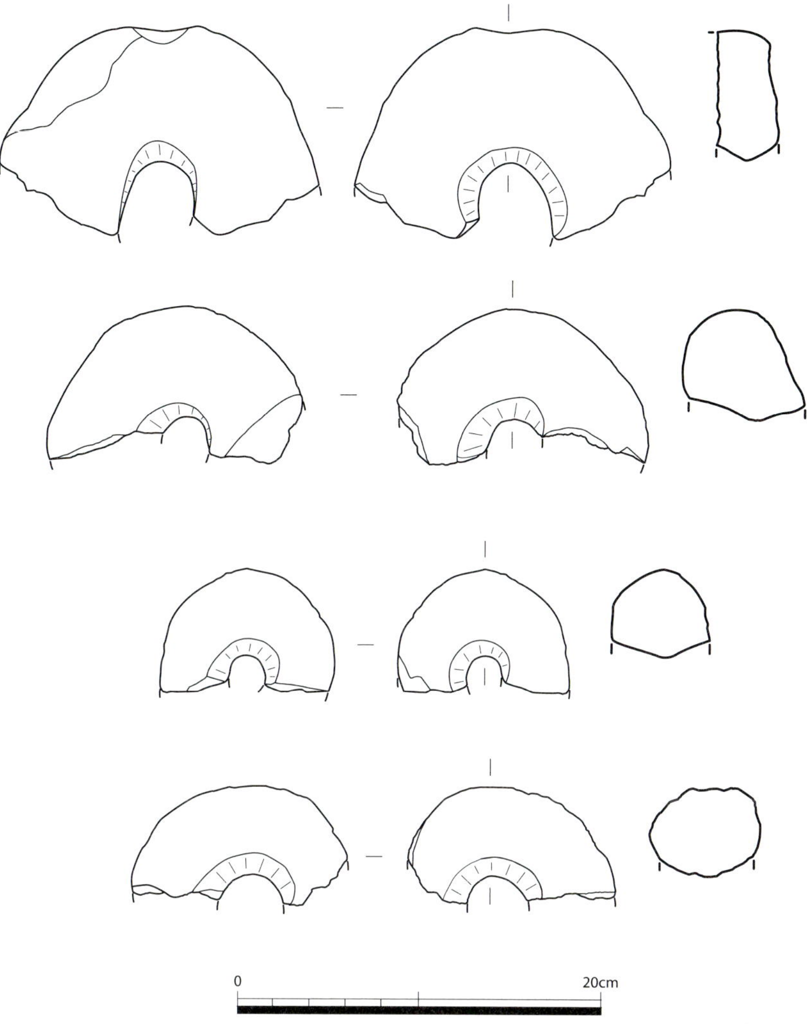

• 원형 석기

199호 무덤은 201호 무덤의 배장묘로 추정되며, 치헤르틴 저 유적의 흉노 무덤 중에서 규모가 작은 편에 속한다. 199호 무덤은 해발 1,386m 지점에 자리하고 있으며, 201호 무덤에서 동쪽으로 20.7m 정도, 200호 무덤에서 북쪽으로 11.6m정도 떨어져 조성되었다.

조사전 지표면에 드러난 적석부의 외형은 고리형이고, 적석부 중앙부는 매장주체부인 목관의 붕괴로 움푹 파인 것처럼 함몰되어 있었다. 조사는 고리형 적석부를 중심으로 주변을 6×6m 규모의 방형으로 구획한 후 적석을 노출시키며 적석이 없는 부분을 중심으로 동서방향의 둑을 남기고 하강하면서 진행하였다.

외부 적석과 토층으로 확인된 적석부 외형의 규모는 동서 직경 5.1m, 남북 직경 4.7m정도이고, 무덤의 장축방향은 남북이며, 깊이는 2.2m정도이다.

묘광은 2단으로 굴광하였고, 평면은 장방형이다. 1차 굴광은 현 지표면에서 55cm정도 아래에서 확인되었고, 1차 굴광의 규모는 남북 길이 270cm, 동서 너비 98~115cm정도이다. 2차 굴광은 동서 양 장벽을 10cm 내외로 줄여 목관의 크기에 맞게 굴광하였고, 2차 굴광의 규모는 잔존 길이 215cm, 너비 68cm정도이다.

목관은 지표면에서 160cm정도 아래에서 확인되었는데 횡대가 적석과 함께 노출되었으나, 중앙부부터 북쪽은 도굴로 인해 횡대가 확인되지 않았고 흑갈색 사질토가 형성되어 있었다. 횡대는 중앙부부터 남단벽까지 동서방향으로 길이 90cm, 너비 25cm정도의 판재 3매가 확인되었으나, 본래는 7~8매를 사용하였을 것으로 추정된다. 횡대 아래에 안치된 목관은 천판, 측판, 지판으로 구성되었다. 천판과 지판은 너비 15cm정도의 판재 4매를 사용하였고, 각 판재는 길이 6cm정도의 나무쐐기를 이용하여 결구하였다. 측판은 서쪽 측판을 제외한 나머지 세 측판이 확인되었는데, 판재 1매를 사용하였다.

인골은 도굴로 인하여 중앙부부터 남쪽에서만 골반과 다리뼈, 발가락뼈가 남아있었고, 피장자의 두향은 인골의 노출상태로 보아 북쪽이었던 것으로 추정된다.

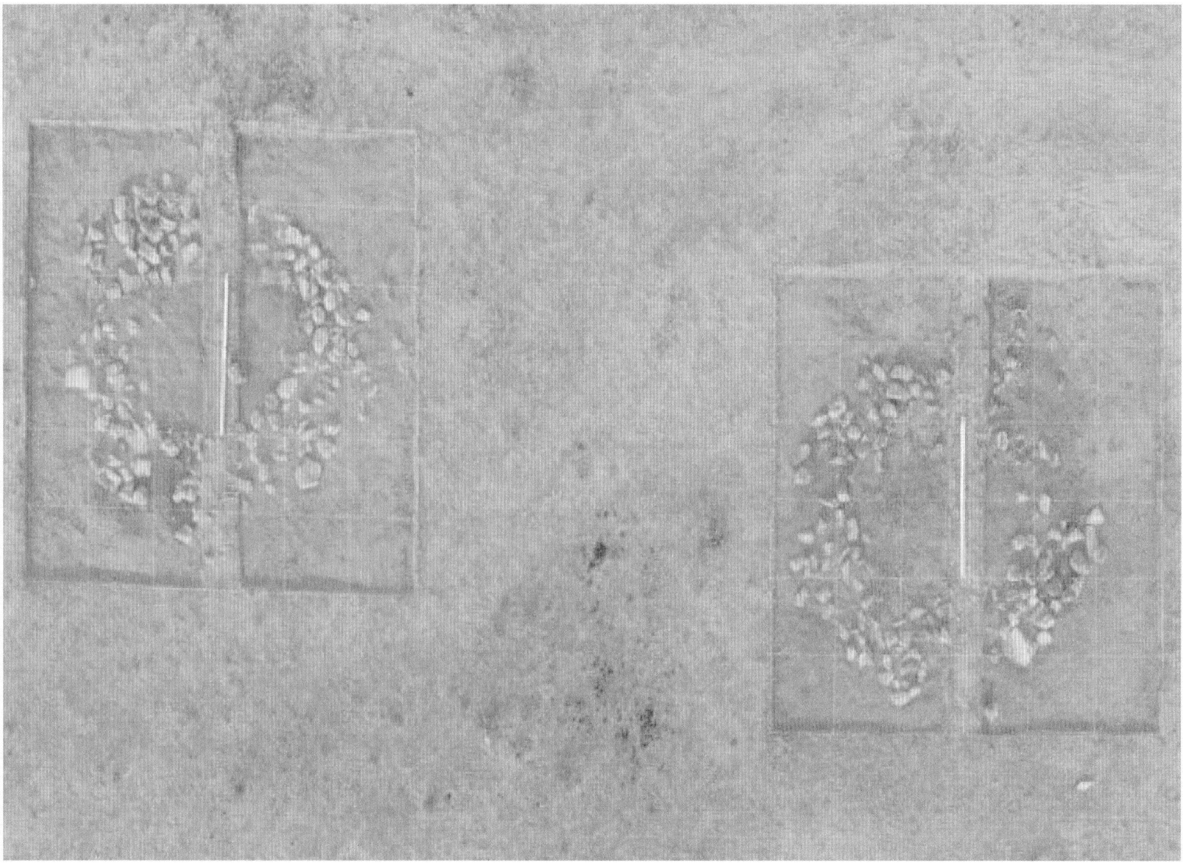

• 199호 · 200호 조사중

• 토층

248

• 세부

• 상부 인골 및 유물 출토상태

유물은 동장벽 중앙부의 횡대 상부에서 목제 장신구가 출토되었
고, 목관 내부에서는 동쪽 중앙부에서 약간 남쪽으로 치우쳐 목제 화
살대, 남쪽에서 골제 장식구 1점이, 북동쪽에서 청동제품과 골촉, 철
촉 등이 출토되었다.

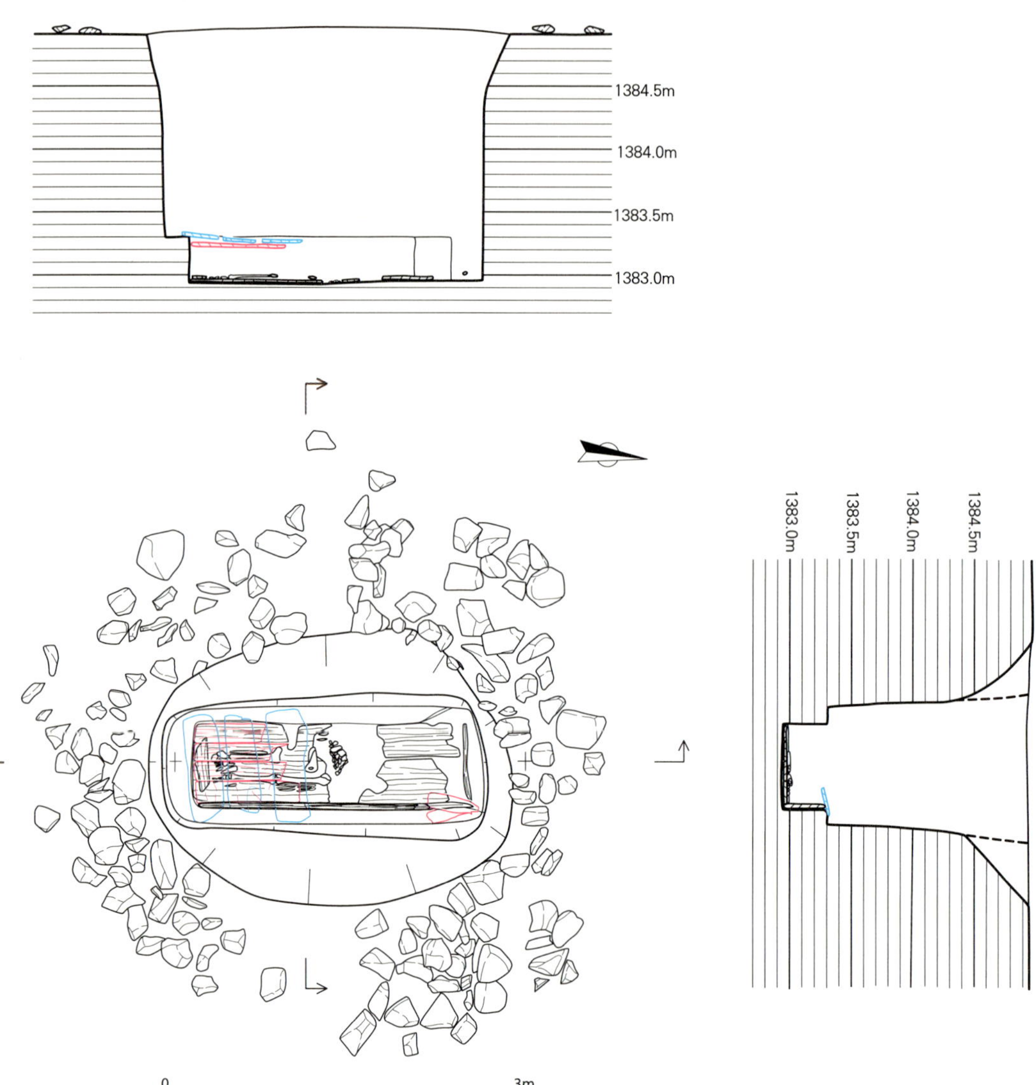

• 실측도

• 조사후

• 지판 및 인골 노출상태

• 인골 및 유물출토상태

철촉은 삼익유경식이다. 촉신의 평면은 삼각형과 마름모형이다. 슴베 단면은 원형 또는 방형이고, 종방향의 목질이 확인된다.

잔존길이 3.6~4.5cm

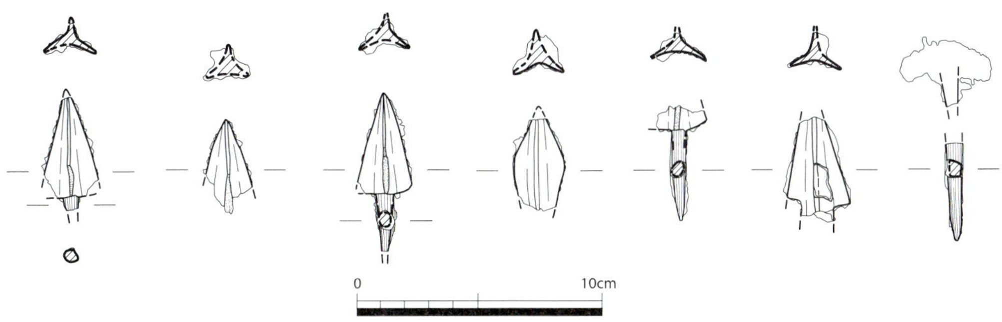

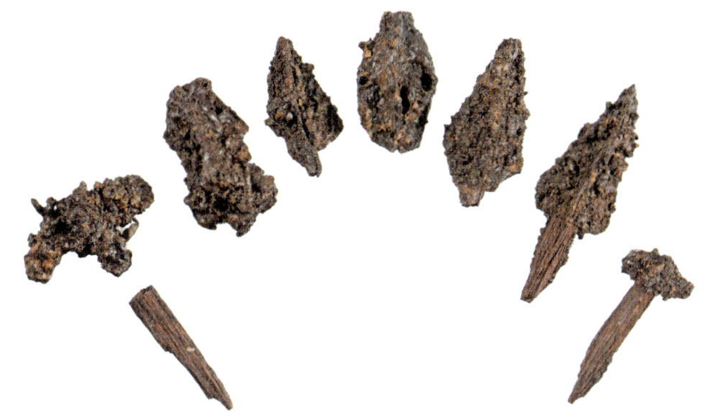

• 철촉

미상철기는 모두 4점이 출토되었으나 대부분 결실되고 일부만 남아 있다.

단면 장방형의 긴 철 막대 양 끝에 원반이 달린 형태이다. 원반은 중앙 부분이 오목하게 들어가 있다.

잔존길이 5.6cm

단면은 타원형에 가깝다.

잔존길이 3.7cm

2점은 철촉의 슴베 부분으로 추정된다. 단면은 방형에 가까우며 목질이 부착되어 있다.

잔존길이 3.7~4.0cm, 두께 0.3~0.6cm

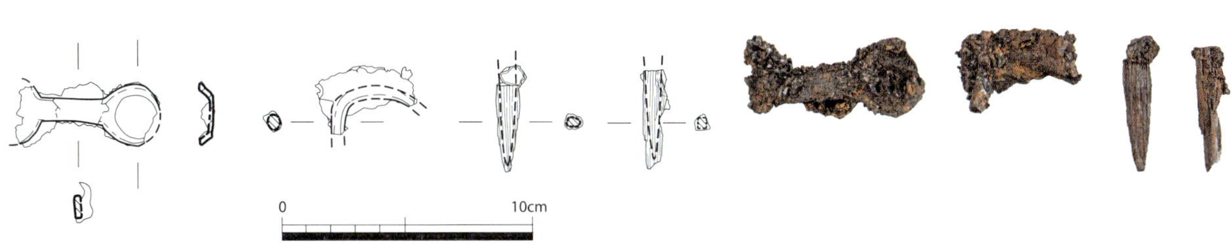

• 미상철기

환형청동기는 굴레장식으로 사용되었을 것으로 추정되는 청동기이다. 청동기의 반대편에는 가죽이 부착되어 있고, 중앙에 구멍이 있어 가죽과 원판을 결구하였던 것으로 추정된다. 환형청동기에 부착되었던 것으로 추정되는 가죽 끈은 두 겹으로 말아 접착하여 사용했던 것으로 추정된다.

환형청동기 지름 2.7~4.0cm, 가죽 끈 잔존길이 4.5·4.9cm

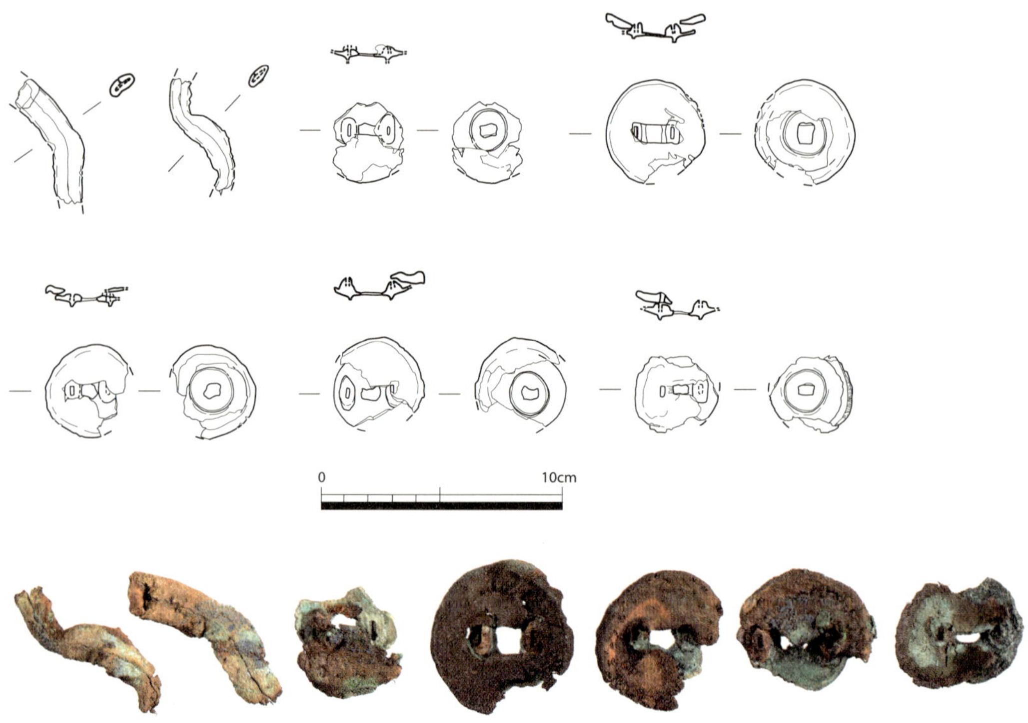

• 환형청동기

골촉은 무경식으로 평면은 삼각형이며, 단면은 마름모형이다. 촉신의 내부에는 구멍이 뚫려 있다.

길이 6.2cm, 너비 1.9cm

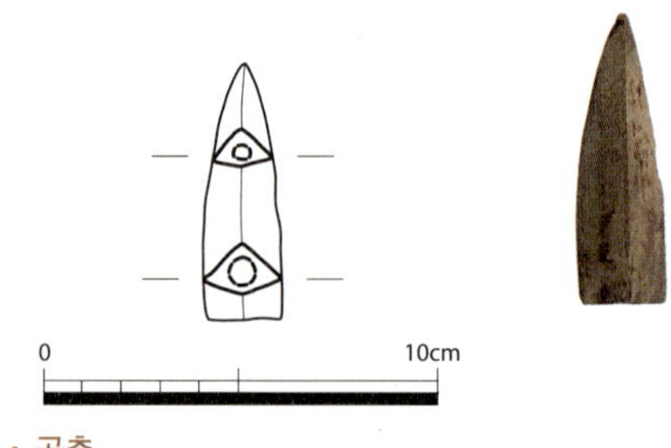

• 골촉

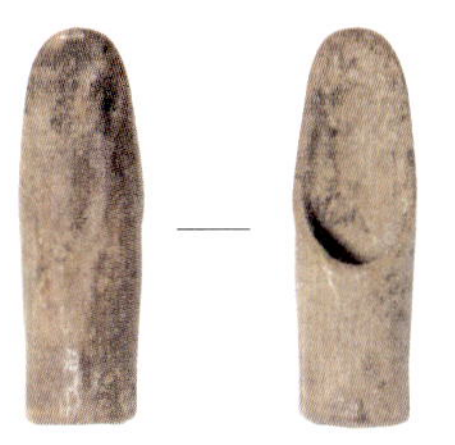

• 굴레장식

굴레장식으로 추정되는 골기는 후면이 전면보다 더 길고, 구멍이 관통되어 있다.

길이 3.2cm, 너비 1.0cm

• 미상골기

미상골기는 매우 얇으며, 전체적인 평면이 하부로 갈수록 넓어진다. 상부의 중앙부에는 작은 구멍이 뚫려 있다.

길이 6.0cm, 너비 5.1cm

미상각기는 평면이 원뿔형으로 한쪽 끝단에 깎은 흔적이 확인된다.

길이 11.5cm, 지름 3.3cm

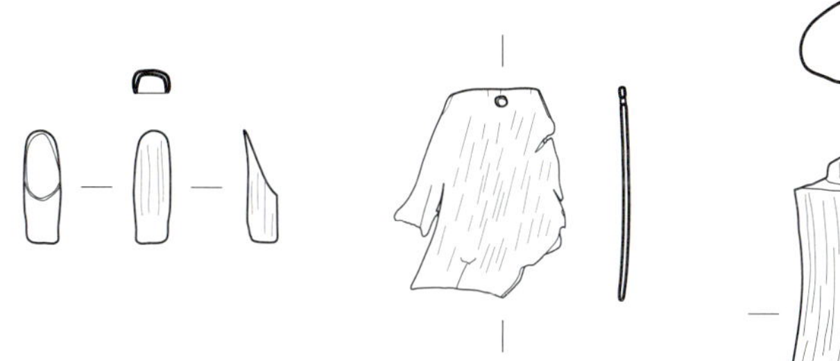

• 굴레장식 · 미상골기 · 미상각기

• 미상각기

활은 부속구 2점이 출토된 복합궁이다. 활의 한쪽 끝부분에 해당하는 것(기치르, gichir)은 소 갈비뼈를 장타원형으로 두 겹을 포개어 제작하였고, 한쪽 끝에는 활 끈을 고정하는 반원형의 홈이 있다. 화살대는 단면이 원형이었다가 끝부분으로 갈수록 얇아져 타원형에 가깝다. 1점은 끝부분이 ∩상으로 홈이 파져 있다.

활: 잔존길이 12.7cm, 너비 2.5cm

화살대: 잔존길이 2.7~19.0cm, 두께 0.55~0.9cm

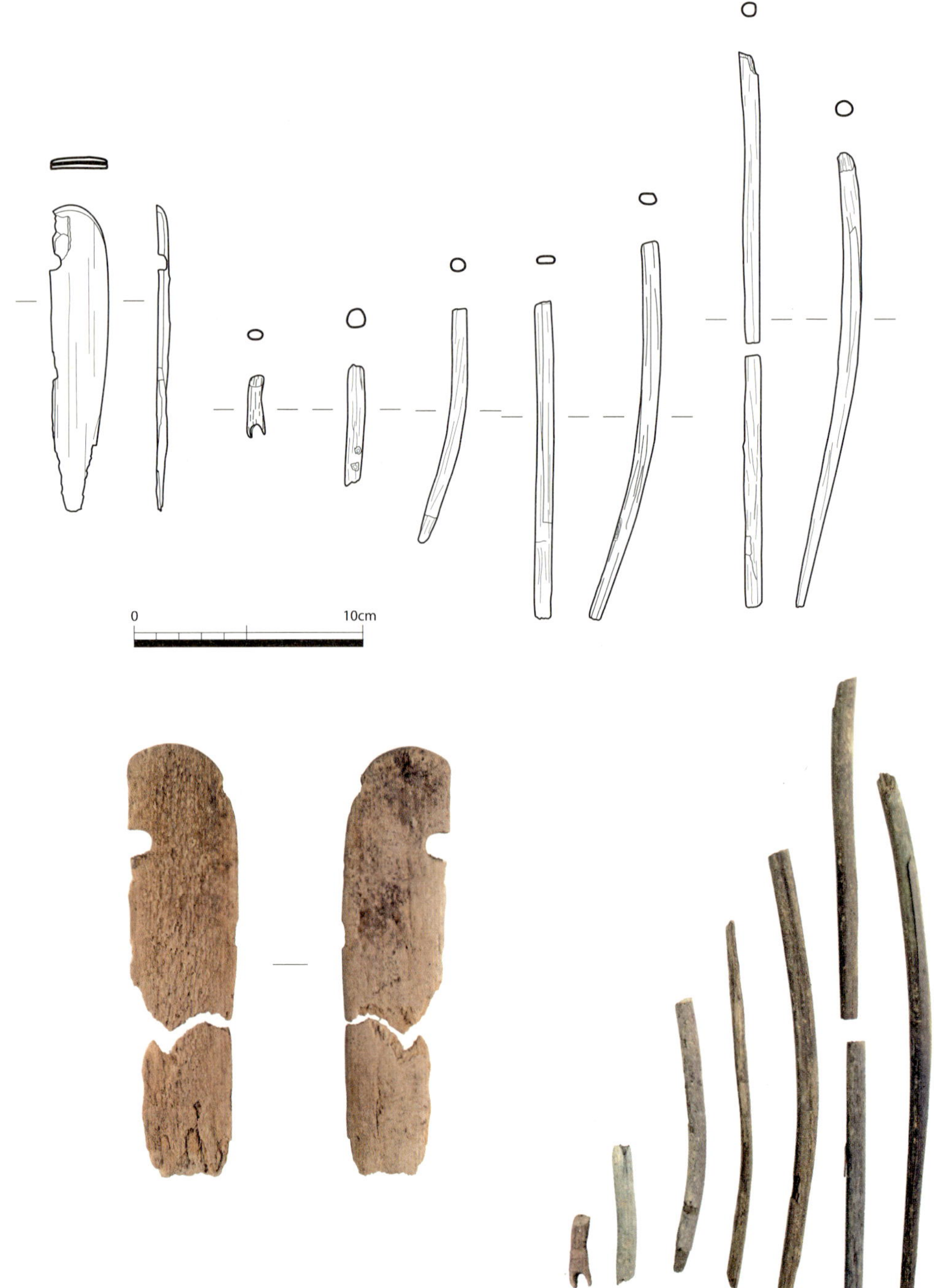

• 활 · 화살대

미상목기는 용도를 알 수 없는 것으로 하단에 1줄의 홈을 돌렸다. 단면은 원형이다.

길이 6.5cm, 지름 1.1cm

목제 장식구로 추정된다. 얇은 나무가 두 겹으로 겹쳐 있고, 1~2개의 매우 작은 구멍이 뚫려 있다.

길이 4.6~7.6cm

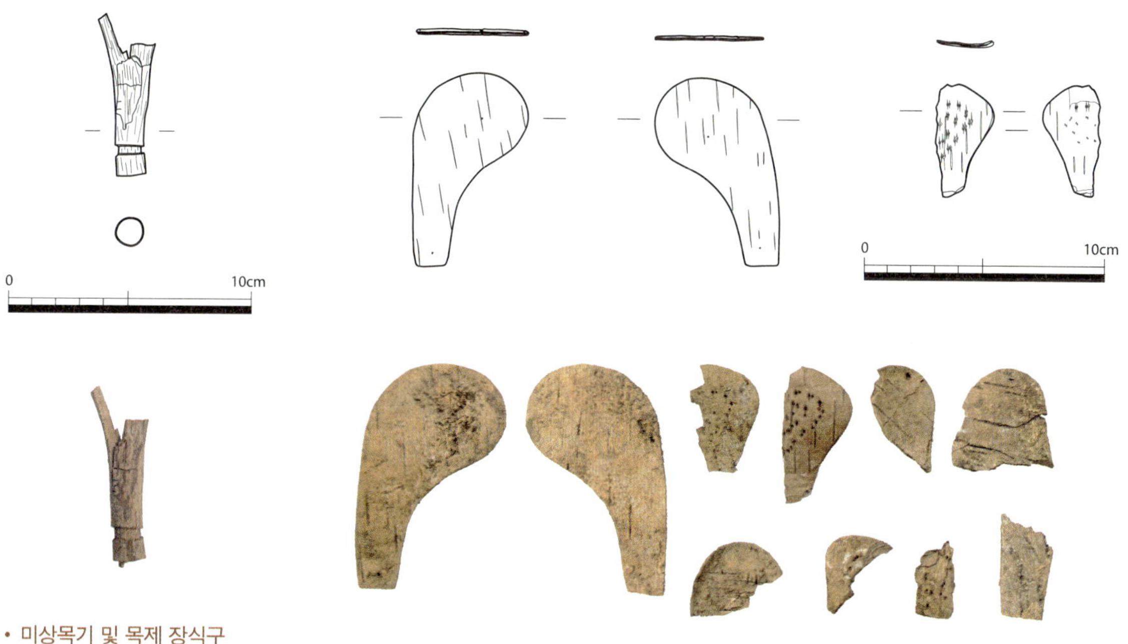

• 미상목기 및 목제 장식구

5) 200호 무덤

200호 무덤은 199호 무덤과 마찬가지로 치헤르틴 저 무덤군 중에서 규모가 작은 편에 속하며, 201호 무덤의 배장묘로 추정된다. 200호 무덤은 201호 무덤에서 남동쪽으로 22.6m정도, 199호 무덤에서 남쪽으로 11.6m정도 떨어져 위치하고 있다.

조사전 지표상에 드러난 적석부의 외형은 고리형이고, 적석부 중앙부는 매장주체부인 목관의 붕괴로 움푹 파인 것처럼 함몰되어

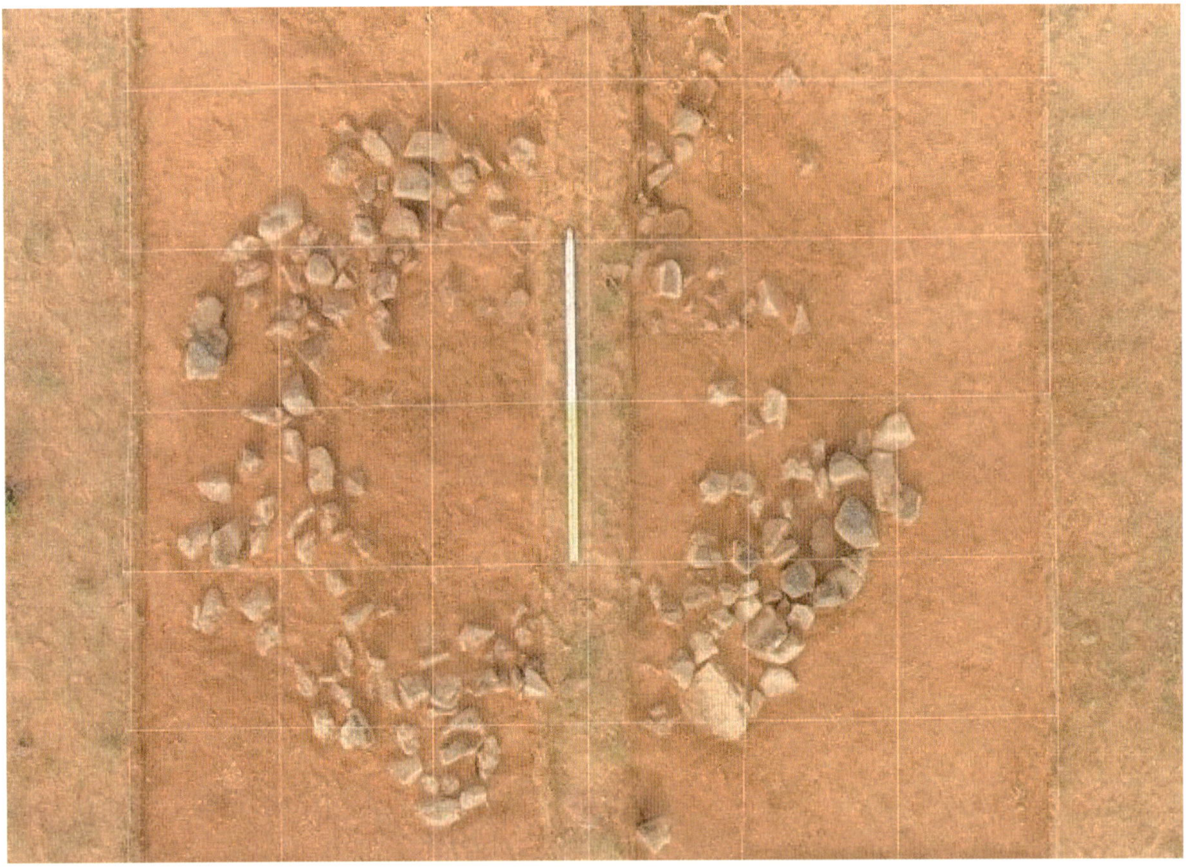

• 조사중

• 토층

있었다. 조사는 고리형 적석부를 중심으로 주변을 6×6m 규모의 방형으로 구획한 후 적석을 노출시키며 적석이 없는 부분을 중심으로 동서방향의 둑을 남기고 하강하면서 진행하였다.

외부 적석과 토층에서 확인된 외형의 규모는 동서 직경 4.1m, 남북 직경 4.9m이다. 장축방향은 남북이며, 깊이는 2.3m정도이다.

묘광은 2단으로 굴광하였고, 평면은 장방형이다. 1차 굴광은 현 지표면에서 70cm정도 아래에서 확인되었고, 1차 굴광의 규모는 남북 길이 224cm, 동서 너비 85cm정도이다. 2차 굴광은 동서 양장벽을 10cm 내외로 줄여 목관의 크기에 맞게 굴광하였고, 2차 굴광의 규모는 잔존 길이 170cm, 너비 71cm정도이다.

목관은 지표면에서 205cm정도 아래에서 확인되었는데 횡대가 노출되었으며, 중앙부부터 북쪽은 도굴로 인해 횡대가 확인되지 않았고 흑갈색 사질토가 형성되어 있었다. 횡대는 중앙부부터 남단벽까지 동서방향으로 길이 80cm, 너비 34cm정도의 판재 4매가 확인되었으나, 본래는 8매를 사용하였을 것으로 추정된다. 횡대 아래에 안치된 목관은 천판, 측판, 지판으로 구성되었다. 천판과 지판은 너비 15cm정도의 판재 4매를 사용하였고, 각 판재는 길이 6cm정도의 나무쐐기를 이용하여 결구하였다. 측판은 동쪽과 북쪽 측판을 제외한 서쪽과 남쪽 측판이 확인되었는데, 판재 1매를 사용하였다.

인골은 도굴로 인하여 중앙부부터 남쪽에서만 다리뼈가 남아있었고, 피장자의 두향은 인골의 노출상태로 보아 북쪽이었던 것으로 추정된다.

유물은 목관 내부의 북단벽쪽에서 청동촉과 골촉, 동장벽 중앙부에서 북쪽으로 치우쳐 활 부속품, 남서모서리와 서장벽 중앙부에서 약간 북쪽으로 치우쳐 각각 목제 뚜껑 1점씩이, 서쪽 중앙부에서 약간 북쪽으로 치우쳐 숫돌 1점 등이 출토되었다.

• 횡대 노출상태

• 천판 노출상태

• 세부

1383.5m
1383.0m
1382.5m
1382.0m
1381.5m

1383.5m
1383.0m
1382.5m
1382.0m
1381.5m
0
4m

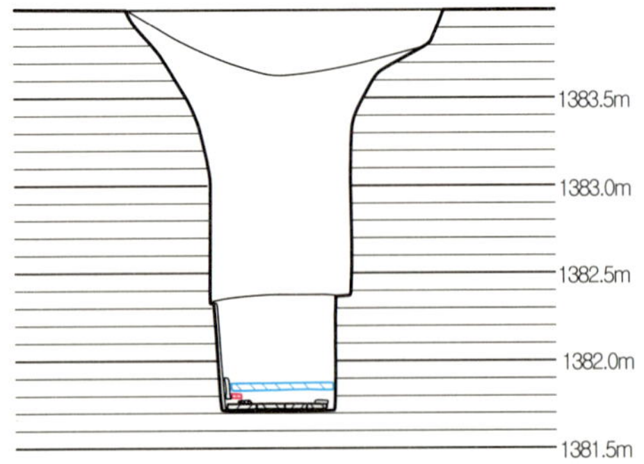

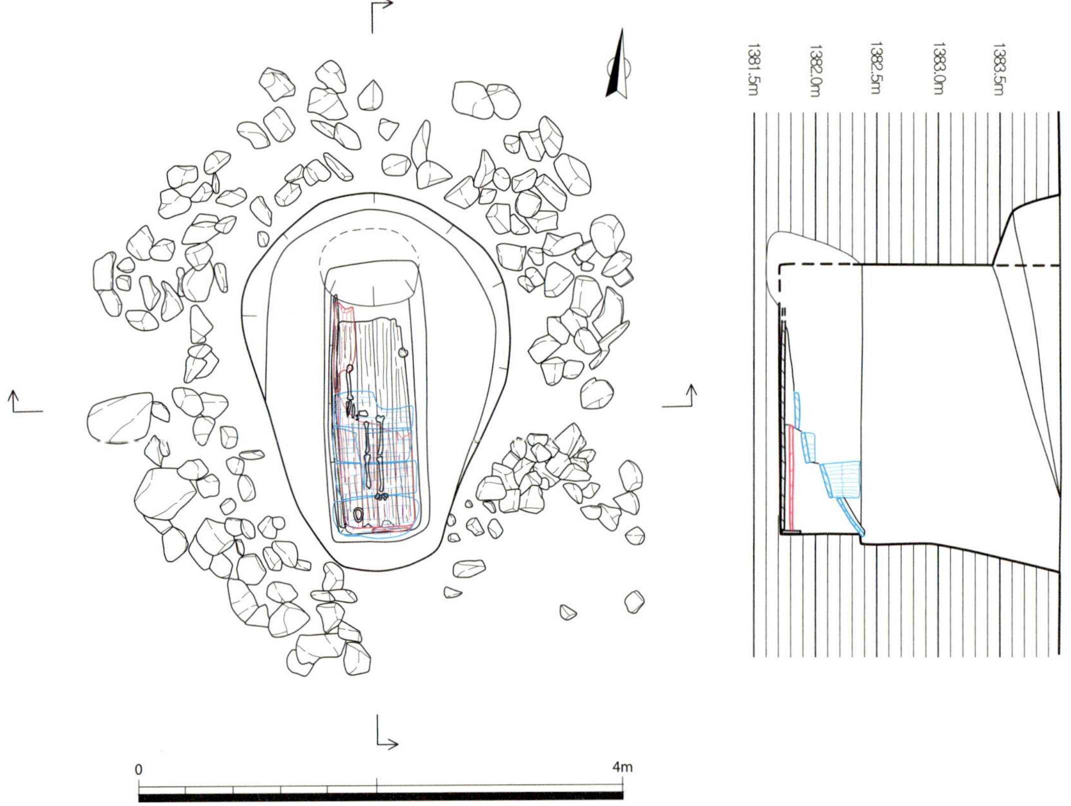

• 실측도

262

• 조사후

• 지판 및 인골 노출상태

• 인골 및 유물출토상태

• 유물출토상태

검병은 철제품으로 환두만 남아 있다. 환두는 단면 원형의 철봉을 말아 제작하였으며, 병부의 단면은 이등변삼각형이다. 병부 전체에 목질이 남아 있다.

잔존길이 14cm, 너비 4.3cm, 환두지름 4.1cm

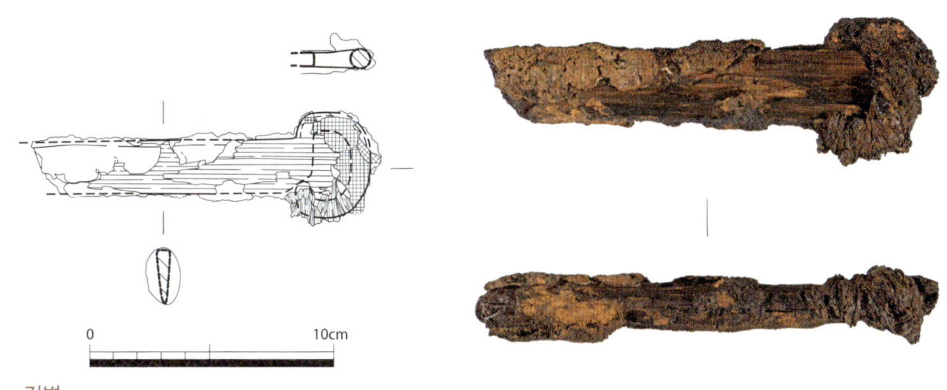

• 검병

미상철기는 잔존상태가 불량하여 원형과 기능을 알 수 없는 것으로 일괄로 수습되었다. 단면은 모두 방형이다. 목질이 남아 있는 것도 있다.

잔존길이 5.0~9.5cm, 두께 0.5~0.9cm

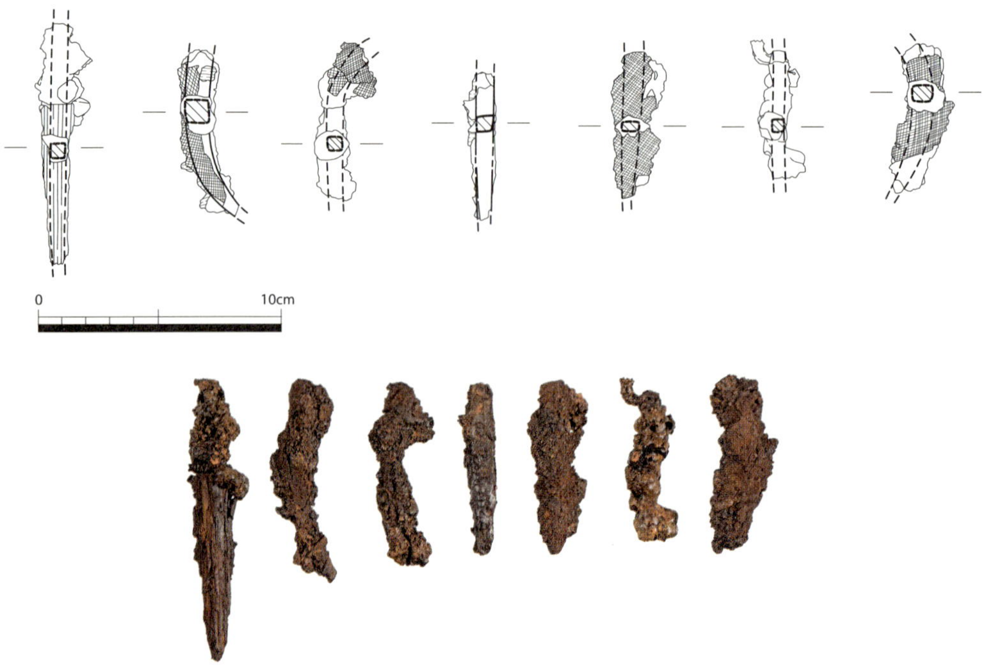

• 미상철기

청동촉은 촉신만 남아 있는 것으로 형태는 삼익유경식이다. 만입부분에는 원형의 고리가 살대를 고정하고 있고, 고리에는 목질이 남아 있다.

촉두길이 3.0 · 4.2cm, 촉두너비 1.6cm, 공부길이 0.5 · 1.2cm

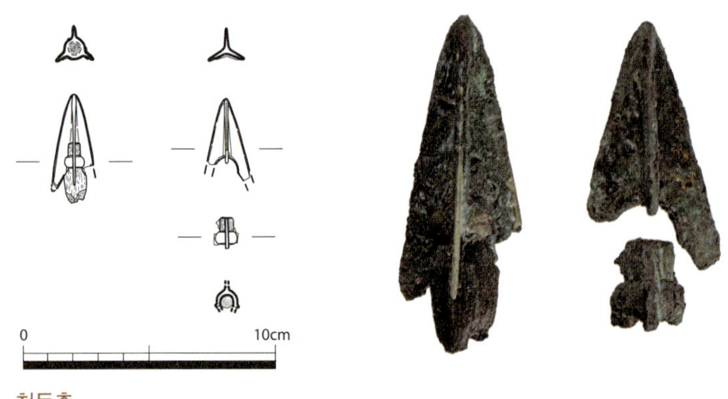

• 청동촉

266

미상청동기는 잔존상태가 불량하여 기능을 파악할 수 없었다. 2
점은 평면이 원형이고, 단면은 반원형이다. 다른 1점은 단면 원형의
청동봉을 Ω자상으로 구부려 제작하였다.

잔존길이 1.8~2.4cm

• 미상청동기

활은 부속구 2점이 출토된 복합궁이다. 활의 한쪽 끝부분에 해
당하는 것(기치르, gichir)은 소 갈비뼈를 장타원형으로 두 겹을 포개어
제작하였고, 한쪽 끝에는 활 끈을 고정하는 반원형의 홈이 있다. 1점
은 활의 중간 부분에 사용되었던 것(바리올, bariul)으로 추정되며, 넓
어지는 양쪽 끝단은 깎은 흔적이 관찰된다.

잔존길이 12.7·22.2cm, 너비 2.6·0.9~2.0cm

• 활

골촉은 형태가 삼익무경식이다. 소의 허벅지 뼈로 제작하였다.

길이 6.3cm, 너비 1.7cm

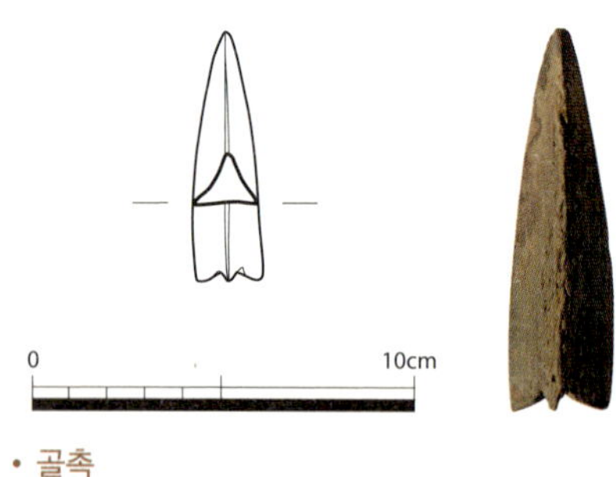

• 골촉

굴레장식으로 추정되는 골기는 후면이 전면보다 더 길고, 구멍이 관통되어 있다.

길이 3.2cm, 너비 1.1cm

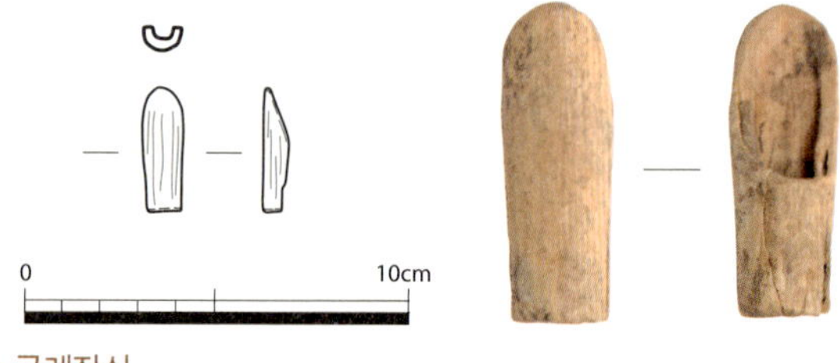

• 굴레장식

뚜껑은 두 겹의 자작나무 껍질을 원형 또는 타원형으로 포개어 제작하였다. 둘레에는 지름 약 0.1cm의 구멍이 1cm 내외의 간격으로 뚫려 있다.

지름 9.0·13.6cm, 두께 0.4cm

• 뚜껑

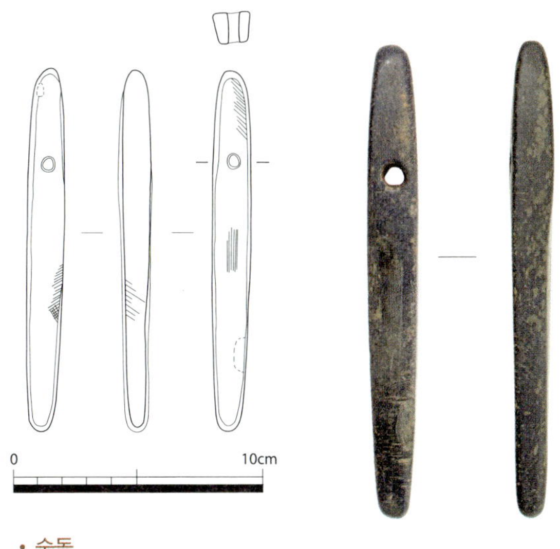

• 숫돌

숫돌은 세장한 형태이다. 마연된 흔적이 남아 있다. 상부 중앙에는 지름 0.25cm정도의 작은 원형 구멍 1개를 뚫어 매달 수 있도록 하여 휴대용으로 제작되었던 것으로 추정된다.

길이 14.0cm, 너비 1.6cm

6) 229호 무덤

229호 무덤은 치헤르틴 저 흉노 무덤군 중 규모가 작은 편에 속하며, 229호 무덤에서 북동쪽으로 약 25m정도 떨어져 있는 직경 16m정도인 중형의 고리형 적석 무덤인 231호 무덤의 배장묘로 추정된다. 229호 무덤은 해발 1,384.5m 지점에 자리하고 있다.

조사전 지표상에 드러난 적석부의 외형은 고리형이고, 적석부 중앙부는 매장주체부인 목곽의 붕괴로 움푹 파인 것처럼 함몰되어 있었다. 조사는 고리형 적석부를 중심으로 주변을 7×7m의 방형으로 구획한 후 적석을 노출시키며 적석이 없는 부분을 중심으로 동서 방향의 둑을 남기고 하강하면서 진행하였다.

외부 적석과 토층에서 확인된 외형의 규모는 동서 직경 5.5m, 남북 직경 5.6m정도이다. 장축방향은 남북이며, 깊이는 1.6m정도이다.

묘광은 2단으로 굴광하였고, 평면은 장방형이다. 1차 굴광은 비스듬하게 확인되었고, 1차 굴광의 규모는 남북 길이 245cm, 동서 너비 125cm정도이다. 2차 굴광은 현 지표면에서 80cm정도 아래에서 수직으로 굴광하여 조성하였고, 2차 굴광의 규모는 길이 187cm, 너비 42~64cm정도이다. 묘광 내부에서는 목관 등 피장자를 안치하기 위한 별도의 시설이 확인되지 않았다.

피장자의 두향은 경식으로 사용되었을 것으로 추정되는 구슬의 출토위치로 보아 북쪽이었던 것으로 추정된다.

유물은 북단벽쪽 중앙부에서 경식으로 사용된 것으로 추정되는 구슬과 심발형토기 1점이 출토되었고, 심발형토기 동쪽과 서쪽에는 각각 염소 두개골 1개씩이 부장되었다.

• 조사중

• 토층

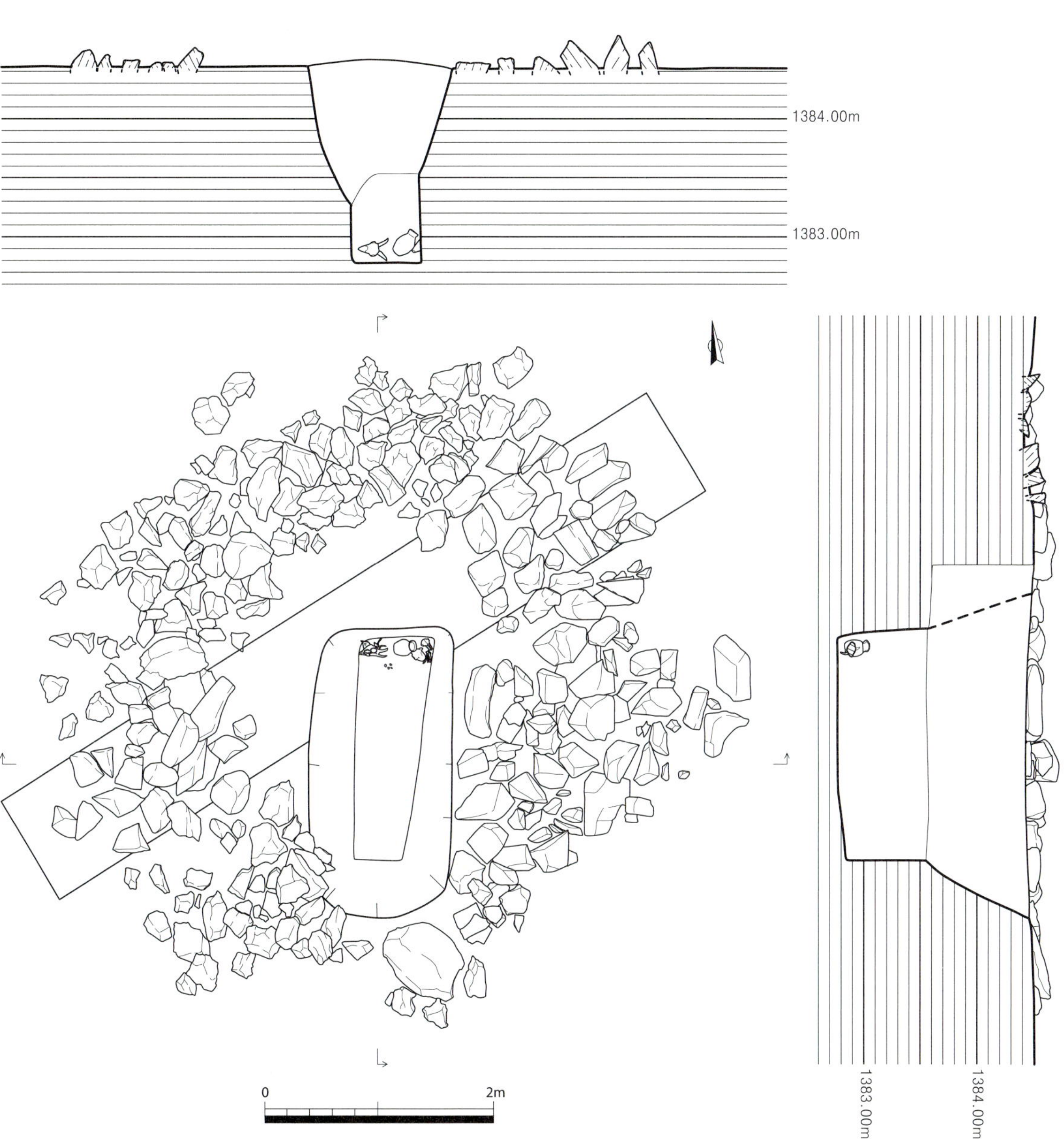

• 실측도

• 조사후

• 매장주체부

272

• 유물출토상태

심발형토기는 희흑색을 띤다. 태토는 사립이 섞인 점토를 사용하
였고, 연질 소성이다. 동체는 외면에 종방향의 암문이, 내면에 지두압
흔과 무문의 내박자흔이 남아 있다. 구연은 짧고 부드럽게 외반하였
고, 구연단은 둥글게 처리하였다. 동체는 최대경이 상위에 위치하고,
저부는 평저이며, 바닥 중간부분에는 직경 0.5cm정도의 구멍이 뚫려
있다. 경부와 동체의 경계 부분에는 1줄의 파상문을 시문하였다.

높이 20.0cm, 입지름 11.8cm, 바닥지름 9.0cm

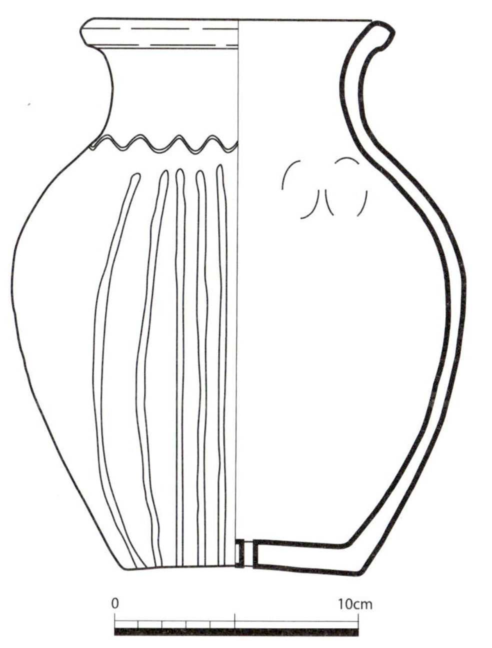

• 심발형토기

구슬은 내부토 제거 과정에서 북단벽 쪽에서 모두 4점이 출토되
었다. 유리로 제작되었으며, 4점 중 3점의 단면은 원형이고, 나머지 1
점은 장방형이다.

원형:지름 0.4~0.5cm, 장방형:길이 1.3cm, 너비 0.6cm

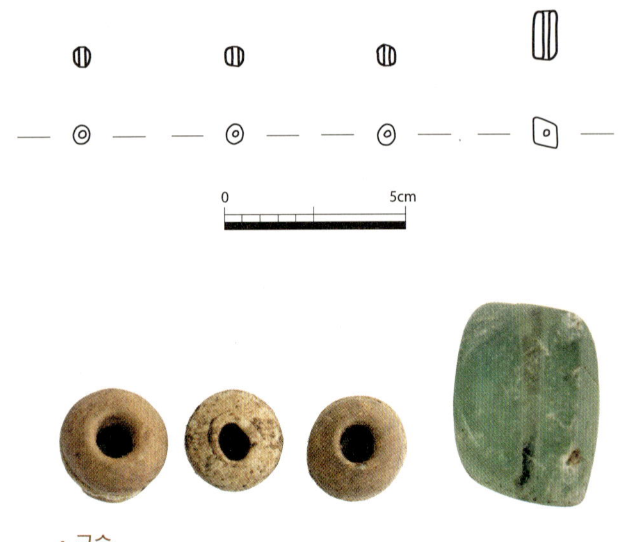

• 구슬

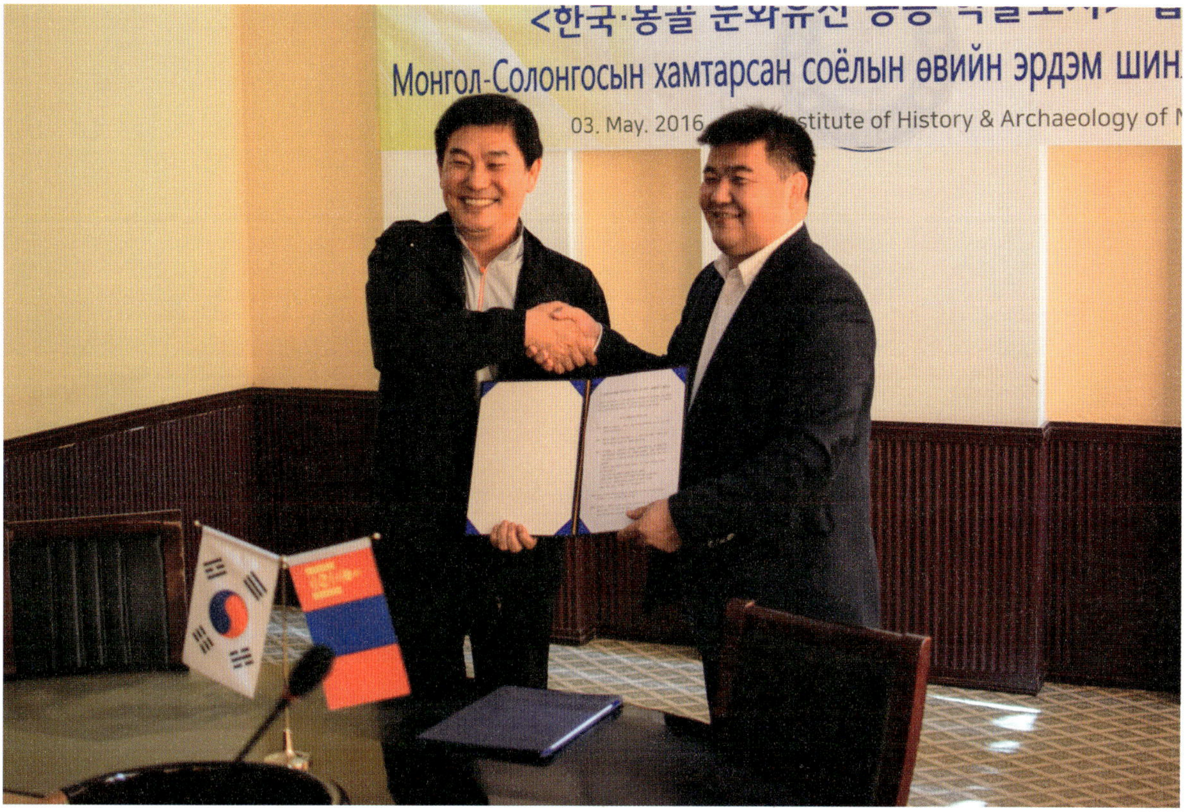
Монгол-Солонгосын хамтарсан соёлын өвийн эрдэм
03. May. 2016
stitute of History & Archaeology of

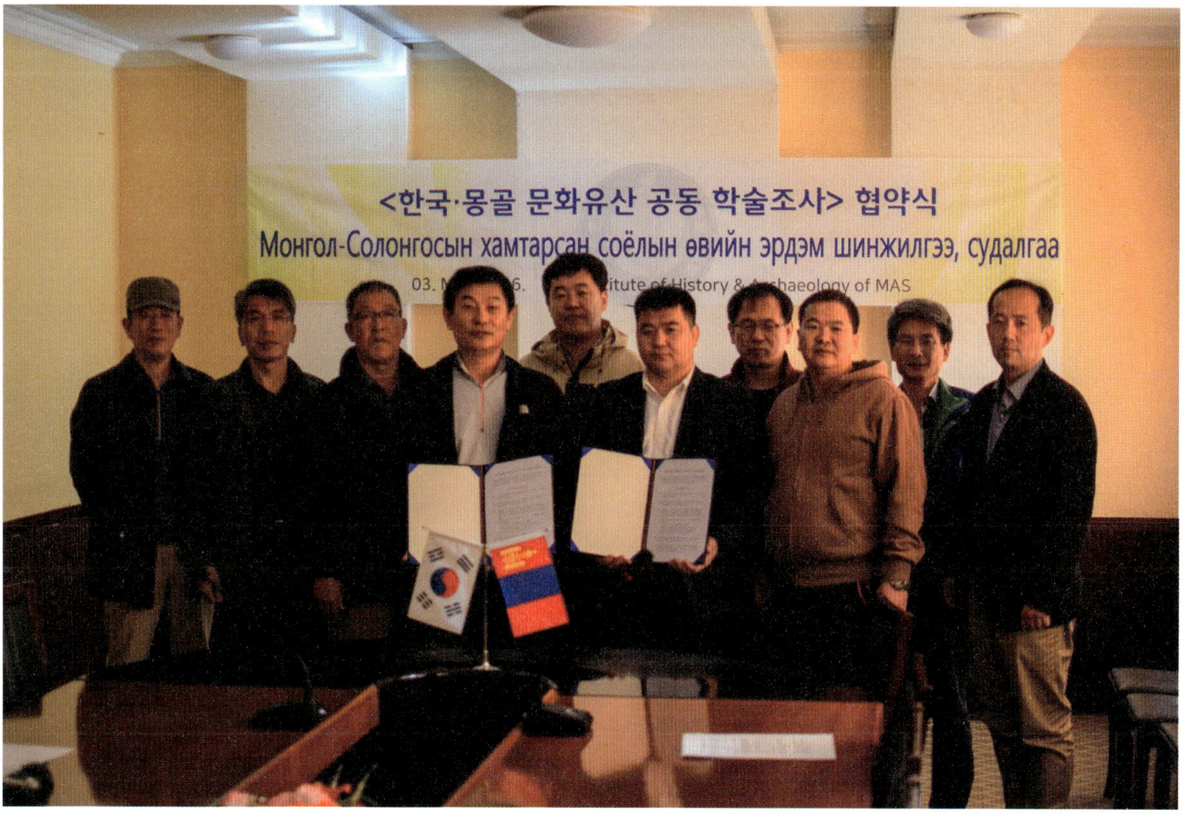
<한국·몽골 문화유산 공동 학술조사> 협약식
Монгол-Солонгосын хамтарсан соёлын өвийн эрдэм шинжилгээ, судалгаа

• 협약식

• 비행기를 기다리며…

• 2016년 조사광경

• 2016년 조사광경

• 2016년 조사광경

• 2016년 캠프 및 조사단

• 2017년 개토제

• 2017년 조사광경

• 2017년 조사광경

• 2017년 조사광경

• 2017년 조사광경

• 2017년 캠프 및 조사단

• 2018년 개토제

• 2018년 조사광경

• 2018년 조사광경

• 2018년 조사광경

• 2018년 캠프 및 조사단

IV

고찰

The Tombs OF MONGOLIA

"한-몽 문화재 연구 및 조사 협력 프로젝트" 공동 조사단은 2016~2018년까지 3년 동안 매년 한 달 정도의 일정으로 투브 아이막 바얀차간 솜 지역의 유적을 조사하였다. 이 조사의 목적은 본 솜 지역에 있는 치헤르틴 저와 쇼허잉 암이라는 두 유적에서 선사와 고대 무덤에 대한 발굴조사를 실시하여 몽골과 동아시아의 고고문화에 대한 관련성을 파악하기 위함이었다. 더불어 바얀차간 솜 지역에는 고고학 조사가 거의 진행되지 않아 문화재에 대한 정보와 등록이 미비한 상태인 점을 고려하여 솜의 전체 지역을 대상으로 2016년과 2018년 지표조사를 실시하였고, 그 결과 많은 새로운 유적과 문화재를 발견하여 등록시킬 수 있었다. 따라서 발굴조사 성과를 기술하기 이전에 솜의 문화를 좀 더 명확하게 파악하기 위해 솜에 대한 지표조사 성과를 먼저 살펴보기로 한다.

고고학적 지표조사는 유적이 존재할 것으로 추정되는 지역을 조사단원이 도보로 문화재를 확인한 후 등록하는 방식으로 진행하였다. 조사 당시 지명을 물어보거나, 유적지를 재탐문할 때, 길을 물어 가거나, 유적지에 대한 상황을 물어볼 때 등 원주민의 도움을 많이 받았다. 또한 제사 산과 유명한 유적지로 안내해주는 등 솜 행정기관에서 많은 도움을 주었다. 지표조사를 할 때 솜의 전체 지역에 대한 지명표시 지도를 사용하였기 때문에 지명을 제대로 파악하는데 도움이 되었다.

조사 결과 50개의 유적지에서 신석기시대 야외유적 1기, 청동기시대 작은 원형 무덤 71기와 제사 돌 시설 11기·선돌2기, 청동기시대 중기에 해당되는 개미형 무덤 7기, 청동기시대 말기의 히르기수르 27기와 판석묘 150기, 흉노시대 고리형 무덤 77기, 돌궐시대의 묘석 (balbal) 2기·제사유구 4기·선돌 1기, 몽골제국과 관련되는 석인상 3

기·동그란 무덤 11기·제사시설 2기, 사원지 1기 등 총 370기의 유적을 등록하였다.

지표조사를 통해 발견한 유적지 중 엘렉니 볼락, 발타스타이, 델링 허얼러이, 하르 누뎅, 발리르, 터성 노오르 등은 앞으로 세밀한 조사와 연구가 필요한 유적이다. 예를 들면 바얀차간 솜에서 동북쪽 4km 떨어진 "엘렉니 볼락"이라는 지역에는 남쪽으로 이어진 산 양쪽에 여러 시대의 유적이 있는데 돌궐시대의 제사유구(석곽)가 주목된다. 이 제사유구 바깥으로 포위한 토성과 환호처럼 보이는 도랑이 있다. 제사석곽의 판석에는 마주보는 봉황새가 가는 선으로 크게 새겨져 있다. 제사석곽 동남쪽의 일출하는 쪽에는 발발이라고 하는 석상이 있는데, 이 석상들은 작고 얇은 돌로 만들어져 대부분 넘어져 있다. 그동안 돌궐시대의 이런 제사석곽은 몽골에서 적지 않게 발견되었다. 대부분 제사석곽은 문양이 없는 판석으로 만들거나 드물게 제사석곽의 판석에 X자 문양이나 식물 모양이 새겨져 있으나, 봉황새를 묘사한 제사석곽은 매우 드물다. 제사석곽의 판석에 새겨진 문양은 주인의 계급과 연관성이 있다고 판단하고 있다. 돌궐시대 왕족의 유적에서는 봉황새의 문양이 많이 발견되며, 호쇼 차이담 유적에서 발견된 돌궐시대 빌게 카간의 황금관에도 봉황새의 문양이 있다. 이와 연관시켜보면 엘렉니 볼락의 제사유적은 일반 귀족을 위한 것이 아니 돌궐의 왕족을 위해 조성된 유적일 가능성이 있다.

바얀차간 솜의 서북쪽 울지트 노르 근처 돌궐시대와 관련된 선돌 몇 개가 확인되었는데, 이 선돌 중에서 발타스타이 유적은 특징적이다. 이 유적의 선돌은 세워져 있는 것 3기와 나머지는 3조각으로 부서져 넘어져 있다. 세워져 있는 선돌은 천연의 현무암으로 만들어져 있고, 넘어져 있는 것 가운데 1기는 인공적으로 네모난 연한 화강암을 사용하여 만들었다. 선돌의 전체적인 형태는 투브 아이막 에르데네 솜 지역에 있는 유명한 돈쿡 비석의 선돌과 매우 비슷하나 해당 선돌의 품질이 좋지 않을 뿐 아니라 표면이 매끄럽지 않고, 표면이 많이 부서져 있으므로 제대로 관찰을 하지 않으면 비석으로 인식하지 못할 수 있다. 발타스타이 유적은 원주민이 "시레(작은 언덕)"라고 부르는 작은 언덕에 위치하며 한꺼번에 많은 선돌이 있다는 점에서 수흐바타르 아이막에서 새롭게 발견되어 조사 중인 덩거이 시레라는 유적과 매우 유사하다. 덩거이 시레에서 발견된 선돌(비석)에는 일부 돌궐시대 문자와 도장이 새겨져 있어 이전에 발견되었던 돌궐시대 제사유적과 상당히 다른 독특한 형태이다. 발타스타이 유적의 선돌은 덩거이 시레와 함께 비슷한 형태의 독특한 유적의 분포를 파악하는 데 도움이 될 수도 있다. 발타스타이의 3조각으로 나누어진 큰 화강암 비석의 땅에 묻힌 부분에 문자나 도장이 새겨져 있을 가능성도 있다.

바얀차간 솜의 동북쪽에 있는 델링 광산의 뒤 아동 졸로라는 작은 언덕에는 청동기시대의 판석묘와 시대를 알 수 없는 독특한 형태의 무덤군이 확인되었다. 이들 중 크기가 비교적 큰 판석묘의 동남쪽 모서리에 세운 석상의 매끈한 표면에는 두 마리의 사슴 머리와 뿔을 앞으로 올리면서 앞뒤 다리가 정교하게 새겨져 있다. 이런 사슴 모양은 이전에 몽골의 동부 지역에서 청동기시대의 대표 유적인 판석묘에서 발견된 적이 없고, 몽골 서부 지역의 청동기시대와 초기철기시대 유적에서 확인된다. 예를 들면 토바의 아르잔 문화 유적에서 비슷한 사슴 모양의 금속 유물이 출토된 사례가 있어 판석묘 문화 연구의 중요한 발견이다.

바얀차간 솜에는 치헤르틴 저 유적을 제외하고도 18개의 유적지에서 흉노시대의 고리형 무덤 77기를 확인하였다. 이 무덤들은 대부분 한두 기가 조성된 반면에, 타힐트 털거이, 하롤 털거이, 하르 누뎅, 엉겅 등 유적지에서는 6~18기가 함께 군집을 이루고 분포하고 있다. 바얀차간 솜 지역에서 새로 확인된 흉노 무덤 중에서 발리르 유적에 있는 무덤은 원형 적석의 직경이 20m정도로 비교적 규모가 크다.

바얀차간 솜에는 후우헹 헝거르, 터성 노오르, 이흐 나랑 등 세 유적지에 몽골제국에 해당되는 석인상 3기가 확인되었다. 이 석인상을 이전에 등록되었지만 세밀한 사진 자료와 위치에 대한 정보가 없

었다. 후우헹 헝거르의 석인상은 2017년에 보호를 위한 철 울타리를
세웠고, 이흐 나랑의 석인상은 비교적 작다. 터성 노오르의 석인상에
는 벨트에 메고 있는 작은 주머니, 칼, 도구 등의 모양이 아주 세밀하
게 새겨져 있어 당시 남자들의 의복 문화를 연구하는데 중요한 자료
가 될 것으로 판단된다.

발굴조사는 치혜르틴 저와 쇼허잉 암이라는 두 유적을 대상으로
실시하였다. 치혜르틴 저 유적에는 300기 이상의 고리형 무덤이 분
포하고 있는 흉노시대의 대형 유적으로 2016~2017년 2차례에 걸쳐
6기의 무덤을 발굴조사 하였다. 쇼허잉 암 유적은 히르기수르와 판
석묘 등 청동기시대의 무덤으로 구성된 유적으로 2018년에 히르기
수르 1기, 개미형 무덤(셔르걸징 볼쉬) 1기, 판석묘 3기 등 모두 5기를
발굴조사 하였다. 여기에서는 유적의 조성 시대에 따라 쇼허잉 암 유
적, 치혜르틴 저 유적의 순으로 조사 성과를 살펴보겠다.

쇼허잉 암 유적은 바얀차간 솜 중심지의 북쪽 뒷산에 위치하며,
많은 수의 청동기시대 무덤이 분포되어 있다. 유적은 솜의 중심지에
서 북쪽으로 나가 계곡을 따라 서북쪽으로 가서 셀룰러 안테나가 있
는 낮은 산을 향해 남쪽에서 북쪽으로 길어진 좁은 계곡에 조성되어
있다. 쇼허잉 암 유적의 특징은 좁은 계곡의 중간에 찻길이 있는데 길
양쪽에 히르기수르와 판석묘가 조성되어 있어 차를 타고 지나갈 때
마치 옛날 무덤 공원에 들어가 보는 것과 같은 느낌을 받을 수 있다.

개미형 무덤(셔르걸징 볼쉬)은 표면의 적석을 제거하자 장방형의
테두리가 확인되었다. 테두리는 작고 큰 판석을 3~4층으로 쌓아 만
들었고, 테두리 안에서 덮개처럼 보이는 판석이 본래의 위치에서 움
직인 듯해 보였다. 덮개의 밑에서는 매장주체부나 장례의 흔적이 확
인되지 않았으며, 유물도 출토되지 않아 해당 유적이 무덤인지 정확
하지는 않다. 그러나 석곽의 형태와 구조, 그리고 방향 등 여러 특징
은 찬드만 하르 올 등 고비 지역에서 조사한 개미형 무덤과 비슷하
다. 이런 형태의 무덤이 갖는 독특한 특징은 사람의 얼굴을 바닥을
향하게 눕히고, 머리를 동쪽으로 향하게 하여 매장하는 것으로 몽골

고비 지역과 동남쪽의 아이막 지역에서 조사되고 있다. 개미형 무덤은 부장된 유물이 적은 편이다. 최근 몇몇 지역에서 조사를 진행한 결과 독립적인 문화임을 확인하였으며, 연대는 기원전 2천년기 중반부터 후반에 해당되는 것으로 알려졌다. 쇼허잉 암 유적에서 조사한 무덤의 형태와 구조 등 모든 특징이 개미형 무덤으로 볼 수 있을 것이며, 따라서 유적의 분포 범위를 북쪽으로 상당히 확장시켜 주는 중요한 조사였다고 판단된다.

히르기수르는 청동기시대 말기, 즉 기원전 2천년기 후반부터 기원전 1천년기 초반에 해당되며, 규모가 웅장하며 수가 많아 몽골에서 가장 흔하게 마주치는 유적이다. 전반적으로 알타이 및 항가이산맥 지역의 밀집하여 분포되어 있으며, 분포 한계선은 동쪽으로 헨티산맥까지, 남쪽 끝은 고비의 북쪽까지로 몽골의 중앙부와 서부 지역을 중심으로 분포하는 무덤이다. 현재까지 몽골에서는 7,600여 기의 히르기수르가 확인되었다. 방형 혹은 원형의 테두리를 두른 것이 특징이며, 테두리 모서리에 별도의 적석시설을 두거나, 중심부의 원형 적석에서 테두리까지 길 형태로 적석하거나, 테두리 바깥을 둘러싼 배장묘가 조성되어 있다. 히르기수르가 매장시설인지 제사시설인지에 대한 논란은 지금까지 이어지고 있다. 그 이유는 발굴조사가 이루어진 많은 히르기수르에서 매장시설의 흔적이 확인되지 않았고, 부장 유물이 거의 발견되지 않았거나 발견되더라도 대부분 중심적석시설의 돌 사이에 버려진 것이거나 토기 조각들이었기 때문이다. 그러므로 발굴조사에는 시간과 비용이 많이 필요하지만 조사 자료가 적음으로 인해 히르기수르에 대한 조사 연구가 비교적 미진하였다. 그러나 최근 몇 년 동안 광산지역에 대한 구제발굴 및 일부 공동 프로젝트의 진행으로 비교적 많은 수의 히르기수르가 조사되기 시작하였고, 최근 자료에 의하면 9개 아이막 지역의 200여 기에 대한 히르기수르가 조사되었다. 그러나 시간과 비용의 한계와 발굴조사 방법의 실수로 인하여 많은 히르기수르를 오직 중심적석시설의 정점을 옮긴 후 시신을 조사함으로써 유구의 구조적 특징을 세밀하게 분석한 예는 드물다.

　이러한 상황에서 공동 조사단은 히르기수르의 형태와 구조적 특징을 파악하기 위하여 세밀하게 조사를 진행하였다. 그 결과 히르기수르의 중심적석시설은 무질서하게 쌓은 시설이 아니라 큰 돌들로 매장주체부인 석곽을 만들고, 석곽을 크고 편평한 돌을 사용하여 덮은 후 큰 돌을 쌓아 마운드를 만든 다음 바깥에서 비교적 작은 돌들을 사용하여 감싸는 세밀한 구조를 가졌다는 점을 밝혀낼 수 있었다. 또한 매장주체부인 석곽 안에는 피장자의 두향이 북서쪽으로 향한 인골이 확인되었고, 히르기수르의 테두리 바깥에는 북서쪽에 1기, 서쪽에 4기, 남쪽에 1기 등 모두 6기의 배장묘가 조성되어 있다.

　히르기수르에 대한 발굴조사를 진행하던 중 중심적석시설의 돌 사이에서 숫돌 조각과 동물 뼈를 수습하였다. 숫돌은 2가지 종류의 돌을 붙여 만든 현대의 것이었고, 동물 뼈는 방사선 탄소 연대측정 결과 630±30년, 즉 기원후 13~14세기에 해당되는 것이었다. 그러므로 중심적석시설에서 수습된 숫돌과 동물 뼈는 후대에 버려진 것일 가능성이 크다. 히르기수르의 연대를 확실히 측정할 수 있는 자료가 석곽 안에서 발견된 인골이었기 때문에 샘플을 채취하여 방사성탄소연대측정을 하고자 했으나 무콜라겐으로 인하여 측정 불가능하여 히르기수르의 연대를 확인할 수는 없었다.

　쇼허잉 암 유적에서는 판석묘 3기를 조사하였으나, 모두 도굴되어 파괴되었다. 판석묘는 몽골의 중앙부와 동부에 분포하는 청동기시대 후기에서 초기철기시대에 해당되는 대표적인 무덤이다. 최근에 이 무덤을 남긴 민족을 몽골인의 조상이라고 추정하고 있어 판석묘에 대한 관심과 조사가 증가하고 있고, 더 세밀한 조사를 필요로 하고 있다. 이런 이유로 공동 조사단은 히르기수르와 판석묘의 관계를 밝히기 위해 발굴조사를 진행하였다. 1호 판석묘는 도굴되었지만 인골의 다리 부분이 원위치에서 확인되었기 때문에 피장자의 두향이 동쪽이었음을 알 수 있었다. 그러나 2호와 3호 판석묘는 심하게 도굴되어 인골 흔적도 확인되지 않았다. 3기의 판석묘에서는 동물 순장의 흔적인 말 머리뼈가 발견되었는데, 판석묘에서 동물 순장 흔적이 발견된 사례가 많지 않기 때문에 매우 중요한 자료라고 판단된다. 1호 판석묘에는 말 머리 뼈가 시신의 머리 주변에 의도적으로 놓은 판석 위에 부장되었다. 판석묘에서 수습한 동물 뼈에서 샘플을 채취하여 탄소연대를 측정한 결과 1호 판석묘가 2650±50년, 3호 판석묘가 2480±70년으로 나타나 이 유적들의 연대가 기원전 1천년기 초반에 해당되는 것으로 판단된다.

2차례에 걸쳐 발굴조사를 실시한 치헤르틴 저 유적은 바얀차간 솜 중심지에서 남쪽으로 20km 떨어져 위치한다. 이 유적은 300여 기의 무덤이 분포하고 있는 대규모 흉노 무덤군으로 2013년에 발견되었다. 유적 입지가 고비와 초원이 만나는 지역에 있는 점과 적석 직경이 20m를 넘는 대규모 무덤이 적지 않게 분포하는 점 등으로 연구자들의 관심을 받아 왔다.

발견한 연구자가 분포도를 만들고 수량을 파악했지만 세밀하지 않아 1/15,000의 세밀한 분포도를 작성하였고, 각 무덤에 대한 정보를 포함한 목록을 만들었다. 2016년에는 유적의 동남부 가장자리에 위치한 2기 무덤을 대상으로 발굴조사를 실시하였다. 비교적 규모가 큰 4호 무덤은 직경이 17.1m, 중형에 속하는 9호 무덤은 직경이 9.8m 정도이다.

4호 무덤은 지표면에 노출된 고리형 적석 무덤으로 발굴조사 과정에서 이전에 확인되지 않거나 많이 보이지 않았던 여러 특징적인 요소를 발견할 수 있었다. 첫 번째, 지표면에 노출된 적석 아래에서 확인된 30~40cm정도의 두꺼운 올리브 점토층은 장례 의례가 마무리하는 단계에서 묘광을 파면서 나온 생토를 무덤의 상부 전체를 덮은 층으로 무덤을 보호하거나 의례와 관련되는 시설이라고 생각한다. 두 번째, 무덤의 묘광은 상당히 깊어 지표면에서 목곽 바닥면까지 9m정도이다. 흉노 무덤 중 귀족계층의 대형 무덤의 경우 묘광 깊이가 22m에 이르는 것도 있지만 비교적 낮은 계급의 무덤으로 추정되는 고리형 무덤의 경우 이렇게 깊은 묘광은 처음으로 확인되었다.

더욱이 2017년에는 이보다 더 깊은 무덤을 치헤르틴 저 유적에서 발굴조사 하였다. 세 번째, 무덤에서 상당히 큰 목곽이 발견되었는데, 이 곽을 각재로 짜서 만들었다. 목곽의 규모가 귀족계층에서 사용된 묘도가 있는 방형의 대형 무덤과 비슷하였다. 흥미 있는 점은 목곽 안에서 목관 흔적이 확인되지 않았으나 남녀 두 사람의 인골이 출토되었다. 심하게 도굴된 것으로 매장 당시의 모습은 찾아볼 수 없었으나, 남녀 인골이 함께 발견되는 것으로 미루어 보아 부부합장묘일 가능성이 비교적 높다. 남녀를 함께 매장한 합장묘는 아르항가이 아이막 나이마 톨고이 흉노 무덤 유적에서 확인된 바 있다. 네 번째, 목곽 바깥에는 화산석재를 3~5cm 정도 크기로 깨어 충전하였는데, 이러한 충전시설은 노용 올 유적 22호 흉노 귀족계층 무덤에서 확인된 바 있다.

4호 무덤은 이상에서 살펴본 바와 같이 구조적인 특징과 장례의식의 독특한 요소 등이 흉노 고리형 무덤과 상당히 차이를 보이고 있을 뿐만 아니라 일부 요소는 흉노보다 앞선 시기의 파지릭 문화와 유사하다. 따라서 이 무덤은 흉노의 이른 시기에 해당하는 유적으로 추정하여 수습한 나무와 뼈 등에서 샘플을 채취하여 탄소연대측정을 의뢰하였다. 분석 결과 2100±40년으로 나타나 95.4% 경우 기원전 350~1년, 68.2% 경우 기원전 180~50년으로 각각 측정되었으며, 이 측정치는 우리의 추정이 어느 정도 맞았음을 확인시켜 주었다.

9호 무덤은 4호 무덤에서 동쪽으로 15m정도 떨어져 위치하고 있다. 9호 무덤은 기존의 발굴조사가 이루어진 고리형 무덤과 큰 차이를 보이지 않았으나, 묘광은 비교적 깊어서 6.2m에 달하였다. 9호 무덤도 고대에 도굴되어 매장주체부가 심하게 교란되어 있었는데, 남녀 두 사람의 인골이 함께 수습되었다. 그러나 한 사람 인골은 비교적 위에서 수습되었기 때문에 함께 매장한 것보다 추가장이나 도굴과 관련이 있을 것으로 추정된다.

매장주체부 북쪽에는 자연적인 암반을 이용하여 유물을 부장할 수 있도록 단을 만들었다. 단 위에는 4마리의 말 머리뼈를 순장한 것이 확인되었는데, 2마리는 어린 말, 2마리는 성인 말로 크기에서 차이를 보인다. 말뼈 아래에서 칠반 흔적이 확인되었고, 부장공간으로 추정되는 매장주체부 북쪽에서는 심하게 부식된 철제 솥편과 토기편이 수습되었는데, 칠기와 솥편 등은 제의 용기로 사용되었던 것으로 추정된다. 철제 솥은 편으로 흩어져 있지만 밑의 받침대가 비교적 잘 남아 있어 대각 있는 철복이었고, 토기는 심발형토기와 단경호이다. 심발형토기는 구연부 아래에 파상문이 새겨진 흉노의 보편적인 토기로 보이고, 단경호는 어깨 부분에 여러 줄의 파상문을 새기고 그 하부에 점토를 붙여 문양을 만든 것으로 이전에 발견되지 않았던 화려한 토기였다. 이외에 9호 무덤에서 지팡이형 숫돌, 심하게 부식된 철제 마구, 동물문양 청동 장식, 청동 끝장식 등 유물이 출토되었다. 특히 동물문양 청동 장식은 모두 4점이 수습되었는데, 뒷면에 결구가 있어 마구 장식으로 추정되고, 동물의 머리가 조각처럼 노출되어 있으며, 몸은 없지만 네 발을 머리 아래에 앞에서 보이는 것으로 표현하였다. 삼각형 귀, 뾰족한 코, 크게 벌어진 입, 둥근 눈 등의 특징으로 보아 호랑이나 늑대가 아니고 몽골의 산악 지역에 지금도 살고 있는 눈 표범과 유사하다. 표범은 몽골 지역에 거주하는 가장 큰 고양이과 동물이라고 한다. 이러한 유물은 흉노 무덤에서 흔히 출토되지는 않지만 동물의 머리와 네 발을 표현하여 전체 동물을 표시한 특징은 흉노 금속공예에서 자주 보이고, 곰을 표현한 청동기와 금동 장식은 몽골과 내몽골 지역에서 적지 않게 발견된 바 있다. 곰 문양 청동 장식의 경우 연대를 기원전 3~1세기로 추정하고 있다(Emma C.Bunker, Trudy S.Kawami, Katheryn M.Linduff, Wu En 1997: 263~264).

2017년에는 치헤르틴 저 유적에서 4기의 흉노 무덤에 대한 발굴조사를 실시하였다. 2016년 발굴조사한 2기의 무덤은 비교적 낮은 곳에 위치한다면 2차 년도에 조사한 4기의 무덤은 언덕 위에 높은 곳에 입지하고 있다. 그 중 201호 무덤은 고리형 적석 무덤으로 직경이 20.2m에 달하는 대형 무덤이고, 동쪽에는 배장묘인 199호와 200호 무덤이 위치하고 있다. 229호 무덤은 201호 무덤에서 서남쪽으로

200m 정도 떨어져 위치하고 있다.

201호 무덤은 이전에 몽골에서 조사된 바 없는 가장 큰 고리형 흉노 무덤이다. 이 무덤의 묘광 깊이는 하나의 테라스가 있는 11.7m로 고리형 무덤 중 지금까지 조사된 것 가운데 가장 깊다. 묘광 바닥에는 길이 4.7m, 너비 3.1m, 높이 1.5m정도의 대형 목곽이 설치되어 있었는데, 보존상태가 좋지 않아 형태만 추정할 정도였다. 목곽 뚜껑 위에는 동서 양쪽에 마차 2대를 부장하였다. 마차는 4륜으로 흑칠 흔적이 남아 있었고, 양쪽에 있는 마차는 장식을 사용한 금속에 의해 구분된다. 즉 동벽에 부장된 마차는 금동 장식이, 서벽에 부장된 마차는 철제 장식이 확인되었다. 이전에 흉노 귀족계층의 대형 무덤에서 마차가 흔히 발견되었는데, 모두 의례용의 2륜 마차로 화려한 것이 대부분이었다. 치헤르틴 저 유적에서 출토된 마차는 흉노 무덤에서 처음으로 출토된 4륜이란 점에서 관심을 받고 있으며, 이 4륜 마차는 알타이 지역의 초기철기시대 파지릭 왕족 대형 목곽묘에서 출토된 바 있다.

201호 무덤은 목곽 바닥으로 사용된 나무가 파괴된 것으로 보면 목곽이 부식되기 전인 고대에 도굴되었던 것으로 추정되어 목곽 내부에서 출토된 유물은 거의 없다. 유물은 목곽 내부 서북쪽에서 보존상태가 아주 나쁜 칠기 용기를 장식하였던 얇은 금장식, 청동 거울, 등잔 받침대으로 추정되는 청동기 등이 출토되었다. 무덤을 발굴조사 과정에 고리형 적석과 묘광 안에서 동복편, 원형 석기 등이 출토되었다. 원형 석기는 무덤의 묘광을 팔 때 사용한 도르래의 축바퀴로 사용되었던 것으로 추정되는 자료이다.

201호 무덤의 동쪽에는 2기 배장묘가 위치하고 있다. 199호와 200호 무덤은 대형 무덤과 거리가 일정하게 떨어져 있는 것으로 보아 201호 무덤의 배장묘로 판단된다. 배장묘에서는 목관을 사용한 흉노의 소형 무덤에서 보편적으로 보이는 장례 의식의 흔적이 확인되었고, 관심을 끄는 것은 출토된 청동제와 골제 화살촉이다. 이러한 화살촉은 몽골과 남 바이칼 지역에서 수백 기가 조사된 흉노 고리형 무덤에서 아주 드물게 출토되었고, 이와 유사한 유물은 초기철기시대의 무덤에서 적지 않게 출토되었고, 연대는 기원전 4~2세기에 해당하는 것으로 판단하고 있다.

201호 무덤의 조성 연대는 무덤의 구조적 특징, 출토유물의 형태, 배장묘에서 발견된 화살촉 등으로 미루어 보아 비교적 이른 시기로 추정되는 기원전 3~2세기에 해당된다고 판단된다.

지금까지 몽골에서 조사된 흉노 무덤 중 조성 연대가 기원전 2세기 이전으로 확실히 볼 수 있는 유적은 없었다. 일부 유적의 경우 탄소연대측정결과에 따라 비교적 이른 시기에 해당한다고 추정한 바 있지만, 이러한 추정을 출토유물의 형태적 특징이 뒷받침해 주지 못하였다. 따라서 외국 연구자들은 몽골에서 발견된 흉노 유적을 북흉노에만 해당된다고 보고, 이른 시기의 흉노 유적이 없기 때문에 흉노를 몽골 지역의 원주민으로 보지 않고 이동해 온 유목민으로 인식해 왔다.

치헤르틴 저 유적에서 조사한 무덤은 구조적 특징과 유물을 통해 볼 때 지금까지 조사한 무덤 중에서 가장 이른 시기의 유적으로 추정된다. 이러한 추정을 확인하기 위해 목곽에서 샘플을 채취하여 탄소연대를 측정하였고, 출토된 마차 차관에서도 탄소를 얻어 내 분석하였으며, 매장주체부에서 출토된 청동기에 붙어 있던 목탄에서 샘플을 채취하여 분석하였다. 그 결과 목곽 샘플의 연대결과가 2130±20년으로 기원전 350~50년, 차관에서 얻은 탄소 분석 결과 2195±20년으로 기원전 360~197년, 목탄의 연대가 2230±20년으로 기원전 380~206년으로 각각 제시되었다. 이 분석 결과로 보면 201호 무덤은 가장 늦은 시기로 볼 경우 기원전 1세기, 중심 값을 바탕으로 하면 기원전 3~2세기에 해당될 가능성이 높다.

이 분석 결과를 따르면 치헤르틴 저 유적의 흉노 무덤은 몽골과 남 바이칼 지역에서 발굴조사가 이루어진 흉노 무덤 가운데 가장 이른 시기에 해당되고, 기원전 2세기는 흉노제국이 강력했던 시기이다. 흉노학에서 가장 논쟁이 많은 문제가 그들의 기원과 원주지에 대한 것이다. 대부분의 연구자는 구지 몽골과 남 바이칼 지역에서 이른 시기의 흉노 유적이 발견되지 않으므로 흉노인의 원주지를 현재 중국 내몽골에 있는 오르도스 지역으로 추정하고 있다. 흉노 문화와 그들의 기원을 고비 이북과 이남에 서로 다른 문화와 기원이 다른 민족이 있다가 흉노가 강력해진 다음에 통일되었지만 나중에 흉노제국이 남북으로 분열될 때의 원인이 되었다고 보는 견해가 있다. 치헤르틴 저 유적에 대한 발굴조사 결과는 이런 문제를 해결하는데 도움이 될 수 있는 중요한 자료라고 판단한다.

또한 치헤르틴 저 유적에 대한 발굴조사는 흉노의 고리형 무덤 형태를 일반인이나 가장 낮은 계급과 관련시켜 설명해온 분류 방법에 문제가 있음을 보여주었다. 이 유적에 직경 20m 이상의 대형 고리형 무덤이 적지 않게 분포되어 있고, 201호 무덤에서 동남쪽으로 1km 떨어진 곳에는 직경 50m에 달하는 초대형의 고리형 흉노 무덤이 위치하고 있으며, 분포도에도 표시하였다. 앞으로 이러한 초대형 무덤에 대한 발굴조사가 이루어진다면 고리형 무덤 가운데 흉노 귀족계층의 높은 신분의 사람들 무덤도 있음을 확실히 확인할 수 있을 것으로 기대한다.

참고문헌

강인욱, 2010, 「紀元前4~紀元1세기의 考古學 資料로 본 匈奴와 동아시아-
　　흉노학의 정립을 위한 토대 구축을 겸하여-」, 『중앙아시아연구』15.

강인욱, 2015, 『유라시아 역사 기행-한반도에서 시베리아까지, 5천 년의 초
　　원 문명을 걷다』, 민음사.

서울대학교박물관·몽골 과학아카데미 고고학연구소·몽골 국립박물관,
　　2008, 『몽골, 초원에 핀 고대문화』, 서울대학교박물관 제46회 기획
　　특별전.

孫璐, 2012, 「고대 동북아시아 차마구와 기마구의 변천」, 전남대학교 대학원
　　박사학위논문.

Ch.아마르툽신·G.에렉젠, 2018, 「몽골과 자바이칼의 전기 청동기문화」,
　　『북방고고학개론』, 중앙문화재연구원 학술총서39, (재)중앙문화재
　　연구원 엮음.

Ch.아마르툽신·G.에렉젠, 2018, 「몽골의 중기 청동기문화」, 『북방고고학개
　　론』, 중앙문화재연구원 학술총서39, (재)중앙문화재연구원 엮음.

양시은·G.에렉젠, 2017, 「몽골지역 흉노시대 분묘 연구」, 『중앙고고연구』
　　22, 중앙문화재연구원.

에렉젠, 2009, 「몽골 흉노 무덤 연구」, 서울대학교 대학원 박사학위논문.

에렉젠, 2014, 「몽골 흉노유적의 국제공동조사사업과 성과」, 『한국고고학의
　　신지평』, 제38회 한국고고학전국대회, 한국고고학회.

오재진·안재필·김동연, 2018, 「몽골 쇼허잉 암 유적 발굴조사 성과」, 『유라
　　시아의 고대문화 최신 발굴성과』, 2018 Asian Archaeology 국제학
　　술심포지엄, 국립문화재연구소.

오재진·안재필·임동재·손병국, 2017a, 「몽골 치헤르틴 저(Chikhertyn zoo)
　　흉노 무덤 발굴조사 성과」, 『최신 발굴자료로 본 유라시아의 고대
　　문화』, 2017 Asian Archaeology 국제학술심포지엄, 국립문화재연
　　구소.

오재진·안재필·임동재·손병국, 2017b, 「몽골 치헤르틴 저(Chikhertyn zoo)
　　흉노 무덤 발굴조사 성과」, 2017년 추계학술대회 , 중앙아시아학회.

오재진·안재필·조상기·임동재·김형곤, 2018, 「몽골 치헤르틴 저 흉노 무
　　덤의 특징과 의의」, 『중앙고고연구』제26호, 중앙문화재연구원.

임동재·오재진·백웅기, 2016, 「몽골 치헤르틴 저(Chikhertyn zoo) 흉노 무덤 발굴조사보고」, 『한국고고학의 기원론과 계통론』, 제40회 한국고고학전국대회, 한국고고학회.

중앙문화재연구원 엮음, 2018, 『북방고고학개론』, 중앙문화재연구원 학술총서39.

중앙문화재연구원 엮음, 2018, 『흉노고고학개론』, 중앙문화재연구원 학술총서42.

G.에렉젠, 2018, 「몽골의 후기 청동기문화」, 『북방고고학개론』, 중앙문화재연구원 학술총서39, (재)중앙문화재연구원 엮음.

G.에렉젠·양시은, 2017, 『흉노』, 중앙문화재연구원 학술총서36·동서문물연구원 학술총서1.

劉永華, 2002, 『中國古代車輿馬具』, 上海辭書出版社

Войтов В.Е., 1996, Древнетюркский пантеон и модель мироздания в культово-поминальны Х памятника Х Монголии VI – VIII вв. М.: Изд-во ГМВ.

Emma C.Bunker, Trudy S.Kawami, Katheryn M.Linduff, Wu En., 1997, *Ancient Bronzes of the Eastern Eurasian Steppes from the Arthur M.Sackler Collections.* The Arthur M. Sacklcr Foundation.

Carbon Analysis Lab.

방사성탄소 연대측정 결과요약서

| 의뢰인 중앙문화재연구원 | 보고일 | 2018-08-31 |
| Carbon Analysis Lab. | 시료접수 완료일 | 2018-06-28 |

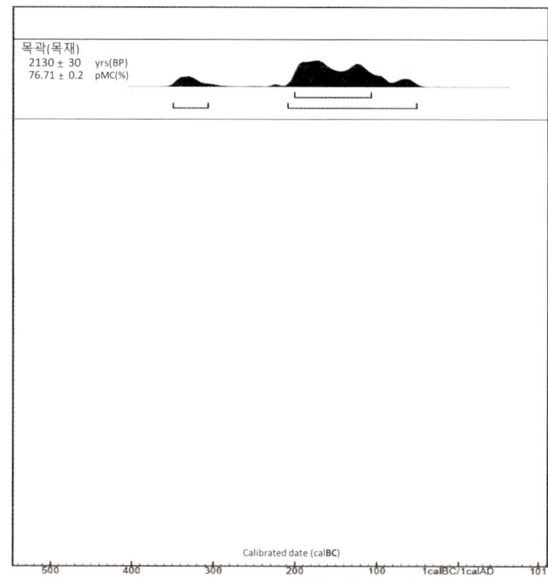

Radio carbon dating service + FCF measurement service

대전광역시 동구 태전로 114번길 25 2층   www.cal.re.kr
T 042 636 3273 F 042 637 3273   sungks3273@gmail.com

측정결과 상세보고서

| 시 료 명 : 목곽(목재) | 의 뢰 일 : | 2018-06-28 |
| 의 뢰 인 : 중앙문화재연구원 | 보 고 일 : | 2018-08-31 |

탄소 연대(yrs BP)	오차 범위(yrs BP)	연대 범위(BP)		pMC(%)	pMC오차(%)
2130	30	2100	~ 2160	76.71	0.25

$δ^{13}C$(‰)	$δ^{13}C$ 오차(‰)	$Δ^{14}C$(‰)	$Δ^{14}C$오차(‰)	Current(A)	측정시간(초)
-24.8	0.1	-232.9	2.5	3.15E-05	1800

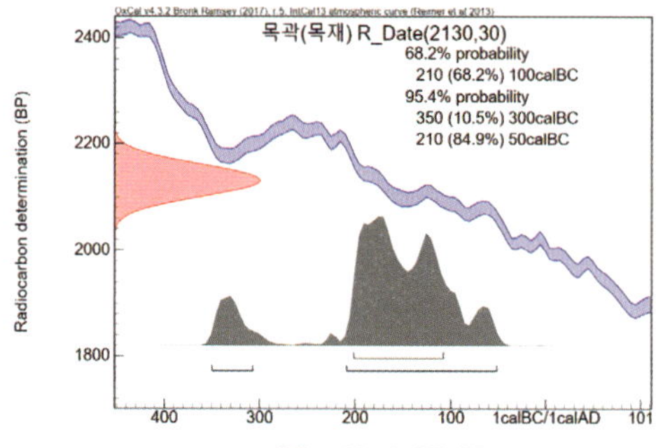

2 Sigma 보정 결과(95.4%)	1 Sigma 보정 결과(68.2%)
BC 350 ~ BC 300(10.5%)	BC 210 ~ BC 100(68.2%)
BC 210 ~ BC 50(84.9%)	

- 본 보고서는 시료의 진위 감정이나 법적 가치 판단의 기준이 될 수 없습니다.
- Yrs BP는 Libby반감기(5568년)로 계산한 1950년 기준 방사성 탄소 연대를 의미합니다.
- 방사성탄소연대를 달력연대로 환산하는데는 Oxcal을 이용하였습니다. (http://c14.arch.ox.ac.uk)
  (Heaton,et. Al,2009, Radiocarbon 51(4):1151-1164, Reimer,et.al,2009, Radiocarbon 51(4):1111-1150)
- $δ^{13}C$ 및 $Δ^{14}C$의 정의에 관해서는 Radiocabon, 19(1977)355를 참조하십시오.
- $Δ^{14}C$는 의뢰일 기준으로 계산된 값입니다.

CAL   T 042 636 3273 F 042 637 3273
www.cal.re.kr

Results of the AMS radiocarbon measurements on samples recovered from the Chikhertiin Zoo site in Mongolia.

#	Site	Sample	AMS Laboratory	$\delta^{13}C$ (‰)	1σ ^{14}C age (yr BP)	95.4% (2σ) cal age ranges (BC)	Lab Code
1	CKTN	Cast iron	NSF-Arizona	-24.9	2195±20	360-197 BC (100%)	AA111162
2		Charcoal		-24.6	2230±20	380-206 BC (100%)	AA111164

yr BP: year before present (AD 1950)

Хүснэгт 1. Чихэртийн зоо дурсгалт газарт малтлага судалгаа хийсэн Хүннү булшнаас авсан дээжийн ради-о-карбон задлан шинжилгээний дүн

Д/д	Дурсгалын дугаар	Лабораторийн нэр	Дээжийн материал	$\delta^{13}C$ (‰)	1σ ^{14}C age (yr BP)	95.4% (2σ) cal age ranges (BC)	Дээжийн лабораторийн дугаар
1	Чихэртийн зоо 1-р булш (2016 онд малтлага хийсэн)	Carbon Analysis Lab. Korea	Авсны мод (coffin wood)	-24.8	2130±20	350-50 BC (100%)	IAEA C7
2	Чихэртийн зоо 201-р булш (2017 онд малтлага хийсэн)	NSF-Arizona	Ширэмнээс ялгаж авсан радио-карбон (Cast iron)	-24.9	2195±20	360-197 BC (100%)	AA111162
3	Чихэртийн зоо 201-р булш (2017 онд малтлага хийсэн)	NSF-Arizona	Модны нүүрс (Charcoal)	-24.6	2230±20	380-206 BC (100%)	AA111164

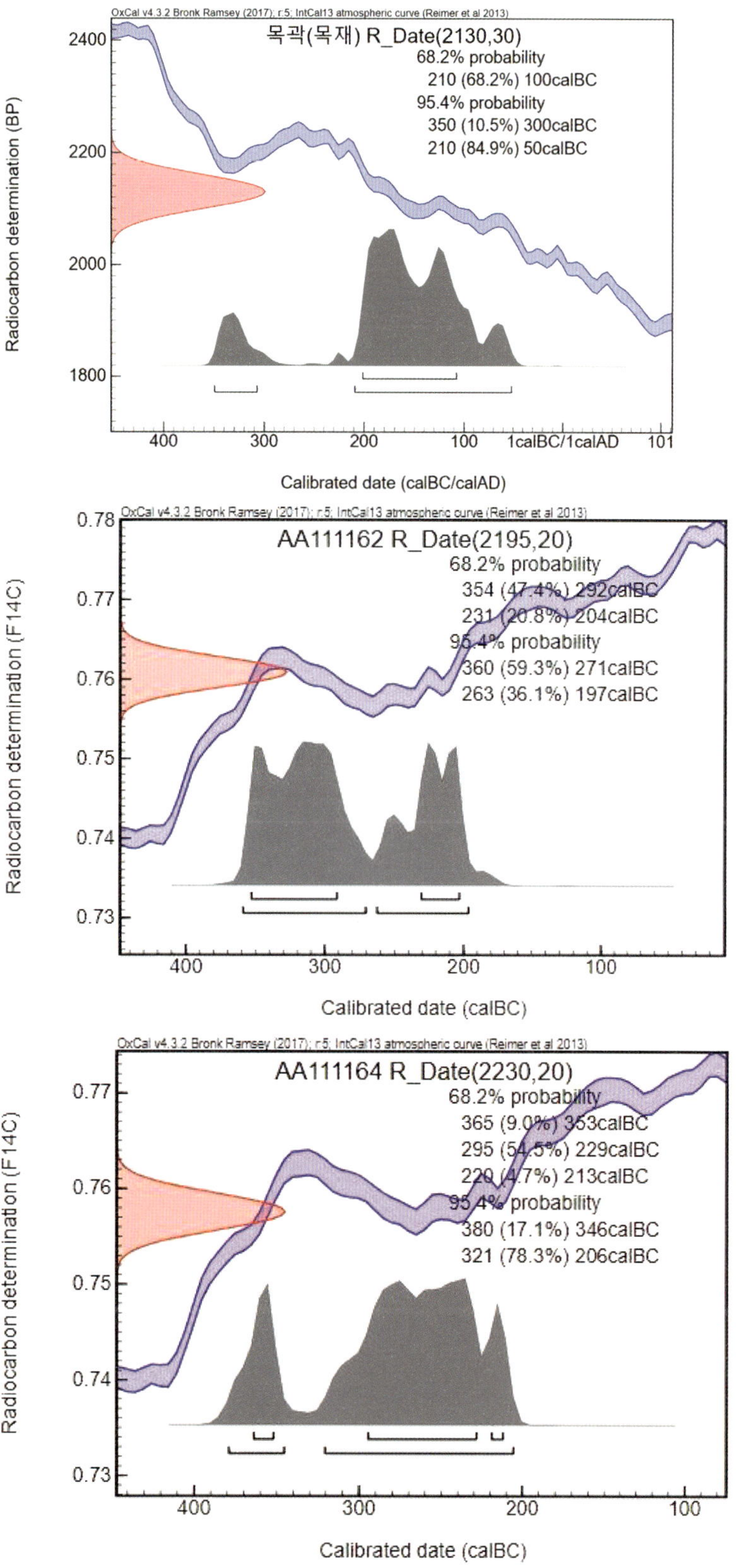
OxCal v4.3.2 Bronk Ramsey (2017); r:5; IntCal13 atmospheric curve (Reimer et al 2013)
목곽(목재) R_Date(2130,30)
68.2% probability
210 (68.2%) 100calBC
95.4% probability
350 (10.5%) 300calBC
210 (84.9%) 50calBC
Radiocarbon determination (BP)
2400
2200
2000
1800
400
300
200
100
1calBC/1calAD
101
Calibrated date (calBC/calAD)

OxCal v4.3.2 Bronk Ramsey (2017); r:5; IntCal13 atmospheric curve (Reimer et al 2013)
AA111162 R_Date(2195,20)
68.2% probability
354 (47.4%) 292calBC
231 (20.8%) 204calBC
95.4% probability
360 (59.3%) 271calBC
263 (36.1%) 197calBC
Radiocarbon determination (F14C)
0.78
0.77
0.76
0.75
0.74
0.73
400
300
200
100
Calibrated date (calBC)

OxCal v4.3.2 Bronk Ramsey (2017); r:5; IntCal13 atmospheric curve (Reimer et al 2013)
AA111164 R_Date(2230,20)
68.2% probability
365 (9.0%) 353calBC
295 (54.5%) 229calBC
220 (4.7%) 213calBC
95.4% probability
380 (17.1%) 346calBC
321 (78.3%) 206calBC
Radiocarbon determination (F14C)
0.77
0.76
0.75
0.74
0.73
400
300
200
100
Calibrated date (calBC)

부록

:: 2016년

• 현장 도착. 금새라도 비가 내릴 듯.

• 일출

• 현장에 양들이...

• 석양

310

• 석양

• 야경

• 화장실 파는 중

• 세면대

• 조사단의 담소

• 자문위원과 식사

• 대학생들과

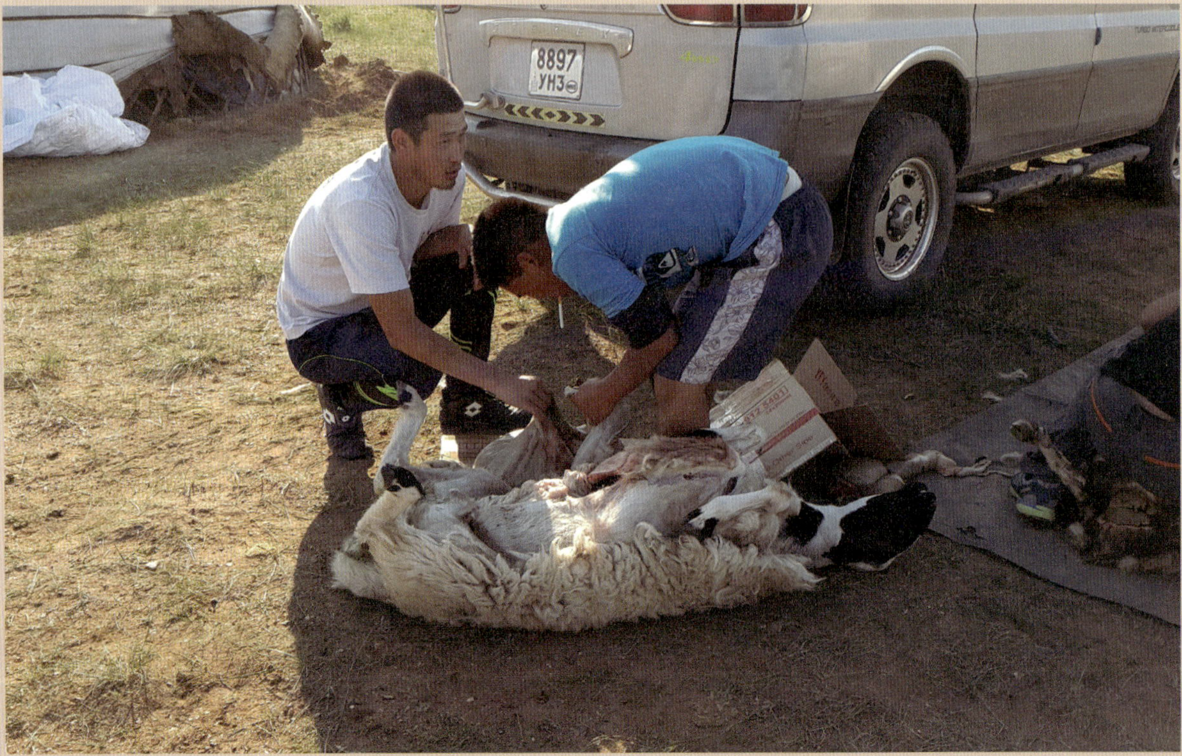

• 만능 대학생들, 우리의 일용할 양식을...

• 버보표 꼬치구이

• 허르헉

• 석양

• 야경

• 야경

• 생명의 탄생

• 세면대

• 샤워시설

• 현장에서 나담축제

• 바닥요? 아직 멀었슈~

• 조사단과 함께

• 게르 설치

• 석양

• 동물*으로 난방

• 어느덧 그늘을 찾아

• 이게 히르기수르입니다

• 개미형 무덤

• 현장 게르체험

• 점심식사

• 조사단과 함께